高校国語
新学習指導要領をふまえた授業づくり

評価編　観点別学習状況の
評価をいかす

大滝一登［編著］

明治書院

まえがき

　平成30年に告示された高等学校学習指導要領は、本年度（令和4年度）か
ら学年進行で実施されている。この間、大幅な科目再編が行われた国語科にお
いては、文学軽視批判が活発化してメディアを賑わせたり、高校に古典は必要
かというテーマでのシンポジウムが研究者や高校生によって開催されたりする
など、国語という教科概念そのものを対象とした議論が至るところで行われた。

　本書「評価編」は、平成30年刊行の「理論編」、翌31年刊行の「実践編」に
続くものであるが、「理論編」「実践編」は有り難いことに、数多くの読者を得
て、時にはこうした議論の必携書となったり、ある場面では批判の対象となっ
たりしたようである。高校国語の今次改訂が、国語教育関係者のみならず、社
会の多くの方々に話題として取り上げていただいたことは大いに有り難く、ま
ずもってここに感謝申し上げたい。

　結果として、高校国語の今次改訂はいわば「劇場型」改訂とでも呼ぶべき様
相を呈してきた。いわゆるネット社会においても、学習指導要領の告示文や解
説国語編はもとより、筆者も含めた様々な論者の論考を丹念にフォローし、場
合によっては国語科教師以上の知識を有して改訂の賛否を主張するコメントが
多数登場しており、今次改訂は、いまだ不十分ながらも確実に「社会」化しつ
つある。「高校国語から文学（古典）がなくなる」と騒がれた際にも、それを
訂正するコメントが教師はもとより、学校教育に全く関係ない立場の方からも
なされており、ここまで認知されてきたかと正直驚かされたものである。

　国語科の先生方の反応はどうであっただろうか。全国の指導主事の方からは、
早くから改訂について周知されたため、多くの教師が改訂の内容をかなり正確
に御理解くださったとの声も寄せられている。国語科教師全員で解説国語編の
読み合わせを行ったり、領域別の内容や時間数を明記した年間指導計画を教科
会で協議の上で作成したりする自治体の取組も報告されている。積極的な教師
たちによる、新学習指導要領についての自主的な勉強会の取組も行われるよう
になっており、そうした意欲的な自治体や教師たちの御努力には心から感謝を
申し上げたい。おそらくそうした取組は、授業改善を「指示されてしなければ

ならないもの」ではなく、「未来を生きる子供たちのために是非とも必要なもの」として受けとめてくださっているのであろう。そもそも今次改訂は、文学を云々する意図で行われたものでは全くない。目の前の子供たちが未来社会を生き抜いていくために必要な国語の資質・能力とは何かを教師が考え、それを育成できる科目や単位数を選択し、事前の指導計画にそのポリシーを具現化し、実施・改善していく、マネジメントのサイクルを回すことを目指している。

　こうしたサイクルの実効化に欠かせないのが、学習評価、とりわけ観点別学習状況の評価の改善・充実である。教師によっては、一見煩雑で面倒なものと認識されがちな観点別学習状況の評価こそ、実は、授業改善を支える「特効薬」であり、生徒の変容を見取るための教師の評価眼の成長を促す「栄養」とでも呼ぶべきものである。一般に、授業の上手い教師は、生徒の思いや考えをよく見抜ける教師であろうが、よく見抜くためには当然その観点や規準を自分の中で明確に認識していなければならない。その意味において、観点別学習状況の評価は、単なる作業ではありえない。したがって、学習評価を軽視している教師は授業という営みを直視していないと思われても仕方がないかもしれない。

　しかしながら、一方で、新学習指導要領においてどのように評価を行ったらよいか、真剣に悩まれている誠意ある教師も多いことだろう。本書はそのような教師のために企画された。昨年8月に国立教育政策研究所から『「指導と評価の一体化」のための学習評価に関する参考資料　高等学校国語』が公表されたが、それと併せてお読みいただくことで理解が深まるだろう。本書は、学習指導要領や学習評価の参考資料の作成に携わられた方や先進的な実践者の方から大変貴重な理論や実践事例の提供をいただいている。

　生徒は教師のことを時には教師以上によく知っているものである。刺激的な言い方になるが、ある意味で授業は、教師の「評価眼」と生徒の「評価眼」とのぶつかり合いではないだろうか。本書がそのぶつかり合いの緊張を協調・協働へと誘い、授業の成長の一助となることを願う次第である。

令和4年4月24日

大滝　一登

高校国語
新学習指導要領をふまえた授業づくり
［評価編］ 観点別学習状況の評価をいかす

目次

第3章 大学入学共通テストについて ‥‥‥‥245

大学入学共通テストと授業を考える ‥‥‥‥‥‥‥‥246

第**1**章
理論編

新学習指導要領に示された資質・能力の育成と授業改善

1 ｜ 社会的な関心を集める高校国語の新教育課程

　令和4年度から高等学校においても、年次進行で新学習指導要領が実施されている。新学習指導要領においては、求められる資質・能力とは何かを社会と共有し、連携する「社会に開かれた教育課程」を重視している。

　周知のとおり、国語科においても、資質・能力ベースの大幅な科目再編が行われ、そのダイナミックな変化は社会から様々な関心を集めている。必ずしも一般的な関心事ではなかった高校国語の学習指導要領がまさに「社会に開かれ」つつあるといってよいだろう。「文学軽視批判」に始まり、教科書の検定結果が話題となったのも記憶に新しい。契約書やマニュアルなどの実用的な文章が教材として取り上げられることの是非が取り沙汰されたり、学校現場ではこのままの授業時数では受験指導に対応できないという声が聞かれたりもした。

　こうした反応は、新学習指導要領国語がこれまでの「国語らしさ」とは異なる面があると受けとめられたことを示唆している。さらに、そもそも国語とは何のために存在するどのような教科なのかという教科の本質を問う問題提起として受けとめられた向きもあるだろう。新学習指導要領の告示（平成30年3月）以降、様々な立場の方々が真剣に自説を主張しながら議論は続けられている。それらが全て正しい情報に基づいた建設的な議論であったか否かはさておき、今回の高校国語の改革は大きな注目を集め、そうした議論には一定の価値があったといってよいだろう。これまでの高校国語では、いわゆる「学習指導要領さざ波論」が囁かれることもあったが、もしかしたら今回はさざ波ではなく、もう少し大きな「波」が起こるかもしれないことを感じさせられる。

　しかし、そうした現象が活発化する中でも、重要でありながら話題になかなか上りにくいことも多い。その最たるものが、冒頭に述べた「資質・能力の育

成」というキーワードである。「文学作品が含まれるか否か」など、新科目で一定の取り扱いが定められた教材（コンテンツ）の種類ばかりが議論の的になり、そもそも当該科目がどのようなコンセプトで設定され、教材の種類が何を期待されて設定されたのかなど、前提となる基本的な情報を理解せずに議論が行われた傾向もあった。

　例えば、科目名だけから「現代の国語」と「言語文化」がこれまでの「現代文」と「古典」だと捉えている教師がいるという声も聞かれた。すっかり一般的にも馴染んだ「現代文」と「古典」は、これらの用語だけをみると、近代以降か近世以前かという時代区分に支えられた文章の区別であり、国語科で育成を目指す資質・能力との関連性をうかがい知ることは難しい。「現代文」と「古典」は確かに長年親しまれてきたネーミングではあるが、それだけに固執する状況ではない（現代文教材の中にはきわめて「古典」的な現代文さえ存在する。）。あくまでもこれらの文章の区別は教材の大きなまとまりであり、これからの時代において優先すべきは、国語科で育成を目指す資質・能力であることは言うまでもない。

　本書で重点的に取り上げている学習評価は、この資質・能力の育成を実効化する根本的な枠組みであるといえる。

2 │ 「教材ありき」から資質・能力の育成への転換

　ところで、そもそも資質・能力の育成が改訂のメインテーマになったのは、どのようなことに基づくのだろうか。

　端的に言うならば、ますます予測困難で複雑化する未来社会に確実に対応し、学校教育がその強みを発揮するため、「生きる力」の再整理が求められたということになる。この点について、『高等学校学習指導要領（平成30年告示）解説総則編』では、以下のように示されている（P.3）。

　　平成28年12月の中央教育審議会答申においては、予測困難な社会の変化に主体的に関わり、感性を豊かに働かせながら、どのような未来を創っていくのか、どのように社会や人生をよりよいものにしていくのかという目的を自ら考え、自らの可能性を発揮し、よりよい社会と幸福な人生の創

り手となる力を身に付けられるようにすることが重要であること、こうした力は全く新しい力ということではなく学校教育が長年その育成を目指してきた「生きる力」であることを改めて捉え直し、学校教育がしっかりとその強みを発揮できるようにしていくことが必要とされた。また、汎用的な能力の育成を重視する世界的な潮流を踏まえつつ、知識及び技能と思考力、判断力、表現力等とをバランスよく育成してきた我が国の学校教育の蓄積を生かしていくことが重要とされた。

このため「生きる力」をより具体化し、教育課程全体を通して育成を目指す資質・能力を、ア「何を理解しているか、何ができるか（生きて働く「知識・技能」の習得）」、イ「理解していること・できることをどう使うか（未知の状況にも対応できる「思考力・判断力・表現力等」の育成）」、ウ「どのように社会・世界と関わり、よりよい人生を送るか（学びを人生や社会に生かそうとする「学びに向かう力・人間性等」の涵養）」の三つの柱に整理するとともに、各教科等の目標や内容についても、この三つの柱に基づく再整理を図るよう提言がなされた。

汎用的な能力の育成を重視するのは世界的な潮流であり、これまでの「生きる力」をより具体化し、三つの柱に整理することが求められたというのである。

この答申は平成28年に示されたが、令和の時代になり、世界的な新型コロナウイルスの感染拡大、国際紛争の勃発など、国際社会はますます混迷の時代を迎え、我が国においても、「これまでこれで上手くいった」、「これまではこれが当たり前だった」ということが覆される事態が次々と生じている。単なる知識や経験の蓄積だけでは事態に対処できないため、新しい変化の質を見極め、柔軟にその解決に向けて思考し、他者と協働しながら行動できる人材が求められている。そうした人材を育成するために、教育は「不易」と「流行」を的確に見定め、その責務を果たさなければならないだろう。国語科教育においても、求められるものは同様である。日々刻々と膨大化し変転していく、アナログ・デジタル双方の言葉の海に対して、自らの針路を確かなものにできる資質・能力の育成が期待されている。

さらに、資質・能力の育成を教育課程のメインテーマとする背景として、答申の以下のような一節についても確認しておきたい。

○　議論の上で参考としたのは、国内外における、教育学だけではなく、人間の発達や認知に関する科学なども含めた幅広い学術研究の成果や教育実践などを踏まえた資質・能力についての議論の蓄積である。前回改訂の検討過程においても、育成を目指す資質・能力を踏まえ教育課程を分かりやすく整理することの重要性は認識されていたが、当時はまだ資質・能力の育成と子供の発達、教育課程との関係等に関する議論の蓄積が乏しかった。

○　そのため、現行の学習指導要領では、言語活動の充実を各教科等を貫く改善の視点として掲げるにとどまっている。言語活動の導入により、思考力等の育成に一定の成果は得られつつあるものの、教育課程全体としてはなお、各教科等において「教員が何を教えるか」という観点を中心に組み立てられており、それぞれ教えるべき内容に関する記述を中心に、教科等の枠組みごとに知識や技能の内容に沿って順序立てて整理したものとなっている。そのため、一つ一つの学びが何のためか、どのような力を育むものかは明確ではない。

教育課程が「教員が何を教えるか」という観点を中心に組み立てられていた場合、一つ一つの学びが何のためか、どのような力を育むものかが明確にならないという指摘は、さらに以下の一節につながっていく。

○　このことが、各教科等の縦割りを超えた指導改善の工夫が妨げられているのではないか、指導の目的が「何を知っているか」にとどまりがちであり、知っていることを活用して「何ができるようになるか」にまで発展していないのではないかとの指摘の背景になっていると考えられる。

このことは、高校国語の場合、先述のとおり、教科への関心が「文学作品」など教材の種類に集中してしまうこととも通底していると考えられる。「このような資質・能力を身に付けさせたい」ということよりも、「この作品を読ませたい」、「この教材を理解させたい」ということに教師の意識が向かってしまう、つまり、「教材ありき」の発想が先行してしまえば、国語科が果たすべき教育課程上の役割も意識されにくくなり、国語科が内部に「閉じて」しまう懸念も生じかねない。教師にとっては愛着のある教材であっても、どのような資質・能力の育成に適した教材か、目標に照らして他の教材よりも優れているか

といった問いが後回しになってしまう可能性が否定できない。

3 | 高校国語の課題を解決するための科目再編

　先述の答申では、こうしたことが端的に高等学校国語科の課題として、以下のように明示されている。

　　高等学校の国語教育においては、教材の読み取りが指導の中心になることが多く、国語による主体的な表現等が重視された授業が十分行われていないこと、話合いや論述などの「話すこと・聞くこと」、「書くこと」の領域の学習が十分行われていないこと、古典の学習について、日本人として大切にしてきた言語文化を積極的に享受して社会や自分との関わりの中でそれらを生かしていくという観点が弱く、学習意欲が高まらないことなどが課題として指摘されている。

　ここには、先に挙げた「教材ありき」の発想の先行という課題に加え、「言語活動の充実」が必ずしも十分図られていないこと、「読むこと」の領域に傾斜し「話すこと・聞くこと」や「書くこと」の領域の指導が十分ではないこと、さらに、いわゆる古典嫌いの生徒を生むような指導が十分改善されていないことなどが示されている。いずれも長きにわたる、かつ、深刻な課題だといえる。

　こうした課題を踏まえたとき、これまで述べてきた、教育課程における資質・能力の育成というテーマがその解決策として期待されるのも首肯できよう。こうした課題を早急に解決に導かなくては、国語科の営みは曖昧模糊としたものとなり、未来社会に生きる子供たちに言葉の資質・能力の確かな育成を担保することが難しくなりかねない。これらの改善のために、意欲的な教師が先進的な授業改善の取組を進めることも多々あったものの、少数派にとどまることが多く、根本的な解決には至っていなかったと考えられる。

　新学習指導要領における大幅な科目再編は、こうした問題意識に支えられている。したがって、一部の科目のみに注視するのではなく、共通必履修科目と選択科目の6科目全体がどのような理屈で組織されているのかを理解することが大変重要である。読者には既知の情報ではあろうが、ここで、新設された各科目について再確認しておきたい。

答申に示された高校国語の課題のうち、主として、「話合いや論述などの『話すこと・聞くこと』、『書くこと』の領域の学習が十分行われていないこと」に関する課題の解決を図るために設けられた共通必履修科目が「現代の国語」である。そのため、「現代の国語」では、「内容」の〔思考力、判断力、表現力等〕に３領域全てが設けられているが、「内容の取扱い」に規定されている授業時数は、科目全体70単位時間（標準単位数２単位）のうち、「読むこと」が10〜20単位時間程度と、大きな割合を占めてはいない。少なくとも全体の７分の５の割合の授業時数を占めているのは「話すこと・聞くこと」及び「書くこと」といった表現力の育成を目指す領域である。

　一方、主として、「古典の学習について、日本人として大切にしてきた言語文化を積極的に享受して社会や自分との関わりの中でそれらを生かしていくという観点が弱く、学習意欲が高まらないこと」に関する課題の解決を図るために設けられた共通必履修科目が「言語文化」である。「現代の国語」と異なり、この科目では「読むこと」の授業時数の割合が高いが、これまでの教室で多く行われてきた、「現代文」、「古文」、「漢文」を分けて学習することを求めるものではない。むしろ、上代から近現代に受け継がれてきた我が国の言語文化への理解を深めることに主眼を置いているこの科目においては、こうした文章の区分を超え、どの時代の言葉も、自らと関わりのあるものとして受けとめさせることが重要である。それは例えば、近世の古文と近代初期の現代文を複数教材として関連付けた学習でも、古文と漢文とを関連付けた学習でもよいだろう。「なぜ古典を学ぶのか分からない」といった感想を抱いたまま卒業していった多くの高校生を再び古典の世界に誘うのは容易ではないだろう。「言語文化」は、国語の文化性に最大限関心を向けさせることによって、教科の目標に掲げられているとおり、「我が国の言語文化の担い手としての自覚」をもたせることを目指す科目である。

　以上のように、共通必履修科目が２科目設けられているのは、異なる課題の解決を図るためである。「国語Ⅰ」や「国語総合」といった総合的な科目では解決が困難であった課題を克服するために、こうした方策があえて採用されたのである。したがって、これまでの「国語総合」と全く同じ指導を行うことを最優先させ、「言語文化」では現代文を教える時間が足りないから「現代の国

語」で、などと考えるのは適切ではない。優先させるべきは、やはり学習指導要領に位置付けられている各科目の目標及び内容である。

　以上のように、共通必履修科目が課題に対するミッションを抱えているのに対し、選択科目は、その性格上、共通必履修科目２科目で育成された資質・能力を基盤として、さらに特定の資質・能力を重点的に育成することが目指されている。

　四つの選択科目のうち、「論理国語」、「文学国語」、「国語表現」の３科目については、「思考力・判断力・表現力等」の言葉の働きを捉える三つの側面の、それぞれを主として育成する科目として設定されている。

　具体的には、「論理国語」については、主として「思考力・判断力・表現力等」の創造的・論理的思考の側面の力を育成するため、実社会において必要となる、論理的に書いたり批判的に読んだりする力の育成を重視した科目として、「文学国語」については、主として「思考力・判断力・表現力等」の感性・情緒の側面の力を育成するため、深く共感したり豊かに想像したりして、書いたり読んだりする力の育成を重視した科目として、「国語表現」については、主として「思考力・判断力・表現力等」の他者とのコミュニケーションの側面の力を育成するため、実社会において必要となる、他者との多様な関わりの中で伝え合う力の育成を重視した科目として、それぞれ設定されている。

　ここに挙げられた「創造的・論理的思考の側面の力」、「感性・情緒の側面の力」、「他者とのコミュニケーションの側面の力」には当然のことながら優劣があるわけではなく、いずれも重要な言葉の力である。これら３科目の標準単位数がいずれも４単位である理由の一端がこうした科目の趣旨にある。こうしたことは、科目名と標準単位数だけの知識では理解することが難しいだろう。

　「論理国語」と「文学国語」はよく対比的に取り上げて論じられることが多いが、科目名だけを捉え、その性格や内容などを恣意的に解釈しないようにしたい。「思考力・判断力・表現力等」の言葉の働きには、そもそも上記の三つの側面が認められるのであり、各科目は特定の側面を重点的に学習することが目指されている。言葉の論理と呼ばれるものを「論理国語」だけでしか取り扱わないとしたら、文学作品を解釈することさえできなくなるだろう。たとえ学術論文であっても、書き手の選ぶ言葉には感性が伴い、またそれは発信される

以上、何者かに対するコミュニケーションの要素も帯びることになる。

しかし、できるだけ客観的な論証を目指すとき、架空の世界を前提とした小説の時空間の中で物事の真偽をエビデンスに基づいて議論するのはやはり難しくなる。例えば、「舞姫」の主人公が鷗外に似ていたとしても、それはやはり現実の鷗外と同一人物だとは言えない。作家が自分の考えを一人称語りの作品に反映したとしても、小説の中の「私」は作家自身の「私」とは言えない。小説のリアリティは、ドキュメンタリーとは異なり、リアルな現実をモデルとしつつも、様々なデフォルメが施され、それがために読み手の内面に迫ることにより増幅されうるものであろう。

一方、論文の筆者は、基本的に書き手自身であることが前提である。用いるデータの偽りは許されず、論証の内容や方法には誤謬がないかという点で読み手に評価されるのが通例である。小説を書く作家は、事実と異なる出来事を描いても「嘘つき」と批判されて信頼を失うことはない。むしろ、小説世界の中で上手に「嘘」をつくことが要求される。「羅生門」の下人や老婆が実在の人物かどうかを問題にする読み手はほとんどいないだろう。

しかし、論文の筆者は、事実と異なる内容を前提に主張すれば、それは「フェイク」として見なされる。そこでは、できるだけ客観的な論証が評価されるのである。広い意味での「論理」は通常、言葉の世界に存在する（言葉と言葉が理屈付けられる）が、「論理国語」が対象としているのは、そのうち、客観的な論証を目指す世界だと考えられる。

ナラトロジーの視点からは全ての言語は「物語られるもの」かもしれないが、社会通念上、フィクションとノンフィクションには違いがあるとされている。あくまでも科目の性格や育成を目指す資質・能力の視点から教材の適否を判断したい。

なお、こうした「創造的・論理的思考の側面の力」については、近年のPISA調査（OECD生徒の学習到達度調査）においても、憂慮すべき結果が示されている。直近の2018年調査の結果によると、国語との関連が深い「読解力」項目については、OECD平均より高得点のグループに位置するものの、前回より平均得点・順位が統計的に有意に低下している。その要因として考えられることはいくつかあり、明確に規定できない面もあるが、2018年調査は

コンピュータ使用型調査（CBT）として実施されており、出題された問題にも情報活用能力を問うものが見られた。

　日本の生徒（高校1年生）の正答率が低い問題として、「必要な情報がどのWebサイトに記載されているか推測し探し出す」や、「情報の質と信ぴょう性を評価し自分ならどう対処するか、根拠を示して説明する（自由記述）」が挙げられる。前者において測定する能力は、「情報を探し出す」能力であり、後者において測定する能力は「評価し、熟考する」能力である。「評価し、熟考する」能力の下位の能力には、「質と信ぴょう性を評価する」、「内容と形式について熟考する」、「矛盾を見つけて対処する」が位置付けられている。日本の子供たちは、必要な情報を探し出したり、それらの情報の質と信ぴょう性を評価した上で、矛盾を見つけて必要な行動をとったりすることにおいて課題があると考えられる。こうした能力の必要性は、まさにこれまでのコロナ禍において、私たち自身が生きるために、客観的で信頼できる情報を見定めようとしていた際に実感していたことではないだろうか。情報の多くは、言葉そのものである。このように、あくまでも現実の情報に当たりながら、その妥当性や信頼性を検討しながら、他者との合意形成を目指し、課題解決を図るための言葉の力を育成する使命を担った主たる科目が「現代の国語」や「論理国語」なのである。

　また、「古典探究」については、ジャンルとしての古典を対象とし、自分と自分を取り巻く社会にとっての古典の意義や価値について探究し、生涯にわたって古典に親しめるようにするため、我が国の伝統的な言語文化への理解を深める科目として設定されている。こうした科目の趣旨からすると、入試の受験科目として、ひたすら品詞分解や現代語訳のスキルを鍛えるような指導は「古典探究」にそぐわない。探究的な学びの要素を含む指導事項は一部に限られるものの、その名のとおり、古典との関わりを自分事として捉え、課題意識をもって探究していくことが目指されている。加えて、「言語文化」での学習を踏まえ、文化的な視点から、生涯にわたって古典に親しめるようにすることを目指す科目であることを理解しておきたい。教室で古典を学べば学ぶほど、古典嫌いが増えるとしたら、これほど悲しいことはない。

4 │ 資質・能力と授業をつなぐ「指導事項」

　以上のような課題を直視し、未来社会に通用する言語能力を高校生に確実に身に付けさせることが高校国語に携わる私たちの責務である。この10年間でさえ、予想を超えて社会はめくるめく変化している。目の前の高校生は単に「知識が乏しく、大人から知識を伝達されなければならない」存在ではない。彼らは単に進学や就職のためにだけ高等学校に通っているわけではなく、この先の数十年間、社会の立派な一員として活躍し、様々な他者と交流し協働しながら社会に活力をもたらすとともに、豊かな自己実現を図るべき存在である。彼らの未来を保障するのが新学習指導要領に示された資質・能力である。そして、そのような資質・能力が具体的に示されているのが「指導事項」である。

　したがって、実際に授業を行う場合、指導事項自体の理解が不十分であれば、資質・能力を的確に身に付けさせることも、適切に評価することも困難であると考えざるを得ない。言うまでもないことだが、教壇に立って仕事として授業を行う以上、単に「評論を読む能力を育成する」や「入試で勝てる国語力を身に付ける」といった抽象的な資質・能力ではなく、指導事項として示された資質・能力を当該単元で確実に育成することが求められる。そういう意味では、指導事項は授業の針路を照らす光であると言ってもよいだろう。光に向かって進んでいく授業ならば、教師も生徒も資質・能力が育成されたかどうかが関心事となり、当該単元における学習の意義を実感できるはずである。指導事項は資質・能力と具体の授業とをつなぐきわめて重要な役割を果たしているといえる。

　新学習指導要領において、指導事項は「内容」に示されている。「内容」は各科目とも〔知識及び技能〕と〔思考力、判断力、表現力等〕により構成されている。さらに、科目によって異なるものの、〔知識及び技能〕は「(1)言葉の特徴や使い方に関する事項」、「(2)情報の扱い方に関する事項」、「(3)我が国の言語文化に関する事項」の３事項から成り、〔思考力、判断力、表現力等〕は「A話すこと・聞くこと」、「B書くこと」、「C読むこと」の３領域から成っている。これらのいずれにも指導事項が示されている。

　まず理解したいのは、各指導事項が系統的に位置付けられている内容のまと

まりである。解説の巻末にまとめられている系統表を確認すれば一目瞭然だが、〔知識及び技能〕のうち、「⑴言葉の特徴や使い方に関する事項」には、「言葉の働き」、「話し言葉と書き言葉」、「漢字」、「語彙」、「文や文章」、「言葉遣い」、「表現の技法」が、「⑵情報の扱い方に関する事項」には、「情報と情報との関係」、「情報の整理」が、「⑶我が国の言語文化に関する事項」には、「伝統的な言語文化」、「言葉の由来や変化、多様性」、「読書」がそれぞれ位置付けられている。また、〔思考力、判断力、表現力等〕の3領域には、学習過程に沿って指導事項が位置付けられている。「A話すこと・聞くこと」については、「話題の設定、情報の収集、内容の検討」、「構成の検討、考えの形成（話すこと）」、「表現、共有（話すこと）」、「構造と内容の把握、精査・解釈、考えの形成、共有（聞くこと）」、「話合いの進め方の検討、考えの形成、共有（話し合うこと）」が、「B書くこと」については、「題材の設定、情報の収集、内容の検討」、「構成の検討」、「考えの形成、記述」、「推敲」、「共有」が、「C読むこと」については、「構造と内容の把握」、「精査・解釈」、「考えの形成、共有」がそれぞれ位置付けられている。

国語科の学習過程 ※必ずしも一方向, 順序性のある流れではない。

A話すこと・聞くこと			B書くこと	C読むこと
＜話すこと＞	＜聞くこと＞	＜話し合うこと＞		
話題の設定	話題の設定	話題の設定	題材の設定	構造と内容の把握
情報の収集	情報の収集	情報の収集	情報の収集	
内容の検討	構造と内容の把握	内容の検討	内容の検討	精査・解釈
構成の検討		話合いの進め方の検討	構成の検討	
考えの形成	精査・解釈		考えの形成	考えの形成
表現	考えの形成	考えの形成	記述	
共有	共有	共有	推敲	共有
			共有	

（文部科学省資料を基に作成）

例えば、「読むこと」の場合、「構造と内容の把握」は「把握」という文言に示されているとおり、読み手によって捉えたものに差が生じにくいプロセスであり、イメージとしては、文章の内容や構成の読み取りに近い。そのため、「言語文化」の「B読むこと」の(1)のア「文章の種類を踏まえて、内容や構成、展開などについて叙述を基に的確に捉えること。」の場合、「叙述を基に」、「捉える」という文言が用いられている。一方、「精査・解釈」は読み手によって意味付けが異なりうるプロセスである。「文学国語」の「B読むこと」の(1)のエ「文章の構成や展開、表現の仕方を踏まえ、解釈の多様性について考察すること。」などはまさにこのプロセスを象徴的に示した指導事項かもしれない。

これらのいずれの指導事項を目標に掲げるかによって授業構想が大きく異なってくるのは当然のことである。「構造と内容の把握」において、正確な読み取りを重視する授業では、丹念に叙述を確かめながら、文章の内容や構成、展開などを捉え、内容を要約したり、明らかに転換点となる構成や展開を確認したりする学習活動が想定されるだろう。一方、「精査・解釈」において、読み手の解釈を重視する授業では、文章の内容や構成、展開について、批評したり議論したりする学習活動が想定される。もちろん、「構造と内容の把握」が的確になされなければ、「精査・解釈」も的外れなものになるだろう。ただし、常に正確な読み取りからスタートしなければならないというわけでもない。「精査・解釈」からスタートし、互いに批評し合ったり議論し合ったりする過程で、内容等の読み取りを確認し合うという学習活動も考えられる。当該単元の目標として掲げた指導事項の実現をどのような学習活動や教材で図っていくかということはまさに個々の教師の力量と裁量に任されている。

なお、新学習指導要領国語の第3款の1の(3)には、「各科目の内容の〔知識及び技能〕に示す事項については、〔思考力、判断力、表現力等〕に示す事項の指導を通して指導することを基本とすること。」が示されている。したがって、単元設定の際には、基本的には、〔知識及び技能〕の指導事項のみを目標に掲げるのではなく、三つの柱全てを目標に掲げることが望ましい。単元の目標の具体的な設定の仕方や学習活動との整合等については、国立教育政策研究所『「指導と評価の一体化」のための学習評価に関する参考資料　高等学校国語』（令和3年8月）や、本書に掲載されている事例を参考にされたい。

〔知識及び技能〕の指導事項は、〔思考力，判断力，表現力等〕の指導事項を通して指導することを基本とする

(2) (1)に示す事項（指導事項）については，例えば，次のような言語活動を通して指導するものとする

平成30年告示学習指導要領

〔知識及び技能〕
(1)言葉の特徴や使い方に関する事項
(2)情報の扱い方に関する事項
(3)我が国の言語文化に関する事項

〔思考力，判断力，表現力等〕
A話すこと・聞くこと
(1)指導事項
(2)言語活動例
B書くこと
(1)指導事項
(2)言語活動例
C読むこと
(1)指導事項
(2)言語活動例

（「現代の国語」の場合）

5 │ 文学的な文章を教材とした指導をめぐって

　ところで、冒頭にも言及したが、新教育課程の実施に向けて行われた教科書検定の結果については、メディア報道に取り上げられるなど、共通必履修科目、選択科目とも社会的な関心を集めた（検定結果自体については、筆者は検定作業の担当でないため、言及は差し控えたい。）。

　特に「現代の国語」については、文学作品が多数掲載される教科書が検定に合格するなど大きな話題となり、文部科学省初等中等教育局教科書課・教育課程課から以下の事務連絡も示された。

（略）

　「現代の国語」において小説等の文学的な文章を取り扱うことに関しては、今般の学習指導要領改訂の趣旨を踏まえ、特に下記の事項に御留意いただき、適切に判断されるようお願いします。

　なお、今般の学習指導要領改訂の趣旨を踏まえれば、実社会における国語による諸活動に必要な資質・能力を育成する科目である「現代の国語」の教材として、小説等の文学的な文章を取り扱うことは基本的に想定されないものであることに変わりはなく、下記の留意事項は、「現代の国語」において「読むこと」以外の領域であれば小説等の文学的な文章を取り扱うことも広く許容されるとの趣旨で示しているものではありませんので、誤解なきようお願いします。　　　（略）

記

1　学習指導要領上、「読むこと」の教材として小説等の文学的な文章を取り扱うことはできないこと。

2　「読むこと」以外の領域の教材として小説等の文学的な文章を取り扱う場合であっても、〔知識及び技能〕の指導事項との関連を図りつつ、当該領域の指導事項を身に付けさせるためにどのような言語活動を設定することが適当か、という観点から、当該領域に関する指導の配当時間も考慮して、当該教材の適切な取扱い方を検討する必要があること。

3　上記2の適切な取扱いについて、あくまで設定した言語活動を行うために必要な範囲で当該教材を読むことが想定され得るものであり、当該教材を読む活動が中心となるような取扱いは不適切であること。

4　なお、もとより小説等の文学的な文章を取り扱うことが想定されている「言語文化」において、「読むこと」の近代以降の文章に関する指導に20単位時間程度を配当することとされていること。

（令和3年9月27日付け事務連絡「高等学校「現代の国語」における指導上の留意事項について」より）

　一科目の指導について、こうした事務連絡が示されるのは異例とも言えるが、それだけ世間の関心を集め、高校国語の指導計画や授業そのものが注視されていることの証左の一つといえるかもしれない。公教育を担う学校として、適切な対処が求められるため、十分留意していただきたい。

　周知のこととは思うが、文学的な文章を読むこと自体が自己目的化され、ど

の科目のどの時間でも取り扱いたいと主張するのは、科目の性格や育成を目指す資質・能力との関係で適切でないばかりか、法規としての性格を有する学習指導要領の規定に反するものと言わざるを得ない。

　また、「小説や古典を指導する時間が激減し、文学が軽視されている」といった声も聞かれたが、そもそも学習指導要領上、文学的な文章を扱う授業時数の減少については、共通必履修科目については説明不能と言わざるを得ない。旧学習指導要領（平成21年告示）においては、領域ごとの配当授業時数が示されているのは「国語総合」の「話すこと・聞くこと」及び「書くこと」のみであり、「読むこと」の配当授業時数も、ましてや文章の種類ごとの配当授業時数も明確に示されてはいない。「読むこと」の領域については、「古典を教材とした授業時数と近代以降の文章を教材とした授業時数との割合は、おおむね同等とする」、「古典における古文と漢文との割合は、一方に偏らないようにする」ことが目安として示されているのみである。したがって、旧と新との対比により、共通必履修科目において文学的な文章を扱う授業時数の減少を主張す

各科目の「内容の取扱い」に示された各領域における授業時数

旧		話すこと・聞くこと	書くこと	読むこと＋〔伝統的な言語文化と国語の特質に関する事項〕の一部
	国語総合	15〜25単位時間程度	30〜40単位時間程度	※古典と近代以降の文章の割合はおおむね同等、古文と漢文は一方に偏らない
	計	15〜25単位時間程度	30〜40単位時間程度	

新		〔思考力、判断力、表現力等〕		
		話すこと・聞くこと	書くこと	読むこと
	現代の国語	20〜30単位時間程度	30〜40単位時間程度	10〜20単位時間程度
	言語文化		5〜10単位時間程度	【古典】40〜45単位時間程度 ※古文と漢文は一方に偏らない
				【近代以降の文章】20単位時間程度
	計	20〜30単位時間程度	35〜50単位時間程度	70〜85単位時間程度

るのは論理的に困難である。

　ただし、仮にも「国語総合」が学習指導要領の上記の規定どおり指導されていない場合には話は別である。例えば、「国語総合」標準単位数４単位のうち、仮に「話すこと・聞くこと」及び「書くこと」の指導を全く行わず、４単位全てを「読むこと」に充当して指導していた場合、全科目において領域ごとの授業時数を明示した新学習指導要領の科目では、授業時数が不足していると受けとめられるかもしれない。しかし、こうしたケースは当然「論外」である。学習指導要領の規定を踏まえ、「話すこと・聞くこと」や「書くこと」の指導の改善に地道に取り組み、生徒の言語能力を確実に向上させようとしている先生方の取組こそ称揚されるべきである。

　一方、選択科目については、「論理国語」と「古典探究」を選択する学校が多く、「文学国語」が選べないとする論調が多くみられた。この点についても、そもそも統計的なエビデンス（高等学校は多様であるため、統計結果の評価も困難が想定されるが。）も示されておらず、また、選択主体が学校（自由選択科目の場合には生徒自身）である以上、学習指導要領自体を問題視すべきかは疑問である。

　なお、当然のことながら、文学的な文章を取り扱うこと自体の価値に疑問を呈するものではないため、誤解のないようにしたい。小説や古典などの言語文化の重要性は新学習指導要領においてむしろ強調されている点である。文学的な文章の教材としての有効性を高めるためにも、育成を目指す資質・能力との整合性を担保し、「言語文化」「文学国語」「古典探究」など、教材として位置付けられた科目において適切に指導すべきであることを述べているにすぎない。

6 ｜ 資質・能力の育成を実効化する学習評価の改善・充実

　以上のように、大きな転換点を迎えている高校国語にとって、授業改善をどのように進めたらよいだろうか。学習指導要領についての理解、生徒の視点に立った言語活動の工夫、的確な授業技術、確かな教材研究など、様々なことが挙げられるが、強調しておきたいのは、やはり学習評価の改善・充実である。

　特に、観点別学習状況の評価の改善・充実を図ることは、「指導と評価の

体化」のために欠かせない。義務教育に比して遅れていると言われる高等学校の学習評価については、新学習指導要領実施を機に、一気にその遅れを取り戻したいところである。

　これまで、資質・能力の育成を適切に図るためには、資質・能力を示した指導事項を目標として掲げ、言語活動の工夫や適切な教材の選択によって、その確実な育成を図るべきであることを繰り返し主張してきた。学習評価は、このような、資質・能力ベース、目標ベースの授業設計の営みを実効化するものであるといってよいだろう。授業は公的な営みであり、生徒に目指す資質・能力が適切に身に付いたかどうかは適切に評価される必要がある。教師は、目標を掲げて生徒と共有し、学習活動を行わせる。その営みが有効な成果を上げているか、教師・生徒双方の目線に立ちながら、着実にモニタリングすることが求められる。教師が絶えずそのような目線を保ち続けることが、授業を「骨太」なものにするのではないだろうか。単元を通して生徒にいつどのような活動によってどのような資質・能力が育成されるのかに意識を向け続け、目標ベースで作成した評価規準に照らしながら、効果的な評価方法によって、かつ、適切な評価場面において生徒の資質・能力を評価し、その結果を生徒と共有する。このことによって、教師は授業を「いい加減」なものにはできなくなるだろう。したがって、学習評価を意識する教師ほど、その授業は「引き締まったもの」になるはずである。観点別学習状況の評価は、あくまでも目標に準拠した評価であり、当然のことながら、目標への意識なくして評価はありえない。

　資質・能力が三つの柱で整理された新学習指導要領においては、評価の観点も3観点であり、目標との整合性が一層シンプルに可視化されている。観点別学習状況の評価の考え方やその進め方の詳細については、他の執筆者による論考や実践事例に譲るが、観点別学習状況の評価に真剣に取り組むことを通して、新学習指導要領に対する理解が深まるとともに、授業の質が確実に高まることに期待したい。

引用文献

1　文部科学省『高等学校学習指導要領（平成30年告示）解説総則編』

2　中央教育審議会「幼稚園、小学校、中学校、高等学校及び特別支援学校の学習指導要領等の改善及び必要な方策等について（答申）」（平成28年12月21日）

3　国立教育政策研究所編『生きるための知識と技能7　OECD生徒の学習到達度調査（PISA）2018年調査国際結果報告書』（明石書店、令和元年12月）

4　文部科学省初等中等教育局教科書課・教育課程課「高等学校「現代の国語」における指導上の留意事項について」（令和3年9月27日付け事務連絡）

注

　なお、本稿も含めた本書における筆者の論考は、筆者個人の見解によるものであり、筆者の所属する組織を代表するものではないことを申し添える。

〔大滝一登〕

第2節 学習評価の改善充実に向けた基本的な考え方

1 学習評価についての基本的な考え方

　国語の資質・能力が、国語の授業を通して生徒に育成されたかを明らかにするために行われるのが、学習評価である。学校の主語は、生徒であり、一人一人の生徒の国語の資質・能力の育成を図ることが教師には求められる。生徒の国語の資質・能力の育成を図るのは、教師の責務でもあり、そのためにも、国語の授業では「指導と評価の一体化」を図ることが重要となる。学習評価は、学習指導と表裏一体の関係にあり、学習指導なくして、学習評価はあり得ない。

　学習評価の改善充実に向けた基本的な考え方は、中央教育審議会初等中等教育分科会教育課程部会『児童生徒の学習評価の在り方について（報告）』（平成31年１月21日、以下「報告」）と、文部科学省初等中等教育局長『小学校、中学校、高等学校及び特別支援学校等における児童生徒の学習評価及び指導要録の改善等について（通知）』（平成31年３月29日、以下「指導要録等の改善通知」）に、示されている。

　本稿では、上記二つの資料を基に、高等学校国語の学習評価の基本的な考え方について、解説する。本来ならば、二つの資料の引用頁をその都度取り上げ明示しなければならないが、煩雑になるため、引用箇所の該当頁を明記せずに本文を引用している箇所が多くあることをご理解いただきたい。

　是非、「報告」と「指導要録等の改善通知」も合わせてお読みいただきたい。

　「報告」では、以下のように学習評価とカリキュラム・マネジメントについて示している（P. 3）。

> 　答申では、「子供たちの学習の成果を的確に捉え、教員が指導の改善を図るとともに、子供たち自身が自らの学びを振り返って次の学びに向かう

ことができるようにするためには、学習評価の在り方が極めて重要」として、その意義に言及している。また、「学習評価については、子供の学びの評価にとどまらず、『カリキュラム・マネジメント』の中で、教育課程や学習・指導方法の評価と結び付け、子供たちの学びに関わる学習評価の改善を、更に教育課程や学習・指導の改善に発展・展開させ、授業改善及び組織運営の改善に向けた学校教育全体のサイクルに位置付けていくことが必要」とし学習評価に関わる取組をカリキュラム・マネジメントに位置付けることの必要性に言及している。

平成30年告示の高等学校学習指導要領では、これまで各学校の各教科に委ねられていた学習指導と学習評価を、カリキュラム・マネジメントに位置付け、各学校の教育課程において、組織的・計画的に行うことを求めている。

特に、高等学校においては、各学校の国語の授業を通し、卒業時までに生徒に育成すべき国語の資質・能力の内容を明らかにすることが求められる。学校として国語の授業を通して「何を学ぶか」「どのように学ぶか」「何ができるようになるか」を生徒にも明示した取組が重要となる。

そのためには、各学校の国語の教科担当者が高等学校3年間の国語の授業を見通したカリキュラム・マネジメントを行い、当該学校のどの教師に国語の授業を受けても、在籍する生徒一人一人に、当該学校が求める国語の資質・能力を等しく育成することが求められる。

2 学習評価の基本的な枠組みと改善の方向性

（1）カリキュラム・マネジメントの一環としての指導と評価

○ 各学校における教育活動は、学習指導要領等に従い、児童生徒や地域の実態を踏まえて編成した教育課程の下で作成された各種指導計画に基づく授業（「学習指導」）として展開される。各学校は、日々の授業の下で児童生徒の学習状況を評価し、その結果を児童生徒の学習や教師による指導の改善や学校全体としての教育課程の改善、校務分掌を含めた組

織運営等の改善に生かす中で、学校全体として組織的かつ計画的に教育活動の質の向上を図っている。このように、「学習指導」と「学習評価」は学校の教育活動の根幹であり、教育課程に基づいて組織的かつ計画的に教育活動の質の向上を図る「カリキュラム・マネジメント」の中核的な役割を担っている。

　高等学校においては、各教科の授業の内容の編成をもって、教育課程とすることがこれまであった。国語においても、教科書の目次に沿って、教材を中心にした教育課程の編成が行われてきたのではないだろうか。

　平成30年告示の学習指導要領においては、各学校の実態に合わせたカリキュラム・マネジメントを基に、学校目標をはじめとして、学校経営方針、学校のグランドデザイン、教育課程の編成など、学校としての教育課程の改善に係る諸課題、授業づくりや学習指導の改善等を行うことが求められている。

　国語の教育課程の編成は、各学校の学校目標や学校のグランドデザインを実現するために行われるべきものである。単に、教科の年間の授業の予定を作成するのではなく、各学校の国語として育成すべき資質・能力を明示し、その育成のための指導内容や目標・評価計画を具体的に示すことが求められる。

　各学校の国語の教育課程の編成では、「指導と評価の一体化」を図るべく、授業の計画とともに、学習評価の計画が必要となる。

　学習評価の在り方について、「報告」では、以下の3点を基本とすることを求めている（P. 5）。

① 児童生徒の学習改善につながるものにしていくこと、
② 教師の指導改善につながるものにしていくこと、
③ これまで慣行として行われてきたことでも、必要性・妥当性が認められないものは見直していくこと、

　学習の在り方とともに指導の在り方も、学習評価では、表裏一体の関係として、同時に問われている。

　国語の授業においては、「主体的・対話的で深い学び」の授業づくりが重要となる。そこでは、これまでの国語の指導の在り方のパラダイムの転換が求め

られている。

（2）観点別学習状況の評価の改善について

　観点別学習状況の評価は、平成11年告示の学習指導要領の改訂に伴い、平成16年の高等学校指導要録の改善から導入されている。観点別学習状況の評価とは、学習状況を観点別に捉え、各教科等における学習状況を分析的に把握することが可能な評価である。

　平成30年告示の学習指導要領における学習評価の観点は、「指導要録等の改善通知」で、「知識・技能」「思考・判断・表現」「主体的に学習に取り組む態度」の学力の三つの要素を基に、３観点に整理された。

　国語においても、それまでの活動領域「話すこと・聞くこと」、「書くこと」、「読むこと」を含む５観点を対象とした構成（「関心・意欲・態度」「話す・聞く能力」、「書く能力」、「読む能力」「知識・理解」）から、他の教科の学習評価との整合性も図り、学力の三つの要素を基にした、３観点の構成に変わっている。

　学力の三つの要素は、平成19年６月改正「学校教育法」第三十条・第二項に、以下のように示されている（太字は、引用者）。

　2　前項の場合においては、生涯にわたり学習する基盤が培われるよう、基礎的な**知識及び技能**を習得させるとともに、これらを活用して課題を解決するために必要な**思考力、判断力、表現力**その他の能力をはぐくみ、**主体的に学習に取り組む態度**を養うことに、特に意を用いなければならない。

　　　　　　　　　　＊第六十二条で高等学校、第七十条で中等教育学校に準用

　目標に準拠した評価とは、学習指導要領の各教科等の目標に示された「２内容」の実現状況を評価すること、であり、それを観点別学習状況の評価として、３観点から評価することになる。

　国語の学習評価の対象は、学習指導要領国語の「２内容」の〔知識及び技能〕、〔思考力、判断力、表現力等〕に示されている指導「事項」である。この指導「事項」が、「学びに向かう力、人間性等」と併せて、各単元の目標にな

る。

　単元の評価規準の３観点は、〔知識及び技能〕が「知識・技能」に、〔思考力、判断力、表現力等〕が「思考・判断・表現」に、「学びに向かう力、人間性等」が「主体的に学習に取り組む態度」になる。なお、評価の観点の「主体的に学習に取り組む態度」については、後述する。

　平成30年告示の学習指導要領で求められるものは、授業改善と併せて、学習評価の考え方のパラダイムの転換である。これまで学習評価として多く行われてきた定期試験でのペーパーテストによるだけの評価は、是非、見直したい。今、求められるのは、観点別学習状況の評価であり、３観点の評価は、ペーパーテストのみでは行うことはできない。そこで、学習評価の改善が求められる。

　資質・能力のバランスのとれた学習評価を行っていくためには、指導と評価の一体化を図る必要がある。国語の授業として指導したことが、生徒の国語の資質・能力として育成されているかを、評価することが求められる。

　論述やレポートの作成、発表、グループでの話合い等といった多様な活動に取り組ませるパフォーマンス評価などを取り入れ、ペーパーテストの結果のみにとどまらない、多面的・多角的な評価を行っていくことが必要である。

① 観点別学習状況の評価について

　国語における観点別学習状況の評価の実施に際しては、学習指導要領の規定に沿って評価規準を作成し、国語の特質を踏まえて適切に評価方法等を工夫することにより、学習評価の結果が生徒の学習や教師による指導の改善に生きるものとすることが求められる。

　また、評価の段階及び表示の方法については、現行と同様に３段階、「Ａ　十分満足できる」状況、「Ｂ　おおむね満足できる」状況、「Ｃ　努力を要する」状況、とすることが適当であるとされている。

　このうち「Ｂ　おおむね満足できる」状況は、学習指導要領国語の「２内容」の〔知識及び技能〕、〔思考力、判断力、表現力等〕に示されている指導「事項」を基に、各学校の実態に応じて、規準として設定する。この「Ｂ　おおむね満足できる」と設定した規準を用いて、授業における「単元の目標」と「単元の評価規準」を作成することになる。

② 「知識・技能」の評価について

　学習指導要領国語で「知識・技能」の学習評価の対象となるのは、学習指導要領国語の各科目の、「２内容」の〔知識及び技能〕に示されている、⑴言葉の特徴や使い方に関する事項、⑵情報の扱い方に関する事項、⑶我が国の言語文化に関する事項、である。ただし、科目によっては、扱わない事項もある。

　「知識・技能」の評価では、〔知識及び技能〕の習得状況について評価を行うとともに、それらを既有の知識及び技能と関連付けたり活用したりする中で、他の学習や生活の場面でも活用できる程度に概念等を理解したり、技能を習得したりしているかについて評価する。

　具体的な評価方法としては、ペーパーテストにおいて、事実的な知識の習得を問う問題と、知識の概念的な理解を問う問題とのバランスに配慮するなどの工夫改善を図ることが求められる。例えば、生徒が文章による説明をしたり、国語の内容の特質に応じて、実際に知識や技能を用いる場面を設けたりするなど、多様な方法を適切に取り入れていくことが考えられる。

③ 「思考・判断・表現」の評価について

　「思考・判断・表現」の評価は、国語の各科目の〔思考力、判断力、表現力等〕に示された内容となる。評価の対象とする「話すこと・聞くこと」「書くこと」「読むこと」の領域の取り上げ方が、科目によって異なることに留意する必要がある。

　学習指導要領国語に示されている各科目の〔思考力、判断力、表現力等〕が、各単元の「単元の評価規準」の対象領域とするのは、次のものである。

　『現代の国語』：

　　「Ａ話すこと・聞くこと」「Ｂ書くこと」「Ｃ読むこと」の３領域から一つ、

　『言語文化』、『論理国語』、『文学国語』：

　　「Ａ書くこと」、「Ｂ読むこと」の２領域から一つ、

　『国語表現』：

　　「Ａ話すこと・聞くこと」、「Ｂ書くこと」の２領域から一つ、

　『古典探究』：

　　「Ａ読むこと」の領域を対象とする。

　具体的な評価方法としては、ペーパーテストのみならず、論述やレポートの

作成、発表、グループでの話合い等のパフォーマンス評価や、作品の制作や表現等の多様な活動を取り入れたり、それらを集めたポートフォリオを活用したりするなど評価方法を工夫することが考えられる。さらに、ポートフォリオに蓄積された内容を、簡潔にまとめることなども有効である。

　各科目の〔思考力、判断力、表現力等〕には、領域ごとに(1)として指導「事項」が示されている。(2)として「(1)に示す事項については、例えば、次のような言語活動を通して指導するものとする。」と、「言語活動」の具体例が示されている。

　国語では、言語活動を通して、国語の資質・能力の育成を図ることを、学習指導要領の目標で求めている。〔思考力、判断力、表現力等〕の資質・能力の育成には、必ず言語活動が伴うことになる。ただし、言語活動は、活動であり、国語で育成すべき資質・能力ではないので、言語活動自体を評価するものではないことに留意する必要がある。

④「主体的に学習に取り組む態度」の評価について

　「学びに向かう力、人間性等」には、①「主体的に学習に取り組む態度」として観点別評価を通じて見取ることができる部分と、②観点別評価や評定にはなじまず、こうした評価では示しきれないことから個人内評価を通じて見取る部分があることに留意する必要がある。

　学習指導要領国語に示された、「学びに向かう力、人間性等」に関わる目標や内容の規定を踏まえ、国語の各科目の特質に応じた評価方法の工夫改善を進めることが重要である。

ア)「学びに向かう力、人間性等」との関係

　平成30年告示の学習指導要領国語の目標と各科目の目標の文言の後には、(1)が〔知識及び技能〕、(2)が〔思考力・判断力・表現力等〕、(3)が「学びに向かう力、人間性等」として下記のように示されている。例は、国語の目標。下記には、〔知識及び技能〕、〔思考力・判断力・表現力等〕、「学びに向かう力、人間性等」を付しているが、目標にこれらは表記されていない（太字は、引用者）。

　言葉による見方・考え方を働かせ、言語活動を通して、国語で的確に理解し効果的に表現する資質・能力を次のとおり育成することを目指す。

> (1) 生涯にわたる社会生活に必要な国語について、その特質を理解し適切に使うことができるようにする。〔知識及び技能〕
>
> (2) 生涯にわたる社会生活における他者との関わりの中で伝え合う力を高め、思考力や想像力を伸ばす。〔**思考力・判断力・表現力等**〕
>
> (3) 言葉のもつ価値への認識を深めるとともに、言語感覚を磨き、我が国の言語文化の担い手としての自覚をもち、生涯にわたり国語を尊重してその能力の向上を図る態度を養う。「**学びに向かう力、人間性等**」

「学びに向かう力、人間性等」には、

① 「主体的に学習に取り組む態度」として観点別評価を通じて見取ることができる部分と、

② 観点別評価や評定にはなじまず、「感性、思いやりなど」観点別学習状況の評価や評定として示しきれない生徒一人一人のよい点や可能性、進歩の状況については、個人内評価を通じて見取る部分がある。

　そこで、観点別学習状況の評価の観点としては、「主体的に学習に取り組む態度」を用いることになる。

イ）「主体的に学習に取り組む態度」の評価の基本的な考え方

　「主体的に学習に取り組む態度」は、単に継続的な行動や積極的な発言等を行うなど、性格や行動面の傾向を評価することではない。重要なのは、国語としての〔知識及び技能〕を獲得したり、〔思考力、判断力、表現力等〕を身に付けたりすることに向けて、自らの学習状況を把握し、学習の進め方について試行錯誤するなど自らの学習を調整しながら、学ぼうとしているかが対象となる。

　「主体的に学習に取り組む態度」は、学習指導要領国語に示されている「2内容」の〔知識及び技能〕と〔思考力、判断力、表現力等〕とを、生徒一人一人が主体的に学ぼうとしているかという意思的な側面が重要となる。

　「主体的に学習に取り組む態度」について、「報告」（P.11）では、次のように示している。

○　本観点に基づく評価としては、「主体的に学習に取り組む態度」に係

る各教科等の評価の観点の趣旨に照らし、

　　① 知識及び技能を獲得したり、思考力、判断力、表現力等を身に付
　　　けたりすることに向けた粘り強い取組を行おうとする側面と、
　　② ①の粘り強い取組を行う中で、自らの学習を調整しようとする側面、
　　　という二つの側面を評価することが求められる。

　重要なのは、「知識及び技能を習得させたり、思考力、判断力、表現力等を
育成したりする」場面に関わって、「主体的に学習に取り組む態度」の学習評
価は行われるものであり、その評価の結果を、〔知識及び技能〕の習得や〔思
考力、判断力、表現力等〕の育成に関わる教師の指導や生徒の学習の改善にも
生かすことにより、バランスのとれた資質・能力の育成を図ることである。

　「主体的に学習に取り組む態度」において、例えば挙手の回数・提出物の提
出状況など、その形式的態度を評価することは適当ではなく、学習指導要領国
語の「２内容」に示されている〔知識及び技能〕と〔思考力、判断力、表現力
等〕の二つの観点の(1)に示された指導「事項」に関わる生徒の学習状況と照ら
し合わせながら学習や指導の改善を図ることが重要となる。

　「主体的に学習に取り組む態度」の学習評価として、単元の導入の段階では
観点別の学習状況にばらつきが生じるとしても、指導と評価の取組を重ねなが
ら授業を展開することにより、単元末や学期末、学年末の結果として算出され
る３段階の観点別学習状況の評価については、観点ごとに大きな差は生じない
ものと考えられる。

　①に「粘り強い取組」、②に「自らの学習を調整」が示されている。この①
と②のような考え方に基づき評価を行った場合には、例えば、①の「粘り強い
取組を行おうとする側面」が十分に認められたとしても、②の「自らの学習を
調整しようとしている側面」が認められない場合には、「主体的に学習に取り
組む態度」の評価としては、基本的に「Ａ　十分満足できる」状況とは判断さ
れないことになる。

　仮に、単元末や学期末、学年末の結果として算出された評価の結果が「知
識・技能」、「思考・判断・表現」、「主体的に学習に取り組む態度」の各観点に
ついて、「ＣＣＡ」や「ＡＡＣ」といったばらつきのあるものとなった場合には、

生徒の実態や教師の授業の在り方などそのばらつきの原因を検討し、必要に応じて生徒への支援を行い、生徒の学習や教師の指導の改善を図るなど速やかな対応が求められる。

ウ）「主体的に学習に取り組む態度」の評価の方法

「主体的に学習に取り組む態度」の具体的な評価の方法としては、ノートやレポート等における記述、授業中の発言、教師による行動観察などのパフォーマンスによる評価や、生徒による学習活動としての自己評価や相互評価等を、学習評価を行う際の考慮する材料の一つとして用いることが考えられる。

ただし、自己評価と相互評価に関しては、中央教育審議会初等中等教育分科会教育課程部会「児童生徒の学習評価の在り方について（報告）」（平成22年3月24日）には、以下のように示されている（P.12）。

> ○　なお、児童生徒が行う自己評価や相互評価は、児童生徒の学習活動であり、教師が行う評価活動ではないが児童生徒が自身の良い点や可能性について気づくことを通じ、主体的に学ぶ意欲を高めること等学習の在り方を改善していくことに役立つことから、積極的に取り組んでいくことも重要である。

上記にも認められるように、学習評価は、授業を通して資質・能力が育成されたかを、教師が評価するものであり、生徒が行った自己評価や相互評価を、そのまま学習評価とすることはできないことに留意する必要がある。

学習評価を行うに当たっては、各教科等の特質に応じて、生徒の発達の段階や一人一人の個性を十分に考慮しながら、「単元の評価規準」として取り上げた「知識・技能」や「思考・判断・表現」の観点の状況を踏まえた上で、評価を行う必要がある。したがって、例えば、ノートにおける特定の記述などを取り出して、他の観点から切り離して「主体的に学習に取り組む態度」として評価することは適切ではない。

生徒の国語の資質・能力の育成を図るため、教師は、基本的に国語のカリキュラム・マネジメントに基づき授業を意図的・計画的に行い、それに対して学習評価が行われなければならない。

「主体的に学習に取り組む態度」の評価に当たっては、生徒が自らの理解の

状況を振り返ることができるような「問い」を工夫したり、自らの考えを記述したり話し合ったりする場面、他者との協働を通じて自らの考えを相対化する場面などを単元の内容のまとまりの中で設けたりするなど、「主体的・対話的で深い学び」の視点からの国語の授業改善を図る中で、適切に評価できるようにしていくことが求められる。

そのためには、生徒の学習状況を適切に評価することができるよう、国語の各単元における授業デザインが重要となる。

（3）評価の方針等の生徒との共有について

これまでの高等学校国語の学習評価は、授業で育成を図った資質・能力の内容について定期試験を行い、ペーパーテストの結果を用いた評価が行われてきたのではないだろうか。試験の結果で序列化することを評価とする、値踏みの評価（Evaluation）が行われていたのではないだろうか。

これからの学習評価は、授業を通して生徒が学んだことを理解したり納得したりするための、支援する評価（Assessment）が求められている（注1）。

平成30年告示の学習指導要領では、授業における見通しと振り返りが重視されている。単元の国語の授業を通して、生徒に育成すべき資質・能力としての単元の評価規準や評価方法等の評価の方針等について、教師が生徒に単元の授業の初めに示したり伝えたりすることが求められている。

当該単元の国語の授業において、どのような方針によって評価を行うのかを事前に生徒に示し、共有しておくことは、評価の妥当性・信頼性を高めるとともに、国語の授業において生徒に身に付けるべき資質・能力の具体的なイメージをもたせる観点からも不可欠であるとともに、生徒に自らの学習の見通しをもたせ自己の学習の調整を図るきっかけとなることも期待される。

また、生徒に評価の結果をフィードバックする際にも、どのような方針によって評価したのかを改めて共有することも重要である。その際、生徒の発達の段階にも留意した上で、生徒用に学習の見通しとして単元の学習の計画や評価の方針を事前に示すことが考えられる。そこで、単元の学習指導案を基にして、生徒用に単元の学習内容と評価計画を簡潔にまとめた単元の授業計画（「学びのプラン」と称する）を、単元の授業の初めに配布し、当該単元での学習内

容の過程と、どのような資質・能力の育成が当該単元で図られるかの学習評価の見通しとを、単元の初めに生徒に知らせておくことが求められる。

（4）教科等横断的な視点で育成を目指す資質・能力の評価について

　教科等横断的な資質・能力の育成は、平成30年告示の学習指導要領「第2款　教育課程の編成」「教科等横断的な視点に立った資質・能力の育成」に、次のように示されている（P.5）。

---

(1) 各学校においては、生徒の発達の段階を考慮し、言語能力、情報活用能力（情報モラルを含む。）、問題発見・解決能力等の学習の基盤となる資質・能力を育成していくことができるよう、各教科・科目等の特質を生かし、教科等横断的な視点から教育課程の編成を図るものとする。

　上記に示されているのは、「学習の基盤となる資質・能力」であり、学習の対象となる内容やテーマ（例えば、環境に関する教育など）ではないことに留意する必要がある。ここで求めているのは、汎用的な資質・能力であると言えよう。

　特に、国語においては、教科の目標としても示されている資質・能力として「国語で的確に理解し効果的に表現する資質・能力」としての言語能力の育成を図ることが重要となる。

　これらは、国語における観点別学習状況の評価の「知識・技能」「思考・判断・表現」「主体的に学習に取り組む態度」に反映することとし、国語の学習の文脈の中で、これらの資質・能力が横断的に育成・発揮されることを目指すことが適当である。

（5）評価を行う場面や頻度について

　国語の学習評価を行う場合、「単元の目標」を、はじめに作成することが重要となる。「単元の目標」は、当該単元で育成すべき国語の資質・能力の内容であり、学習指導要領国語を基に、各学校の生徒の実態に即して設定する。

　「単元の目標」に合わせて、当該単元で用いる「言語活動」を設定する。

　次に、「単元の目標」を基に、「単元の評価規準」の設定もする。

「単元の評価規準」は、国立教育政策研究所『「指導と評価の一体化」のための学習評価に関する参考資料　高等学校国語』（令和３年８月、以下「参考資料」）に示されている「内容のまとまりごとの評価規準」を参考にして作成する。

　「単元の評価規準」では、「知識・技能」「思考・判断・表現」「主体的に学習に取り組む態度」の３観点を定めることになる。「単元の評価規準」では、「知識・技能」と「思考・判断・表現」の観点においては、複数の評価規準を取り上げることもある。「参考資料」を参照して、作成するとよい。

　評価を行う場面は、毎回の授業で全ての観点を評価するのではなく、単元のまとまりの中で、指導内容に照らして「知識・技能」、「思考・判断・表現」、「主体的に学習に取り組む態度」の３観点のそれぞれの評価を、適切に位置付ける。

　国語の学習評価では、学習指導要領国語の各科目の「２内容」の(1)の指導「事項」を基に作成した「単元の評価規準」の「知識・技能」、「思考・判断・表現」、「主体的に学習に取り組む態度」のそれぞれについて、単元の指導過程の中で、いつ、どのように、評価を行うのかを設定することが求められる。

　実際の評価を行うに当たっては、毎回の授業において複数の観点を評価する運用が行われていることもあり、評価の「記録」が常に求められたりすることも多くある。単元の授業の中で、評価にばかり目が向き評価の「記録」を残すことが目的となっては、本末転倒である。評価は、生徒一人一人の国語の資質・能力を育成するためにある。記録を集めることに終始して、学期末や学年末になるまで必要な指導や支援を行わないまま一方的に評価をするようなことがないようにしなければならない。評価に当たっては、「指導に生かすとともに総括としても生かす評価」が重要となる。

　したがって、日々の授業の中では生徒の学習状況を把握して指導に生かすことに重点を置きつつ、「知識・技能」及び「思考・判断・表現」の評価の記録については、原則として単元や題材等のまとまりごとに、それぞれの実現状況が把握できる段階で評価を行うこととする。「主体的に学習に取り組む態度」については、主体的に「知識及び技能を獲得したり、思考力、判断力、表現力等を身に付けたりするため」の資質・能力の育成がされることが重要であり、

それに向けて「粘り強い取組を行う中で、自らの学習を調整しようとする」ことが求められている。単に、「粘り強い取組」や「自らの学習の調整」のみを対象とするのではないことに、留意したい。

（6）指導要録の改善について

答申では、「観点別評価については、目標に準拠した評価の実質化や、教科・校種を超えた共通理解に基づく組織的な取組を促す観点から、小・中・高等学校の各教科を通じて、『知識・技能』『思考・判断・表現』『主体的に学習に取り組む態度』の３観点に整理することとし、指導要録の様式を改善することが必要」とされている。

指導要録の改善に関しては、「指導要録等の改善通知」によって、観点別学習状況の評価を、高等学校の指導要録においても、これまでの様式を変更して、「知識・技能」「思考・判断・表現」「主体的に学習に取り組む態度」の３観点の評価を記入するようにしている。

① 高等学校における観点別学習状況の評価の扱いについて

高等学校においては、平成16年の指導要録の改善より観点別学習状況の評価が行われてきてはいるものの、地域や学校によっては、その取組に差があり、十分に実施されているとはいえない状況も多く認められている。

そこで、高等学校における観点別学習状況の評価を更に充実し、その質を高める観点から、「指導要録等の改善通知」の「高等学校及び特別支援学校高等部の指導要録に記載する事項等」において、観点別学習状況の評価に係る説明を充実するとともに、指導要録の参考様式に記載欄を設定している。

「指導要録等の改善通知」の「２．学習評価の主な改善点について」において、以下のように指摘している（P.４）。

⑷ 特に高等学校及び特別支援学校（視覚障害、聴覚障害、肢体不自由又は病弱）高等部における各教科・科目の評価について、学習状況を分析的に捉える観点別学習状況の評価と、これらを総括的に捉える評定の両方について、学習指導要領に示す各教科・科目の目標に基づき学

校が地域や生徒の実態に即して定めた当該教科・科目の目標や内容に照らし、その実現状況を評価する、目標に準拠した評価として実施することを明確にしたこと。

目標に準拠した評価とは、学習指導要領に示す各教科の目標や内容に照らして学習状況を評価するものであり、国語においては、学習指導要領の国語に定める「1目標」と「2内容」の実現状況を評価する総称である。

観点別学習状況の評価は、目標に準拠した評価として、単元における授業を通し、「知識・技能」、「思考・判断・表現」、「主体的に学習に取り組む態度」の三つの観点を、単元の目標に即して指導し、その学習状況を分析的に捉え、それを観点ごとに評価するものである。3観点の重み付けは、原則、均等である。

各単元における観点別学習状況の評価を、年度のまとめとして総括することが、国語としての評定となる。

さらに、観点別学習状況の評価や評定には示しきれない生徒一人一人のよい点や可能性、進歩の状況については、個人内評価として実施する。

② 観点別学習状況の評価と評定

学籍並びに指導の記録として残す指導要録は、それまでの学籍簿という名称から、昭和24年に指導要録と名称が変更され、学籍の記録と学習の状況等の記録が記載されるようになった。以降、指導要録は、学習指導要領の改訂に伴い、学習指導要領の目標や内容に沿う形で、改善が行われてきた。

小学校と中学校においては、平成10年告示の学習指導要領に基づき改善された平成13年の「指導要録等の改善通知」で、それまで集団に準拠した評価（相対評価）を中心に行うこととされていた取扱いが、目標に準拠した評価（いわゆる絶対評価）に改善された。

高等学校では、それまでも絶対評価によって指導要録の記入・作成が行われてきたが、平成11年告示の学習指導要領に合わせた指導要録の改訂において、目標に準拠した評価が取り入れられたことに伴い、平成16年度から観点別学習状況の評価を行うことになった。

この指導要録の改善では、評定が学習指導要領に定める目標に照らして、一

人一人の生徒の学習状況の実現状況を総括的に評価し、評定するものであるという趣旨に変更された。しかし、それまでの集団に準拠した評価（相対評価）としての評定に慣れ、集団内の相対的な序列をつけることが評価であり評定としてきたことからの転換を図ることが、未だにされていない状況もある。例えば、平均点による集団内の位置付けが行われていることや、評定に割合を決めて行っていることにも、それは見て取れる。

評定については、高等学校学習指導要領国語に示す目標に基づき、学校が生徒や地域の実態に即して定めた国語の目標や内容に照らし、その実現状況を総括的に評価して、それぞれの状況の判断を行うことになる。

「十分満足できるもののうち、特に程度が高い」状況：5

「十分満足できる」状況：4

「おおむね満足できる」状況：3

「努力を要する」状況：2

「努力を要すると判断されるもののうち、特に程度が低い」状況：1

上記のように区別して評価の記入を行う。

評定は学習の状況を総括的に評価するものであり、観点別学習状況において掲げられた3観点は、分析的な評価を行うものとして、評定を行う場合において基本的な要素となるものであることに十分留意する。その際、評定の適切な決定方法等については、各学校において定めることになる。

評定には、各教科等における生徒一人一人の進歩の状況や教科の目標の実現状況を的確に把握し、学習指導の改善に生かすことが期待されており、そこに、「指導と評価の一体化」が認められる。

観点別学習状況の評価と評定については「指導と評価の一体化」の観点から見た場合には、それぞれ以下のような役割が期待されている。

・各教科の学習状況を分析的に捉える「観点別学習状況の評価」により、生徒が国語の学習において、どの観点で望ましい学習状況が認められ、どの観点に課題が認められるかを明らかにすることで、具体的な学習や指導の改善に生かすことが可能となる。

・国語の観点別学習状況の評価を総括的に捉える「評定」は、生徒がどの学習に望ましい学習状況が認められ、どの学習に課題が認められるのかを明

らかにすることにより、国語の教育課程全体を見渡した学習状況の把握と指導や学習の改善に生かすことを可能とする。

評定は、国語の観点別学習状況の評価を総括した数値を示すもので、生徒や保護者にとっては、学習状況を全般的に把握できる指標として捉えられている。

観点別学習状況の評価は、学習の内容を分析的に捉え評価し、学習の改善を要する点がどこにあるかをきめ細かに示すことが可能な学習評価である。そこに、観点別学習状況の評価が本来的に期待される役割がある。

また、評定が入学者選抜や奨学金の審査等に利用される際に、観点別学習状況の評価を評定として総括する際の観点ごとの重み付けが学校によって異なるため、評定のみを用いるよりも観点別学習状況の評価を活用することにより、生徒一人一人の学習状況をきめ細かく評価することができるようになる。

国語の学習評価として、観点別学習状況の評価と評定の双方のそれぞれに、本来の役割が発揮されるようにすることが重要である。

注
1 「Assessment としての評価」に関しては、髙木展郎「第Ⅴ章　評価によって子供を育てる」『評価が変わる、授業を変える』（三省堂、2019 年 5 月10日、P.190-218）を、参照してください。

参考図書
高等学校国語の「観点別学習状況の評価」の具体については、髙木展郎『高等学校国語　カリキュラム・マネジメントが機能する学習評価〜「観点別学習状況の評価」を進めるために〜』（三省堂、2021年12月14日）を、参考にしてください。

〔髙木展郎〕

第3節 効果的な授業づくりに資する言語活動の充実

はじめに

　教師は、温かく和気あいあいとした教室で、生徒たちと知的な対話を楽しみながら授業を行いたいと願っている。けれども多くの高等学校では、学ぶことへの熱量が脆弱な生徒たちをどう「その気にさせるか」で頭を悩ませている。

　授業とは教師の講義をノートに取る作業だと思い込んでいる彼らに向かって、新しい学習指導要領のコンセプトを踏まえた言語活動はいかにして実現できるのか。そのために教師は何を心得ておく必要があるか。そして、新学習指導要領はこれからの高校国語科教育に何を求めているのか。

　こうした問いを基に、以下、効果的な授業づくりに資する言語活動の充実にとって必要な教師の心得を、六つの条文調に述べてみたい。ここに示す私見は、一教師として大学の教壇に立つ筆者自身へのいましめでもある。

　なお、六か条の一部は拙著『授業づくりの知恵60』（明治図書出版、2015年）でも取り上げているので、是非参照願いたい。ここでは紙幅の関係から、特に新学習指導要領との関連性が深いものを選び出すとともに、新たなものを付け加えた。順番は、言語活動の構想段階からまとめにかけての時系列を踏まえて列挙したものである。

第1条 生徒の姿から出発し、生徒自身に学びを選ばせよ

　単元の柱となる話題や問題意識は、生徒の姿、すなわち彼らの言語生活から出発する。例えば教科会の席上、「言語文化」で扱う近現代の文章として山崎正和「水の東西」が選ばれたとしよう。とりあえず了解したら、直ちに受け持ち生徒の言語生活を見わたしてみる。部活や人間関係で「ものの見方や考え方が対照的な事象を比較し、理解する」必要に迫られている生徒はいないかとい

う視点からである。するとその中に、中学校では顧問からスパルタ指導を受けていたのに、高校では部員任せの顧問になって困惑しているバスケットボール部のＡさんがいたりする。彼・彼女がどういう言葉の力を身に付ければ、対照的な部活文化を理解し、受け容れることができるのか？

この問いが単元の出発点である。

留意したいのは、すべての生徒に一様にという発想ではなく、Ａさんにとってどんな言葉の力が求められているのかという問題意識から単元を始めることである。一人に向けた思いであっても、必ず他の生徒たちに広がっていく。

単元の柱となる話題や問題意識が生徒の姿から見出されたら、素材の収集と教材化研究、学習課題・学習活動の見きわめを行う。その際、学習課題・学習活動を設定する手続きは丁寧に進める必要がある。できるだけ複数の課題や活動、題材や素材を生徒に提示し、彼らが自分の意志で選ぶ場面を取り入れることを勧める。人間は、やれと命じられると後ろ向きになりがちだが、自分で選び自分で決めたことには責任とやる気をもつようにできているからである。

例えば上の事例の場合、筆者なら以下の選択肢を示して生徒に選ばせる。

① 本文の構成と内容が分かるようなスライドを制作してみよう。

② 2020年に亡くなった筆者に向けて、この文章から学んだ点・まだよく分からない点に触れながら、彼の教え子という想定で弔辞を書いてみよう。

③ 本文の文体にならい、あなたも「○○の東西（中・高、１組・２組、○部・□部など）」と題して対照的な二者を比較する文章を綴ってみよう。

④ 本文を参考に、美意識や生活習慣、文化伝統などについて西洋通・日本通のコメンテーターが出演する情報番組風の座談会を開催しよう。

四つのアプローチの仕方は様々だが、いずれも多文化理解に資する言葉の力を育てることがねらいであり、表現的な活動を含んだ「読むこと」の学びとなっている。評論や解説などを読む力は、本文を参考に自ら表現する活動と連動させることが効果的だからである。

一方、活動の難易度は①〜④にかけて高くなるように配列している。①〜②は本文内容の把握を主とした課題、③〜④はこれを踏まえた探究的な課題である。活動が選ばれたら、具体的にどう進めていくのか、生徒に見通しを立てさせる。その際、失敗を怖れて手を出しすぎることは避けるべきである。

第2条　教材を学びに役立てるための素材と考えよ

　大学では日本民俗学を専攻したのに高校の国語教師となった筆者が、これまで経験的に感じてきたことがある。それは、大学で文学・日本語学専攻だった高校国語教師は、教育学的な方法知をよく知らないか、あまり重視していない方が少なくないということである。古典や近代文学、語彙論や文法論などに精通することが高校教師の本分であって、言語活動の工夫に腐心するのはパフォーマンスに過ぎないと言い切る方もいる（高校教師時代にそう言われたことが筆者には何度もある）。このような方々の実践報告や実際の授業を目にすると、教科書教材をいかに深く正確に知っているかという問題が重視されている。専門知を深めれば、生徒は自ずとついてくると信じているようだ。

　これに対し、教育学的な方法知を探究し、生徒の学び方や成長過程に心を寄せる教師もいる。彼らは「教科書を教える」のではなく「教科書で教える」授業を目指している（筆者もその一人だった）。教科書教材をどう扱い、どんな活動を提供すれば生徒が胸を躍らせるかという問題が重視されている。

　しかしながら、新学習指導要領では、どちらのタイプも不十分であることが示されている。「…を」だろうが「…で」だろうが、教科書教材が先にあることに大きな違いはない。このような教材ありき型の価値観から卒業せよというのが、新学習指導要領の理念である。具体例を示す。

　社会生活の中で、私たちは論理的な破綻や矛盾をおかしていることに気付かない表現者と出会うことがしばしばある。例えば列への割り込みをとがめられて「他にも割り込みをしている人がいるではないか」と開き直る客、自分も日本人なのに「この国の人間は責任を取らない」と批判する評論家などである。

　こうした言動に惑わされることのない、確かな論理的思考力を生徒たちに育てたい。この思いを前提として選ばれるべきものが、新学習指導要領のいう「教材」である。すると、芥川龍之介「羅生門」や中島敦「山月記」には、象徴的な描写があることに気付く。すなわち、「羅生門」における「老婆」の語り、「山月記」における「李徴」の自己分析である。前者には、悪徳を働いた者は他者の悪徳を許容すべきだという言い逃れが、後者には自分の性情を本人

が語ることによって生じる自己言及の誤謬（言及内容の真偽を証明できない事態）が、それぞれ描かれている。

　これらの描写に注目すれば、両作品は論理的思考を磨くためのまたとない素材となる。そうすることが生徒たちにとって有意義だと判断されたら、教師はためらうことなくこれらを提示すべきだというのが、新学習指導要領における教材観なのである。作品の文学的価値にこだわる必然性は、どこにもない。

第3条｜級友同士の学びをうながし、級友から学ばせよ

　筆者がこれまでに訪問してきたおびただしい教育実践場面の中で、すぐれた教育実績を上げている場では、ほとんど例外なく児童・生徒が互いに学び、交流する活動を取り入れている。これには教科や学校の種類、国による違いがない。もとより心ある高校教師は、生徒の退屈そうな顔と対面して講義中心の授業を続けることに耐えられない。隣席やグループで語り合ったり相談し合ったりする場面を取り入れている。大義名分はともかく、それでよい。

　なぜ級友同士の学びが大切なのか？　教室を活気づかせるのに有効だからなどという表層的な理由ではない。第一の理由は、生徒自身が、自分の学びがどういう質や状況にあるのかを自覚し自己評価するために必要だからである。

　例えば、「現代の国語」で「SNSとの適切な付き合い方を考える」という学習が始まり、注意すべき事柄を列挙しようという活動が選ばれたとする。これを一人で考えている限りでは、自分がどういう価値観や知識をもっていて、何を基準に判断しているのか、そしてそれは妥当なのかといった問題を客観的に把握することは難しい。一方、級友同士で相談しながら考えることになった場合、生徒は級友に自分の見解を紹介したり、級友の考えを聞いたりする必要に迫られる。そうすることによって初めて、自分がどういう点を重視しているか、どの点にまだ考えが至っていなかったのかを、多様な視点との出会いを通して知ることになる。このような学習経験によって育つ資質・能力を「第三者のマインドセット（サイド、2021）」という。

　級友同士の学びが大切であるもう一つの理由は、生徒が級友から多くのことを学ぶ機会を得るからである。教えるべきことはすべて教師が押さえておくべ

きだという認識は、心ある教師のたしなみとして大切なことではある。しかしながら、対話的実践を心がけている教師なら誰でも知っていることだが、生徒は教師の言葉よりも級友や先輩の言葉に、より強いインパクトを覚えるものである。象徴的な事例を紹介しよう。

かつて、筆者が高校教師として「山月記」を取り上げ、虎に変身した「李徴」の心理過程について意見交換を行う授業を展開していたときのことである。虎に変身した「李徴」の後悔と苦悩について共感的に言及する生徒と、異類に変身することへの潜在的な願望があったと推論する生徒とが対立し、高い次元での解釈を見いだせないまま授業は終わってしまった。数日後、この授業に参加していた生徒のBさん・Cさんとともに、当時の授業を記録したVTRを再生しながら振り返る機会をもった。席上、彼らはこう述べている。

　「僕たちは李徴が虎になることに潜在願望があったか・なかったかで論争しましたが、ずっと耳をかたむけていたDさんから『どちらにしても、李徴には強烈な「情念」みたいなものを感じます』という発言がありました。『情念』という言葉を耳にしたとき、『ああそれだ！』と心から納得しました。級友が大きな存在に見えた瞬間でした。」

第4条 ｜ 生徒に悔しい思いをさせよ

入試の難易度や大学進学率によって高校を序列化する現在の状況は、学校制度や入試制度が根本的に見直されない限り、一朝一夕に変化するとは思われない。この序列化によって「底辺校」と呼ばれる学校が数多く存在し（筆者もかつてそう呼ばれる高校に勤務していた）、求める学力とはほど遠い生徒たちを相手に、教師は基礎的・基本的な内容を教えることに献身している。言語活動を充実するための合い言葉として「やればできる」が掲げられ、時には小学校時代の学習事項まで遡ったリメディアル教育が行われている。

こうした努力によって国語学力が改善し、「がんばれば自分もできるんだ」という自信をもって巣立っていく卒業生は少なくない。一方、入学前あるいは直後から自分で自分に貼り付けた「落ちこぼれ」のレッテルを剥がすことなく、「どうせ」という口癖のまま学び舎を去って行く生徒もまた、珍しくない。

生徒たちは、どこでこのような対照的な分かれ道を進むことになるのか？もちろん原因は個々別々にあるのでステレオタイプに言い切ることは不可能だけれども、この分かれ道に立つ道標には、おそらく次の文字が刻まれている。

　「悔しい思いを経験しているか」

　「悔しい」とは、自分が受けた挫折感・敗北感・屈辱感を拭い去ることができず、何とかして目的を果たしたいという思いにかられている状態を指す。重要なのは、後半の「何とかして……」の部分である。あまりにも難しすぎる課題では、諦めが先に立って悔しさは生まれない。逆に、易しすぎる課題では、悔しさはおろか自信も意欲も育たない。重要なのは、やれば手が届きそうだが努力しないことには実現しない課題に出会う（出会わせる）ことである。

　筆者はかつて、卒業生の３分の１が就職する大規模校の３年生延べ約400名（２年度分）に対して、「『源氏物語』を読んで4000字を越える人物論を制作する」という課題を出したことがある。多数の生徒から不満と抗議の声が上がった。「自分たちにできるわけがない」という声である。

　譲らなかった。これが学校で古典を学ぶ最後の機会となる生徒もいる。自分は理系だからなどという言い訳は許さない。悔しかったら締め切りまでに全員が提出してみろと、挑発ぎみに提案した。

　まずはこれまでの授業で興味をもった登場人物を自分で選び（心得第１条）、その人物像にかかわる描写を本文から書き抜くように働きかけた。時間さえかければ誰でもできる作業である。基礎資料がそろったら、これを概観して選んだ人物の性格や人間関係の特徴について考察し、根拠となる描写を引用する。末尾にはこの課題を通して学んだことと引用参考文献名とを記す。

　この活動に取り組んだＥさんから、卒業後にこんな手紙が届いている。

　　「私はずっと、自分に自信がもてないでいました。『源氏物語』の課題が出たとき、私には無理だと思いました。調べるのが大変だし、看護系の進路を目指す自分には、これをする意味が理解できませんでした。でも、友だちが着々と進めている様子を見ているうちに悔しくなってきました。自分もがんばらねばと思うようになりました。レポートを綴じ終わったのは、締め切り日の午前４時です。『こんな私にもできるんだ』と、涙が浮かんできました。先生は私たちを信じてくれている。それに応えたく

てこまでやれたんだと思います。それはきっと、私だけではないはず
です。」

　3年生の秋に提案されたやっかいな課題にもかかわらず、2年度とも、教員
室に置かれた提出箱は色とりどりの表紙を付けたレポート冊子で埋まった。ど
ちらの年度も、生徒たちは一人残らずレポートを完成させている。

　悔しい思いをすることの重要性は、進学校でも同様である。それどころか、
進学校のほうが、これに対する配慮が強く望まれる。中学校まで学習面でトッ
プクラスだった彼らでも、進学すれば必ず下位グループの生徒が出現する。そ
のとき、自分には才能がないといって絶望すると、なまじ挫折感・敗北感を知
らずに成長してきただけに、落ち込み方は深刻である。今日の屈辱感を明日へ
の貴重な経験とさせる配慮が、様々な場面で求められる。

　国語科における言語活動とは異なる話だが、例えば東京大学への進学者数が
40年連続で全国1位を誇る私立開成高等学校では、恒例行事の運動会が、生
徒たちに猛烈な悔しさを経験させる機会として重要な機能をもっている。

　同校を卒業して東京大学に進み、今はスタンフォード大学で研究を続けてい
るF君によれば、運動会は基本的にすべて生徒たちの自主活動として進められ、
中学1年から高校3年まで縦割りされた八つの組ごとに団のシンボルや組歌が
制作される。先輩は後輩に対して指導責任を負う。運動会の競技は騎馬戦や棒
倒しといった団体戦が中心で、必ず勝ちと負けが決まることになっている。こ
の競技で勝者となった組は狂喜乱舞し、敗者となった組はむせび泣く。後輩を
勝たせてやれなかった先輩たちの悔恨の念はすさまじく、当の後輩たちからね
ぎらわれるほど深い。たかが運動会でここまで……と失笑する観客をよそに、
彼らには強烈な「悔しさ」が刻まれるのである。

　彼はこう述懐していた。「運動会で味わう悔しさが東大進学率に関係してい
るはずだ。」と。

第5条 | テストの得点や活動の出来映えで生徒を値踏みしてはならない

　予め断っておくが、到達度測定のために、客観テストは必要である。評価論
者の中にはペーパーテストの悪弊を唱え、それに代わる適正な評価法を訴える

方もいるだろうが、〔知識及び技能〕にかかる指導事項は、基本的にテストで測定可能なものでなければならない。そうしないと、生徒たちは自分がどの程度言葉に関する知識を有し、情報処理能力や読書力がどの程度備わっているのかといった点を客観的に把握できないからである。

　問題の根はテストそのものにあるのではなく、その取り扱い方にある。テストが何を目的としてどのように測定するものであり、テストによって何が分かるのか、教師はこれをどう扱うのかといった点について、事前に説明して定期試験を実施している高校がいくつあるだろう。問題の制作は科目担当者に委ねられ、既習事項の共通性や平均点の目安が検討された程度で出題されているにもかかわらず、採点結果はごく客観的な数値として扱われる。テストの得点は通知表の評定点に反映され、進路選択に影響する。そのため、保護者はテストの得点が子どもの価値や将来を決めるものだと思い込んでいる。そして少なからぬ教師もそう思い込み、実際にそうしている。

　例えば学期末試験で当該学期の国語学習に即した問題用紙が配付され、70点という採点結果を得たとする。中身は新出漢字や語句の意味、授業で解説した文章内容の理解等に係る設問だったとしよう。つまりこのテストでは、既習事項の定着度を測定することを目的とし、正解が明確に設定されている設問に対していかに正しく解答することができるのかを記述式で調べたわけである。これによって分かるのは、国語学習で得た知識の記憶再生率が70％だったという結果である。テストが示すものは、それ以上でも以下でもない。

　一方、授業で扱った素材に類似する新たな文章を提示してその解釈を求めるといったテストや、設問についてどのような視点・アプローチからこの問題に取り組むか見通しを立てさせるテスト（東京大学の入試問題はこれを重視する）、あるいは、あなたはどう考えるかといった論述テストなどは、上の例では行われていない。これらを用いた場合、既習事項の応用力、思考・判断・表現にかかる問題解決力、自分の意見の論述力などが測定されることになる。このうち、後者の二つの設問にただ一つの答えはなく、問題制作者が設定した解答要件をどれだけクリアしているかによって得点が決まる。その場合、厳密に言えば複数の採点者による一致率を検討しなければならない。

　ちなみに○×で採点可能な問題にしても、その客観性を保証するためには、

点数列相関係数等の統計的分析によって設問の信頼性を検証し、正しく解答者の学力が測定できる試験問題となっているか確かめる必要がある。誰でも正解となる設問や逆にほとんど正解が得られていない設問、出題者の担当学級だけ異常な高得点となっている設問、総合得点の分布と逆相関の関係にある設問などは、採点枠から外す必要が生じる。定期試験を行うたびにこのような作業を敢行している高校は、皆無に近いはずである。

　以上のやや長い前置きで強調しておきたいことは、テスティングの専門知見をもたない素人が作成した定期テストで分かることなど、ごく限られているということである。それゆえ多くの高校教師は、テストの得点に平常の提出物や授業態度などを加味して学期末・年度末の成績を出しているはずである。つまり、10段階・５段階の評定点は純粋に客観性を保証するものではなく、教師の主観的な印象が入り込んでいるのである。

　ここまで述べた上で、学習評価の根本的な認識について、新学習指導要領の理念を改めて記す。それは、テストの得点や言語活動の出来・不出来だけで生徒の資質・能力を査定してはならないという理念である。

　仮に言語活動が不首尾に終わり、テストの得点が低かったとしても、それが本人の学びの充実度、資質・能力の成長を正確に示すものとは限らない。言語活動を通して生徒は何が分かり、何ができるようになっているか、また、学びに対して前向きに取り組もうとしていたか、失敗から何を学んだかといったといった Can-Do リスト型の評価項目を形成的に設けるべきである。テストの測定結果は、これを適切に進めるための資料として活用することになる。そして、明日の学びに向けてどういう取組が求められるかを生徒自身に自覚させること、言い換えれば「学びのための評価（Peacock, 2017）」に打ち込むことが、新学習指導要領が求めている真の評価の姿なのである。

　国立教育政策研究所『「指導と評価の一体化」のための学習評価に関する参考資料　高等学校国語』（令和３年８月、以下「参考資料」）では、如上の問題について１年以上の時間をかけて検討してきた結果が実践事例集として示されている。これを紐解くと、至る所で目に付くのが生徒自身による自己評価である。例えば「言語文化」の「読むこと」（近代以降の文章）では、「羅生門」・「今昔物語集」を素材にして、原作とこれを下地とする作品Xとを比べ、X

の表現者がXをどのように改作しているのか考察する活動が紹介されている。この事例では、ワークシートやプレゼンテーションシート、ペーパーテスト、そして振り返りシートが評価のための情報源として取り上げられている。その中で特に重点を置いているのが毎時間の授業で生徒が綴る振り返りシートである。すなわち、生徒が今日の授業を省察し、自らの学びの成果と課題を言語化する作業を大切している。教師はこれに「伴走者（中央教育審議会、2021：22）」として寄り添うことになる。

第6条 | フィードバックこそ言語活動を充実させる核心と心得よ

　効果的な授業づくりに資する言語活動の充実を実現する六か条の心得。最後はその中で最も重要なものである。

　「言語活動の充実」と耳にすると、とかくどのようなアイディアでどのように進めればよいのかといった、方略的な部分に関心が向きがちである。これはこれで大切なことではある。しかしながら、言語活動を通して教師が観察し把握した生徒の学びに対して、教師のメッセージをどう伝えるのかという点について深く検討した実践報告を、筆者はあまり見ない。

　入念に計画され工夫された活動が実現したら、ワークシートやノートチェックで学習状況を確認すればよい。客観的な到達度については定期試験で測定すればよい。こういった認識があるのではないか。

　筆者がかつて子どもを通わせていた保育園では、家庭と園との連絡ノートがあった。どの保育者も、子どもの園での様子について、きめ細かく綴ってくださっていた。通園期間中、一日も欠かすことなく、である。おそらく園児のお昼寝の時間にこれを書いておられたのだろう。こちらもその誠意に応えるべく、出勤前の忙しい時間でも、100字程度で家庭の様子を書き込んでいた。これが園と家庭とをつなぐ貴重な橋となり、互いの信頼関係を生んでいた。

　感染症が広がり始めた2020年の初夏、筆者は特別な許可を得て公立小学校への訪問調査を行い、ある学級の生活を延べ15日間にわたって観察した。その中で瞠目した実践の一つに、すべての児童の作文や制作物について、担任が丁寧にコメントを記すという作業がある。児童は毎日のように作文や制作物を

提出する。担任のG先生は、文字どおり、寝る間を惜しんで児童の言葉や作品に目を通し、学びの様子を思い浮かべながら書き込んでおられたに違いない。

　こうした経験に促され、筆者も生徒や学生からの提出物には、必ずコメントを添えてフィードバックするようにしてきた。2020年度より着任した文教大学では、担当するすべての授業において、学生から提出されたオンライン課題レポートにS〜Dの評点と平均200字程度のコメントを書き込んで、3日以内には返信している。ほぼ毎回の授業で課題を出すので、1年間の提出数は延べ約6000件、毎週約200件の課題レポートに目を通す。対面授業が主になってもこれは継続され、2021年度からは、授業中に配布・回収する紙ベースのワークシート（これは前任の信州大学時代から続けている）と、オンラインでやりとりする課題レポートと、二つの提出物についてコメントを書いている。

　大変な重労働を自ら課していると思われるかもしれない。しかし、筆者が高校教師だったときは週16時間の授業を担当し、当時も提出物にはコメントを添えて返却していたので、それに比べればたいしたことはない。

　エンドレスに続く地味な作業ではある。だがその効果は大きい。大半の学生が、驚くほど気合いを入れたレポートを提出してくる。毎回フィードバックを行っているので、どれほど厳しい評価コメントを送っても平気である。なぜならそのコメントが当該学生の値踏みなどではなく、次の課題をがんばるための激励として働くからだ。厳しいコメントを送った学生からはしばしばメールが届く。「悔しいので（心得第4条）もう一度提出するチャンスをください」とある。もちろん快諾して評価とコメントをやり直す。学期末に授業全体の感想を求めると、多くの学生が「すぐにコメントが返ってくるので、授業に臨む意欲が高まりました」と回答している。

　筆者は、この作業が、一人一人の学生とのかけがえのない対話の場だと感じている。大量のレポートを目にしても苦にならない。学生の顔を思い浮かべ、「今回は手を抜いたな」とか、「これはすごい！」などとつぶやきながら、返信の言葉探しを楽しんでいる。

　なお、学生たちはレポートを提出すると、互いのレポートを閲覧できるようになっている。また、特に優れたレポートは全員に公開して賞賛し、他の学生を鼓舞するための素材にしている（心得第3条）。

前掲の「参考資料」で紹介した事例（心得第5条）でも、「振り返りシート」に教師のコメント欄が設けられている。そして、すべての生徒に授業ごとのコメントを書き込み、フィードバックを行った例が示されている。執筆担当者が実際に行った例である。

　このような作業に尻込みする読者は想像してほしい。提出物に何の返信もしてくれない教師と、自分宛の返信がすぐに届く教師と、生徒はどちらの教師を信頼するかを。言語活動が充実するカギは、ここにかかっている。

おわりに

　最後に、言語活動の充実を目指す読者各位に、二つの言葉を贈りたい。

　一つは筆者が信州大学教育学部附属小学校で校長職を務めた折りに、副校長の畔上一康先生（現信州大学教育学部教授）からうかがった言葉である。

　「教師の仕事は、子どもたちを愛することです。」

　もう一つは、リチャード・ドレイファス主演のアメリカ映画「陽の当たる教室」（1995年）のラストシーン。30年以上勤めた高校を失意の中で去ることになった主人公のホランド先生に対して、かつての教え子でいまや州知事になっている女性（名前は失念した）が贈った言葉である。

　「先生は、私たちの人生に触れて下さったのです。」

参考文献

国立教育政策研究所『「指導と評価の一体化」のための学習評価に関する参考資料　高等学校国語』（2021年8月）

中央教育審議会答申『「令和の日本型学校教育」の構築を目指して：全ての子供たちの可能性を引き出す、個別最適な学びと、協働的な学びの実現』（2021年）https://www.mext.go.jp/content/20210126-mxt_syoto02- 000012321_2-4.pdf（2021年10月30日閲覧）

『国語科授業研究の深層：予測不可能事象と授業システム』（藤森裕治、東洋館出版社、2009年7月1日）

『授業づくりの知恵60』（藤森裕治、明治図書出版、2015年3月5日）

『多様性の科学：画一的で凋落する組織、複数の視点で問題を解決する組織』（マシュー・サイド、デスカヴァー・トゥエンティワン、2021年6月25日）

Peacock, Alison. *Assessment for Learning without Limits.* UK: Open University Press, 2016.

〔藤森裕治〕

第4節 指導と評価の一体化に つながるICTの活用

1 指導と評価の一体化をめぐる課題
―1人1台端末時代の学習評価を見据えて

① **学習評価の基本的な考え方**―小さなPDCAサイクルと形成的評価

　教育が大きく変容する時代の中で、評価について、次のような問いかけを聞くことがある。

　　「主体・対話的で深い学びにおいて、評価はどうなるのですか？」
　　「ICT活用で学びを充実させると言いますが、どうやって評価するのですか？」

　授業中の小テストなどに基づく平常点と定期試験の得点を集計して数値化したり序列化したりしたものを「評価」だと考えている教師が、一律の尺度で「客観的」に数値化することが困難な授業形態に対して不安を感じるのは当然である。総括的評価として評定をつける際に、定期試験への依存度が高い中等教育の現場では、「課題解決学習とかICTとかで公平に評価することなどできるはずがないから、そんなことはやる必要がない。」ということになりかねないところがある。しかし「指導と評価の一体化」という理念が強く光を当てているのは、一定の尺度で数値化して序列化することを可能にする「総括的評価」、あるいは「評定」の問題ではない。日々の授業の中での指導の在り方を改善し、生徒の学びを促進するための「形成的評価」の問題こそが、優先的にフレームアップすべき課題である。加えて言えば、大学入試対策としての模擬試験に類似させた定期試験を準拠枠として、習得させたことが正確に再現（アウトプット）できるかどうかをテストするという意味での「評価」も、ここで

検討すべき課題ではない。過去の大学入試から抽出した学習内容を一斉授業で講義＝指導（インプット）した上で定着度を測るという授業デザインは、学校教育としては倒錯である。高大接続の在り方が変わろうとしている今、学習指導要領が目指す学力観に基づく教科の目標がどのように実現されているのかを適切に把握し、授業の改善に役立てるためにこそ評価規準は設定され、評価や評定はなされるべきである。

　したがって、高等学校学習指導要領（平成30年告示）の総則に次のように記されていることには、十分に留意する必要がある（下線は、引用者）。

> (1) 生徒のよい点や<u>進歩の状況</u>などを積極的に評価し、学習したことの意義や価値を実感できるようにすること。また、各教科・科目等の<u>目標の実現に向けた学習状況</u>を把握する観点から、単元や題材など内容や時間のまとまりを見通しながら評価の場面や方法を工夫して、<u>学習の過程や成果</u>を評価し、指導の改善や学習意欲の向上を図り、資質・能力の育成に生かすようにすること。（第１章総則　第３款　教育課程の実施と学習評価　２学習評価の充実）

　学習評価に当たって大事なことは、点数で序列化したり格付けしたりすることではなく、日々の授業の中で指導と一体化させながら学習改善に役立てられるように心を砕くことである。もちろん、定期試験に代表されるペーパーテストや一連の学習の成果を評価する総括的評価にも、生徒の学習状況を把握する上で大切な役割がある。また、観点別学習状況の評価を総括してなされる評定には、カリキュラム・マネジメントの一環として教育課程全体を見渡し、組織的かつ計画的に教育活動の質の向上を図る足がかりとしての役割がある。しかしながら、引用した「学習評価の充実」という項目に見られる「進歩の状況」や「目標の実現に向けた学習状況」「学習の過程」などの表現は、短いスパンで学習状況を把握しながら生徒の学習改善や教師の指導改善につなげていく形成的評価に関わる概念である。「児童生徒の学習評価の在り方について（報告）」（平成31年１月21日）などで指摘されている「学期末や学年末などの事後での評価に終始してしまうことが多く、評価の結果が児童生徒の具体的な学

習改善につながっていない」という課題も、生徒一人一人の学習の成立を促す形成的評価という視点がこれまで軽視されてきたことの帰結である。

　生徒たちの日々の学習状況の評価に基づき、教師が不断に指導の改善を図り、生徒一人一人が自らの学習を振り返って次の学習に向かうことができるようにするために、小さなサイクルでPDCAをまわす形成的評価と、教育課程全体を見渡した組織的かつ計画的な教育活動の改善を図るために大きなサイクルでPDCAをまわすための総括的評価、評定があると考えてもよいだろう。小さなサイクルでまわすPDCAにおける形成的評価を「主体的・対話的で深い学び」の視点からの授業改善に資するものと捉えるなら、大きなサイクルでまわすPDCAにおける総括的評価は、カリキュラム・マネジメントの一環としての指導と評価に対応するものであるとも言える。そして、生徒たちの日々の学習状況を見取りながら指導と評価の一体化を実践していく上で、より重要な課題は、小さなサイクルでPDCAをまわす形成的評価である。

② 指導と評価の一体化をめぐるこれまでの慣行──「評価疲れ」を起こさない方法

　指導と評価の一体化を実現していく上で大きな障害となっているのは、行動の観察やノートの確認、ワークシートの点検などを通じて得られる情報が粗すぎることである。そのため、生徒全員の学習状況を観察し記録に残すために、これまでにも様々な手法が工夫されてきた。例えば、観察のポイントがあらかじめ印刷されているチェックリストのようなものを作成したり、座席表に記号を書き込む形式の評価表を準備したり、氏名と評価基準の表に日付を書き込むだけで済む書式を考案したり、教室にいる生徒全員を見取るためにかける手間を最小化するために様々な書式のものが使われてきた。国立教育政策研究所『「指導と評価の一体化」のための学習評価に関する参考資料　高等学校国語』（令和3年8月、以下「参考資料」）の事例2（現代の国語）に例示されている「評価メモ」などもその一例である。それでも、一人一人の学習状況をきめ細かく記録するのは容易なことではない。評価のために活用する情報の質を高めようとすると、教師が評価のための記録に膨大な労力を割かれることになり、指導に注力することが困難になる。どれだけ採点が面倒に感じられても、決まった時間に一斉に行う定期試験のような制度が、「評価」の「客観性」を担

保した効率的で利便性が高い手法として教師に支持されてきたのもそのためだ。したがって、高等学校の国語の授業でチェックリストのようなものを使って日常的に評価を実践している教師は、これまでほとんどいなかったと思われる。そのような評価を実践できるとすれば、一人の教師が学級担任としてほぼ全教科を教える「学級担任制」が原則の初等教育の現場以外には考えにくい。かりに講義調の伝達型授業が行われる傾向が強いと言われる高等学校の現場に、授業中の学習活動を記録するような評価の在り方を導入した場合、「評価疲れ」を招くことは避けられないだろう。新しい学力観に基づき、指導と評価の一体化を実現するためには、「評価疲れ」を起こさないように生徒全員の学習状況を記録に残す場面を精選することが必要なのだ。

　「新学習指導要領の全面実施と学習評価の改善について」（令和２年10月）に、「学習評価を行う上での各学校における留意事項①」として以下のような記述がある。

　　観点別学習状況の評価に係る記録は，毎回の授業ではなく，単元や題材などの内容や時間のまとまりごとに行うなど，評価場面を精選する。
　　※日々の授業における児童生徒の学習状況を適宜把握して指導の改善に生かすことに重点を置くことが重要。

　「参考資料」の「第３編　単元ごとに学習評価について（事例)」を見ても分かるとおり、毎回の授業に評価場面を設定する必要はない。評価する時期や場面を精選し、単元や題材など内容や時間のまとまりごとに行うことが原則である。

　例えば、全５単位時間を想定した「参考資料」の事例１（現代の国語）においては、第１次で「知識・技能」、第２次で「思考・判断・表現」、第３次で「主体的に学習に取り組む態度」と、評価する場面を３回だけに精選している。他の事例を見ても、事例２（現代の国語）は全５単位時間で４回、事例３（現代の国語）は全３単位時間で３回、事例４（言語文化）は全６単位時間で３回、事例５（言語文化）は全４単位時間で３回、事例６（言語文化）は全６単位時間で４回である。いずれも時期や場面を精選していることが分かる。しかしな

がら、第3編の「第2章　学習評価に関する事例について」を見ても分かるように、これらはあくまでも「原則」である。指導と評価の一体化を充実させるという観点で言えば、毎回の授業に評価場面を設定すること自体を否定すべきではない。現に事例3では全3単位時間のすべてに評価場面が設定されている。全1単位時間の単元であれば、「知識・技能」「思考・判断・表現」「主体的に学習に取り組む態度」の三つの観点について、それぞれ評価する場面を設定することもあり得るだろう。むしろ指導と評価の一体化を実りあるものとするために、小さなPDCAサイクルをまわすことを是とするのであれば、評価場面を増やしてきめ細かく学習状況を把握することは望ましいことだとすら言える。評価場面を精選するのは、毎回の授業においてすべての生徒の学習状況をきめ細かく把握することが、現実問題として不可能だと考えられてきたからである。しかし、ICTの活用が進めば、状況は一変する。1人1台の環境整備が進み、クラウド・バイ・デフォルトの情報端末が日常的な文具として生徒の学習を支えるようになれば、きわめて詳細な情報が自動的に集積されていく条件が整う。まだそれは始まったばかりではあるが、少しやり方を工夫すれば、「評価疲れ」を起こすことなく、きめ細かく評価しながら指導を改善していくことが可能な状況が現実化しつつあるのだ。

　ただし、「参考資料」は、広く全国の教育現場で活用されることが期待されているだけに、デジタルシフトが十分に進んでいない現場でも実施可能な評価方法になるように配慮されている。そのため、生徒の発言や行動を観察・確認・分析することや、ノートやワークシートの記述を点検・確認・分析することが想定されていて、現場で実践するためには、評価場面を精選せざるを得ない。したがって、このままではよほど方法を工夫し、観察能力や分析能力に長けた教師が行わない限り、相対的に粗い情報に基づいた評価にとどまらざるを得ず、公正に個別最適化された学習を実現するような質の高い指導に結び付けることは困難である。だからこそ、ICTの活用は、指導と評価の一体化を実現する上で、きわめて重要な課題だと言えるのである。

2 | ICTで変わる指導と評価の一体化
―1人1台端末がもたらす評価の変容

① 「知識・技能」の評価とICTの活用―自動採点テストとデジタル採点システム

　「参考資料」の事例5（言語文化）で取り上げられているペーパーテストを例に、ICTの効果的な活用法について紹介してみよう。先述したようにこの事例においては、デジタルシフトが十分に進んでいない現場でも実施可能な評価方法になるように配慮がなされている。そのため、授業中の小テストを直接の評価材料とすることは想定されていない。想定されているのは、単元終了後に授業で取り上げた作品とは別の作品を使って文語のきまりや訓読のきまりなど古典特有の表現に関する「知識・技能」の習得を見取るためのペーパーテストを行うということである。定期試験等のペーパーテストによる評価においては、指導の時期と評価の時期が離れてしまったり、断片的な知識の定着に関する評価にとどまったりするなどの課題が指摘されてきたことを踏まえ、指導の時期と評価の時期を近づけるために単元テストを導入するということである。

　しかし、少し考えれば分かるように、指導の時期と評価の時期を近づけることが重要であるなら、授業中に行われる小テストを評価材料として活用したほうが効果的であることは明らかではないだろうか。そこで、指導と評価の一体化につながるICT活用として可能性が大きいのは、GoogleフォームやロイロノートＥ・スクールのテストカードのように、リアルタイムで自動採点・自動集計をすることが可能なクラウド型のデジタルテストを導入することである。自由に端末を持ち込むBYODであれ、学校が端末を指定するBYADであれ、複数の端末候補から選べるCYODであれ、高等学校の教育現場にも小中学校のような1人1台端末環境が整備されれば、授業の導入部分で小テストを実施して即座に結果を確認、分析し、その結果をただちに指導に反映させることが可能になる。授業中に生徒たちが自分の端末で解答ボタンをクリックすると、教師の端末には詳細な採点結果やそれをグラフ化した画像がリアルタイムで表示される。一人一人の解答状況や正誤を確認することも容易である。採点結果から習得が不十分であると判断できる知識や技能に注目し、必要な指導を即座

に展開することができる。習得できていないごく少数の生徒を把握することで、個別的な対応をすることも可能である。さらに言えば、評価に基づいた指導を行った後に、身に付けさせたい知識や技能の定着を確かめるためのデジタルテストを再び実施して結果を確認することで、指導が有効であったかどうかをその場で評価することさえできる。ICT の導入によって、1 単位時間の中で小さな PDCA サイクルをまわし、指導の時期と評価の時期を極限まで近づけること、すなわち指導と評価の一体化が実現できるのだ。

　こうした工夫は、評価する時期や場面を精選し、毎回の授業に評価場面を設定しないというこれまでの慣行に反したものであるが、「参考資料」に示された「（4）学習評価の改善の基本的な方向性」を踏まえれば、容認されるべきものである。

① 児童生徒の学習改善につながるものにしていくこと
② 教師の指導改善につながるものにしていくこと
③ これまで慣行として行われてきたことでも、必要性・妥当性が認められないものは見直していくこと

　1 単位時間の中で複数回の評価場面を設けることは、手作業での記録を前提にした場合、「評価疲れ」を招くことが必至であるから、不必要なことと見なされてきた。しかしながら、ICT の導入によって記録が自動化されるのであれば、複数回の評価場面を設けたとしても、「評価疲れ」を心配する必要はない。したがって、複数の単位時間をまとめて評価するというレベルにまで評価場面を減らすことは、これからは「必要性・妥当性が認められないもの」に変わっていく可能性があるのだ。

　定期試験などで利用され始めているデジタル採点ツールも、ICT の活用という観点では多くの可能性をもっている。2004年に島守睦美氏によって開発され、採点作業を高速化するフリーソフトとしてユーザーを増やしてきた「採点斬り」が草分け的な存在として知られていて、無料で使えることから近年は知る人ぞ知るという存在となっている。ただ、教育機関で使うことを考えると、どうしても「フリーソフト」に対する抵抗感があるだろう。そこで、同様のデ

ジタル採点ツールを有償で提供するサービス会社も増えている。基本的な機能は、ペーパーテストの解答用紙を職員室にある複合コピー機などで一括してスキャンし、設問別に切り分けて画面上に配置し、同じ問題に対する数十人の生徒の解答をいっぺんに処理できるということだ。実際に導入すれば分かることだが、漢字書き取りであれ、選択問題であれ、記述問題であれ、採点時間を劇的に減らすことができる。設問別に切り出されて一覧表示された数十人の生徒の解答を、正答、誤答、部分点などのパターン別にクリックするだけで、採点と集計が自動的に行える。当然のことながら、採点する際にクリックするという教師のアクションによってデータが集積されていき、正答率や誤答のパターン、クラス別、生徒別の習得状況の分析を可能とするデータが得られる。「知識・技能」「思考・判断・表現」「主体的に学習に取り組む態度」などのカテゴリー別に設問を分類しておけば、総括的な評価をする上でも有効だろう。また、紙媒体の振り返りシートの記述を、同じように一覧表示することで、生徒一人一人の学習状況をよりきめ細かく確認したり分析したりすることも可能になる。こうした事例からも明らかなのだが、教育のデジタルシフトは、何のためにICTを使うのかという疑問に拘泥して導入をためらうべきものではなく、むしろ導入することによって事後的に広がってくる可能性に眼差しを注ぐべきものなのである。

② 「主体的に学習に取り組む態度」の評価とICT ―クラウドに残される作業ログの活用

　「主体的に学習に取り組む態度の評価」と「ICTの活用」がキーワードとして掲げられている「参考資料」の事例4（言語文化）を見てみよう。ここでは、「ファイル共有機能により保存された文書ファイル」を使い、「和歌や俳句、漢詩等を参考に、伝統行事や風物詩などの文化に関する題材を選んで、散文（随筆・物語）を書く」という言語活動が想定されている。そして「主体的に学習に取り組む態度」の評価は、アンケートアプリを使って生徒自身の振り返りの内容を収集し、文面から見取ることになっている。評価をするのは、単元の最後にあたる第3次である。生徒の振り返りのポイントは、他の生徒が自分の散文に付したコメントをどのように受け止めて書き直したか、あるいは書き直さなかったのかというところにある。生徒自身が学習過程を言語化し、それを教

師が読むことによって「主体的に学習に取り組む態度」を評価するのだ。例えば、事例4に出てくる生徒Ⅰの振り返りの内容に「できるだけ短く区切って文を書くように心がけました」とか「一文を短くするだけでなく、体言止めなどを使って書くようにしました」などの記載がある。これらを根拠に、「自らの学習の調整をするとともに粘り強く書き直したと判断」し、「おおむね満足できる」状況（B）と評価するのである。生徒全員の執筆過程、推敲過程をきめ細かく確認したり分析したりすることは困難なので、単元の最後に生徒が書いた振り返りの内容で評価するという方法を取っているのだ。しかしながら「心がけました」とか「書くようにしました」と表明することと、それを実践することは、本来は別次元の問題である。もちろん、「主体的に学習に取り組む態度」の評価においては、完成した作品（散文）の良し悪しを評価するわけではない。ただ、そうは言っても、長いセンテンスが頻繁に使われていて、文を短くするという推敲過程があったとは思えないような作品や、体言止めがまったく使われていない作品が結果的に提出されていた場合、生徒の振り返りの内容に依拠した評価の妥当性は大きく揺らぐことになる。「一所懸命に頑張りました」と表明したことだけを根拠に、満足できる頑張りをしていると判断するのは、常識的に考えて妥当な方法であるとは言えない。したがって、短い文で構成するための推敲がなされているかどうか、体言止めなどが増やされているかどうかを生徒の作品で確認する必要が出てくる。

　こうした課題は、「学校のICT環境が整っていない場合は，ワークシートやノート等を活用する」という想定で事例が作られているために生じているものである。例えば、推敲の過程を把握するための詳細な情報を得るためには、生徒自身に振り返りシートのようなものを書かせて記録し、収集することになるだろう。これらの振り返りは、記入する場面を精選すればするほど情報としては粗いものになってしまうから、単元を通じて継続的に振り返りシートへの記入を促し、それらを単元の最後にまとめて評価するという手法を取ることになる。結果として、教師が評価疲れをする代わりに、生徒が「振り返り疲れ」を起こすことになりかねない。例えば、「参考資料」の事例6（言語文化）においても、主体的に学習に取り組む態度を評価するために、振り返りシートを用い、毎次にわたって学習活動の振り返りを行い、学習の成果と課題について生

徒に記述させることが想定されている。振り返りシートの形式を工夫し、効果的に振り返りが行われるような配慮がなされているとは言え、同様のことを現場で実践することになれば、教師が評価しやすい振り返りシートをつくる方向にインセンティブが働き、そのぶん生徒の負担が増えて振り返り疲れを起こすことにつながりかねない危うさがある。

　ところが、学校のICT環境が整い、1人1台端末が日常化して、例えばクラウド共有されたGoogleドキュメントのようなアプリケーションで同様の活動を行った場合、推敲過程がすべてログとして残る。結果として、提出された作品を確認・分析することできめ細かく評価することが容易になる。例えば、アクセスした延べ日数や編集回数、作業をした時間などの情報も、完成した作品のファイルにすべてログとして残されている。他の生徒とのコメント機能を使ったやりとりについても同様である。1人1台端末環境が日常化し、クラウド・バイ・デフォルトの原則で教育活動を展開できる教室においては、単位時間の中に評価場面を設けなくても、すべての生徒の学習過程をつぶさに評価することが可能となるのだ。もちろん、「心がけました」とか「書くようにしました」などと振り返ることは、メタ認知を促す上で重要であるから、そのこと自体を否定するわけではない。しかし、そのような振り返りの妥当性を担保するエビデンスが、作業ログの形で残され得るということの中には、重要な意味があると考えるべきだろう。生徒にとっても、振り返りの内容を確認する教師にとっても、エビデンスに基づいた評価を納得しやすい形で手に入れられる条件が整うのである。

③ 「思考・判断・表現」の評価とICT ―ルーブリック評価と動画作成

　「思考・判断・表現」の評価においては、論述やレポート、発表や話合いなどの場面でパフォーマンス評価をすることが必要になる。その際に、指導と評価を一体化するための手法として注目されるのがルーブリック評価である。そして、教育のデジタルシフトは、ルーブリック評価にも大きな変化をもたらしつつある。

　絶対評価を行うためのモノサシとして注目されてきたルーブリック評価が、クラウド・バイ・デフォルトの学習支援システムであるGoogle Workspace for Education の基幹アプリである Google Classroom に近年実装された。ルーブリックを作成するための基本的なフレームが課題配信システムの中に用意されているので、Google Classroom の活用が進んでいる教室では、導入するためのハードルが下がり、様々な実践が試みられ始めている。ルーブリック評価を紙媒体で行おうとすると、評価場面を精選せざるを得ないし、それでも観察や確認のためにそれ相応の労力が必要である。しかし ICT を活用したルーブリック評価であれば、前述したデジタル採点システムと同じように、ユーザーインターフェース（操作画面）が扱いやすく、評価項目別に評価基準を作成しておけば、レポートなどの提出物を閲覧しながらタイル表示された評価基準をクリックするだけで評価が完了する。数値化したり自動集計したりすることも容易であるし、同じルーブリックを別の課題で簡単に再利用することもできる。ルーブリックは自然言語で作成されるが、すべての評価項目や評価基準を一括してスプレッドシートという表計算ソフトに書き出すことができるので、完成度の高いルーブリックを教育機関の枠を越えて共有することも可能である。

　ルーブリックが実装された課題を配信することで、生徒に対して事前に評価規準と評価基準を明確に示すことができることは、指導と評価の一体化に資する大きなメリットである。「参考資料」の第1編「総説」第1章の「7　評価の方針等の生徒や保護者への共有について」には、以下のような記載がある。

　　　学習評価の妥当性や信頼性を高めるとともに、生徒自身に学習の見通しをもたせるために、学習評価の方針を事前に生徒と共有する場面を必要に応じて設けることが求められており、生徒に評価の結果をフィードバックする際にも、どのような方針によって評価したのかを改めて生徒に共有することも重要である。
　　　また、学習指導要領下での学習評価の在り方や基本方針等について、様々な機会を捉えて保護者と共通理解を図ることが非常に重要である。

教師だけが閲覧する学習指導案のようなものではなく、生徒も閲覧することになる課題配信という枠組みの中に評価規準が持ち込まれることによって、生徒にとっても分かりやすい表現が必要になるわけだが、同時にそれは、生徒自

身が学習の見通しをもち、学習評価の妥当性や信頼性が保護者にとっても了解しやすいものとして担保されやすい条件整備にもつながるはずである。実際に導入した現場で「自ら提出物を改善して再提出してくれる生徒が増えた」という声も仄聞するが、これもまた、どのような方針によって評価したのかが明確に伝わるルーブリックのメリットであると考えられる。評価をすることが指導としての機能をもち、達成できていない評価規準が可視化されることによって、生徒の学習改善につながるわけである。

　もう一つ挙げておくと、「参考資料」の事例１（現代の国語）の「思考・判断・表現」の評価において限定的な条件で提示されている「ICT 端末の記録」（動画作成）という手法も注目される。事例１よりも積極的に活用するのであれば、以下のような活用が考えられる。

- スライド資料を映写しながら小グループで発表の練習を行い、ICT 端末で録画する。
- 録画を自分で見返したり相互批評をしたりして、発表方法や発表内容の改善に取り組む。
- スライド資料を映写しながら発表を行う。
- アンケートフォームなどを使って相互評価、自己評価を行う。
- 発表した体験を踏まえ、スライドにナレーションを吹き込む形で動画を作成する。
- 必要に応じて、クラス内やクラスを越えて発表動画を共有する。

　教室で目の前の仲間たちを前に発表する緊張感を体験することは、生徒にとって大きな意味をもつ学習活動である。しかし、ともすると「とにかく早く終わらせて楽になりたい」という気持ちになりかねないところがある。ところが、スライドにナレーションを吹き込む発表動画というアウトプットを用意すると、粘り強く試行錯誤を重ね、繰り返し録音し直す生徒が多く出現する。テクノロジーが可能にする動画というアウトプットが、学習のありように影響を与えるのだ。しかも出来上がった動画は、同じクラスの生徒同士で視聴し合うこともできるし、他のクラスの生徒に視聴を許すこともできる。生徒が振り返

りをする際にも、動画というアウトプットに取り組んだ後のほうが、より多く
の学びの高まりや深まりを期待できる。もちろん、教師が評価をする際にも、
対面で発表するときよりも丁寧に見取ることが可能になるだろう。

4 指導と評価の一体化とデジタルシフト—1人1台端末がもたらす教育の近未来

　指導や評価のための資料をファイルされた大量の紙によって保管したり活用
したりする時代は、そろそろ終焉を迎えつつある。1人1台端末で学ぶことが
日常化する少し先の未来を見通せば、全国の高校生の学習ログをビッグデータ
として活用し、あり得べき教育観、学習観に基づいて有効に活用させることさ
え可能な時代が到来するはずである。運転席に備え付けられた小型カメラで人
の視線や表情の変化を読み取り、居眠り運転を防ぐためのアラートを鳴らすこ
とができる自動車のように、デジタル教科書を読む生徒の視線の動きを分析し、
文章を読むスピードや内容理解の特徴などを分析、評価し、それをただちに
「指導」につなげるようなアプリケーションが登場するということも、けっし
て夢物語ではないだろう。

　指導と評価の一体化について、ICT活用の問題を取り上げると、手段とし
てICTを活用するという観点で考えてしまいがちである。しかし、GIGAス
クール構想の実現によって1人1台端末によるクラウド・バイ・デフォルトの
ICT活用が日常化すると、結果として指導と評価の一体化が実現する。例えば、
デジタルシフトが進めば、学習過程が詳細なデータとして残され続けるので、
形成的評価としての指導と評価の一体化を実践することが容易になる。総括的
評価としての観点別評価を評価疲れを起こすことなく実現する条件も整うはず
である。そのような近未来を学校全体で想定し、共通認識を形成しながら、デ
ジタルシフトを進め、ICTの活用に取り組めるかどうかが問われている。

〔野中　潤〕

第2章
実践編

実践の前に

※次の資料①は、国立教育政策研究所が公表している『「指導と評価の一体化」のための学習評価に関する参考資料　高等学校国語』（令和3年8月）のP.29〜35、資料②は同P.39〜40を基に作成した。なお、本書と同シリーズの「実践編」は、参考資料公表前に刊行されているため、学習評価については、参考資料や本書を参考にされたい。

資料①　「内容のまとまりごとの評価規準」を作成する際の手順

1　高等学校国語科の「内容のまとまり」

高等学校国語科における「内容のまとまり」は、以下のようになっている。

各科目とも、「2　内容」は、〔知識及び技能〕と〔思考力、判断力、表現力等〕の二つの「内容のまとまり」で示されている。これらのまとまりは、更に以下のように分けられている。

〔知識及び技能〕
(1)言葉の特徴や使い方に関する事項
(2)情報の扱い方に関する事項
(3)我が国の言語文化に関する事項

〔思考力、判断力、表現力等〕
A話すこと・聞くこと
B書くこと
C読むこと
（「現代の国語」の場合）

A書くこと
B読むこと
（「言語文化」、「論理国語」、「文学国語」の場合）

A話すこと・聞くこと
B書くこと
（「国語表現」の場合）

A読むこと
（「古典探究」の場合）

2 高等学校国語科における「内容のまとまりごとの評価規準」作成の手順

　ここでは、共通必履修科目「現代の国語」の〔思考力、判断力、表現力等〕の「A話すこと・聞くこと」を取り上げて、「内容のまとまりごとの評価規準」作成の手順を説明する。

　まず、学習指導要領に示された教科の目標を踏まえて、「評価の観点及びその趣旨」が作成されていることを理解する。次に、教科の目標と「評価の観点及びその趣旨」との関係性を踏まえ、科目の目標に対する「評価の観点の趣旨」を作成する。その上で、①及び②の手順を踏む。

〈例　現代の国語〔思考力、判断力、表現力等〕の「A話すこと・聞くこと」〉

【高等学校学習指導要領　第2章　第1節　国語「第1款　目標」】

　言葉による見方・考え方を働かせ、言語活動を通して、国語で的確に理解し効果的に表現する資質・能力を次のとおり育成することを目指す。

(1)	(2)	(3)
生涯にわたる社会生活に必要な国語について、その特質を理解し適切に使うことができるようにする。	生涯にわたる社会生活における他者との関わりの中で伝え合う力を高め、思考力や想像力を伸ばす。	言葉のもつ価値への認識を深めるとともに、言語感覚を磨き、我が国の言語文化の担い手としての自覚をもち、生涯にわたり国語を尊重してその能力の向上を図る態度を養う。

(高等学校学習指導要領 P.33)

【改善等通知　別紙5　各教科等の評価の観点及びその趣旨〈国語〉】

知識・技能	思考・判断・表現	主体的に学習に取り組む態度
生涯にわたる社会生活に必要な国語について、その特質を理解し適切に使っている。	「話すこと・聞くこと」、「書くこと」、「読むこと」の各領域において、生涯にわたる社会生活における他者との関わりの中で伝え合う力を高め、自分の思いや考えを広げたり深めたりしている。	言葉を通じて積極的に他者と関わったり、思いや考えを深めたりしながら、言葉のもつ価値への認識を深めようとしているとともに、言語感覚を磨き、言葉を効果的に使おうとしている。

(改善等通知 別紙5 P.1)

※〔思考力、判断力、表現力等〕の各領域において育成を目指す資質・能力を明確にするため、「思考・判断・表現」の趣旨の冒頭に、「話すこと・聞くこと」、「書くこと」、「読むこと」の3領域を明示している。

【高等学校学習指導要領　第2章　第1節　国語「第2款　第1　現代の国語　1　目標」】

　言葉による見方・考え方を働かせ、言語活動を通して、国語で的確に理解し効果的に表現する資質・能力を次のとおり育成することを目指す。

(1)	(2)	(3)
実社会に必要な国語の知識や技能を身に付けるようにする。	論理的に考える力や深く共感したり豊かに想像したりする力を伸ばし、他者との関わりの中で伝え合う力を高め、自分の思いや考えを広げたり深めたりすることができるようにする。	言葉がもつ価値への認識を深めるとともに、生涯にわたって読書に親しみ自己を向上させ、我が国の言語文化の担い手としての自覚をもち、言葉を通して他者や社会に関わろうとする態度を養う。

（高等学校学習指導要領 P.33）

　以下は、教科の目標と「評価の観点及びその趣旨」との関係性を踏まえた、科目の目標に対する「評価の観点の趣旨」の例である。

【「第2款　第1　現代の国語」の評価の観点の趣旨（例）】

知識・技能	思考・判断・表現	主体的に学習に取り組む態度
実社会に必要な国語の知識や技能を身に付けるようにしている。	「話すこと・聞くこと」、「書くこと」、「読むこと」の各領域において、論理的に考える力や深く共感したり豊かに想像したりする力を伸ばし、他者との関わりの中で伝え合う力を高め、自分の思いや考えを広げたり深めたりすることができるようにしている。	言葉を通じて積極的に他者や社会に関わったり、思いや考えを広げたり深めたりしながら、言葉がもつ価値への認識を深めようとしているとともに、進んで読書に親しみ、言葉を効果的に使おうとしている。

※〔思考力、判断力、表現力等〕の各領域において育成を目指す資質・能力を明確にするため、「思考・判断・表現」の趣旨の冒頭に、「話すこと・聞くこと」、「書くこと」、「読むこと」の3領域を明示している。

①　各教科における「内容のまとまり」と「評価の観点」との関係を確認する。

「内容のまとまり」と「評価の観点」との対応は、以下のように整理する。

「内容のまとまり」

〔知識及び技能〕	〔思考力、判断力、表現力等〕
(1) 言葉の特徴や使い方に関する事項 (2) 情報の扱い方に関する事項 (3) 我が国の言語文化に関する事項	A 話すこと・聞くこと B 書くこと C 読むこと

「評価の観点」

知識・技能	思考・判断・表現	主体的に学習に取り組む態度

　つまり、〔知識及び技能〕は「知識・技能」、〔思考力、判断力、表現力等〕は「思考・判断・表現」と対応している。

② 【観点ごとのポイント】を踏まえ、「内容のまとまりごとの評価規準」を
　　作成する。

（1）「内容のまとまりごとの評価規準」を作成する際の【観点ごとのポイント】

　　一年間を通して、当該科目に示された指導事項を身に付けることができ
るよう指導することを基本とする。
○「知識・技能」のポイント
・基本的に、当該単元で育成を目指す資質・能力に該当する〔知識及び技
　能〕の指導事項について、その文末を「〜している」として、「知識・
　技能」の評価規準を作成する。なお、育成したい資質・能力に照らして、
　指導事項の一部を用いて評価規準を作成することもある。
○「思考・判断・表現」のポイント
・基本的に、当該単元で育成を目指す資質・能力に該当する〔思考力、判
　断力、表現力等〕の指導事項について、その文末を「〜している」とし
　て、「思考・判断・表現」の評価規準を作成する。なお、育成したい資
　質・能力に照らして、指導事項の一部を用いて評価規準を作成すること
　もある。
・評価規準の冒頭には、当該単元で指導する一領域を「（領域名を入れる）
　において、」と明記する。
○「主体的に学習に取り組む態度」のポイント
・①知識及び技能を獲得したり、思考力、判断力、表現力等を身に付けた
　りすることに向けた粘り強い取組を行おうとする側面と、②①の粘り強
　い取組を行う中で、自らの学習を調整しようとする側面の双方を適切に
　評価できる評価規準を作成する。文末は「〜しようとしている」とする。
　科目の「評価の観点の趣旨」においては、主として、①に関しては「言
　葉を通じて積極的に他者や社会に関わったり」、②に関しては「思いや
　考えを広げたり深めたりしながら」が対応する。①、②を踏まえ、当該
　単元で育成する資質・能力と言語活動に応じて文言を作成する。

（2）学習指導要領の「2　内容」及び「内容のまとまりごとの評価規準（例）」

〈例「現代の国語」の〔思考力、判断力、表現力等〕の「A話すこと・聞くこと」〉

　〔知識及び技能〕(1)カ、〔思考力、判断力、表現力等〕A(1)ア及びウを単元の目標とし、〔思考力、判断力、表現力等〕A(2)「エ　集めた情報を資料にまとめ、聴衆に対して発表する活動」を通して指導する場合の評価規準の例

	知識及び技能	思考力、判断力、表現力等	学びに向かう力、人間性等
学習指導要領　2　内容	(1) カ 比喩、例示、言い換えなどの修辞や、直接的な述べ方や婉曲的な述べ方について理解し使うこと。	ア 目的や場に応じて、実社会の中から適切な話題を決め、様々な観点から情報を収集、整理して、伝え合う内容を検討すること。 ウ 話し言葉の特徴を踏まえて話したり、場の状況に応じて資料や機器を効果的に用いたりするなど、相手の理解が得られるように表現を工夫すること。	国語科の内容には、「学びに向かう力、人間性等」に係る指導事項は示されていない。そのため、当該科目目標(3)を参考に作成する。

	知識・技能	思考・判断・表現	主体的に学習に取り組む態度
内容のまとまりごとの評価規準　例	・比喩、例示、言い換えなどの修辞について理解し使っている。((1)カ) ＊指導事項の一部を用いた例。	・「話すこと・聞くこと」において、目的や場に応じて、実社会の中から適切な話題を決め、様々な観点から情報を収集、整理して、伝え合う内容を検討している。(ア) ・「話すこと・聞くこと」において、話し言葉の特徴を踏まえて話したり、場の状況に応じて資料や機器を効果的に用いたりするなど、相手の理解が得られるように表現を工夫している。(ウ)	・言葉を通じて積極的に他者や社会に関わったり、学習の見通しをもって思いや考えを広げたり深めたりしながら、言葉を効果的に使おうとしている。

※1　国語科においては、指導事項に示された資質・能力を確実に育成するため、基本的には「内容のまとまりごとの評価規準」が単元の評価規準となる。

※2　指導事項の一部を用いて評価規準を作成した場合には、指導漏れが生じないよう、年間指導計画において十分に整合を図る必要がある。

※3　「主体的に学習に取り組む態度」の評価規準については、上記の内容を踏まえた上で、当該単元で育成する資質・能力と言語活動に応じて作成する。具体的には、①知識及び技能を獲得したり、思考力、判断力、表現力等を身に付けたりすることに向けた粘り強い取組を行おうとする側面と、②①の粘り強い取組を行う中で、自らの学習を調整しようとする側面の双方を適切に評価するため、次の③、④に示したように、特に、粘り強さを発揮してほしい内容と、自らの学習の調整が必要となる具体的な言語活動を考えて授業を構想し、評価規準を設定することが大切である。このことを踏まえれば、①から④の内容を全て含め、単元の目標や学習内容等に応じて、その組合せを工夫することが考えられる。なお、〈　〉内の言葉は、当該内容の学習状況を例示したものであり、これ以外も想定される。また、①から④は固定的な順序を示すものではないこと、④については、言語活動自体を評価するものではないことに留意する必要がある。

　　①粘り強さ〈積極的に、進んで、粘り強く等〉

　　②自らの学習の調整〈学習の見通しをもって、学習課題に沿って、今までの学習を生かして等〉

　　③他の２観点において重点とする内容（特に、粘り強さを発揮してほしい内容）

　　④当該単元の具体的な言語活動（自らの学習の調整が必要となる具体的な言語活動）

※4　※1から※3を踏まえた上で、生徒の学習の状況を適切に評価するために、実際の学習活動を踏まえて「Bと判断する状況」の例、「Cと判断する状況への手立て」の例を評価規準に沿って想定するようにする。

資料② 単元ごとの学習評価について

「内容のまとまりごとの評価規準」の考え方を踏まえた評価規準の作成
1 本書事例における学習評価の進め方について

　各教科及び科目の単元における観点別学習状況の評価を実施するに当たり、まずは年間の指導と評価の計画を確認することが重要である。その上で、学習指導要領の目標や内容、「内容のまとまりごとの評価規準」の考え方等を踏まえ、以下のように進めることが考えられる。なお、複数の単元にわたって評価を行う場合など、以下の方法によらない事例もあることに留意する必要がある。

評価の進め方	留意点
1 単元の目標を作成する	○ 学習指導要領の目標や内容、学習指導要領解説等を踏まえて作成する。 ○ 生徒の実態、前単元までの学習状況等を踏まえて作成する。 ※ 単元の目標及び評価規準の関係性（イメージ）については下図参照

単元の目標及び評価規準の関係性について（イメージ図）

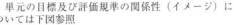

2 単元の評価規準を作成する	学習指導要領　第1編第2章1（2）を参照 「内容のまとまりごとの評価規準」 学習指導要領解説等を参考に、各学校において授業で育成を目指す資質・能力を明確化 「内容のまとまりごとの評価規準」の考え方等を踏まえて作成 単元の目標　第3編第1章2を参照 単元の評価規準 ※ 外国語科においてはこの限りではない。
3 「指導と評価の計画」を作成する	○ 1、2を踏まえ、評価場面や評価方法等を計画する。 ○ どのような評価資料（生徒の反応やノート、ワークシート、作品等）を基に、「おおむね満足できる」状況（B）と評価するかを考えたり、「努力を要する」状況（C）への手立て等を考えたりする。
授業を行う	○ 3に沿って観点別学習状況の評価を行い、生徒の学習改善や教師の指導改善につなげる。
4 観点ごとに総括する	○ 集めた評価資料やそれに基づく評価結果などから、観点ごとの総括的な評価（A、B、C）を行う。

第2章　実践の前に

77

2 単元の評価規準の作成のポイント

高等学校国語科においては、次のような流れで授業を構想し、評価規準を作成する。

Step 1　単元で取り上げる指導事項の確認

・年間指導計画等を基に、単元で取り上げる指導事項を確認する。

Step 2　単元の目標と言語活動の設定

・Step1で確認した指導事項を基に、以下の3点について単元の目標を設定する。
(1)「知識及び技能」の目標
(2)「思考力、判断力、表現力等」の目標
→(1)、(2)については、基本的に指導事項の文末を「～できる。」として示す。

(3)「学びに向かう力、人間性等」の目標
→(3)については、いずれの単元においても当該科目の目標である「言葉がもつ価値～他者や社会に関わろうとする。」までを示す。
・単元の目標を実現するために適した言語活動を、言語活動例を参考にして位置付ける。

Step 3　単元の評価規準の設定

・以下を参考に、単元の評価規準を作成する。
「知識・技能」の評価規準の設定の仕方
　当該単元で育成を目指す資質・能力に該当する〔知識及び技能〕の指導事項の文末を「～している。」として作成する。育成したい資質・能力に照らして、指導事項の一部を用いて作成することもある。
「思考・判断・表現」の評価規準の設定の仕方
　当該単元で育成を目指す資質・能力に該当する〔思考力、判断力、表現力等〕の指導事項の冒頭に、指導する一領域を「(領域名)において、」と明記し、文末を「～している。」として作成する。育成したい資質・能力に照らして、指導事項の一部を用いて作成することもある。

「主体的に学習に取り組む態度」の評価規準の設定の仕方
　以下の①から④の内容を全て含め、単元の目標や学習内容等に応じて、その組合せを工夫することが考えられる。文末は「～しようとしている。」とする。なお、〈　〉内の言葉は、当該内容の学習状況を例示したものであり、これ以外も想定される。また、①～④は順序性を示すものではないこと、④については、言語活動自体を評価するものではないことに留意する必要がある。
①粘り強さ〈積極的に、進んで、粘り強く等〉
②自らの学習の調整〈学習の見通しをもって、学習課題に沿って、今までの学習を生かして等〉
③他の2観点において重点とする内容（特に、粘り強さを発揮してほしい内容）
④当該単元の具体的な言語活動（自らの学習の調整が必要となる具体的な言語活動）

Step 4　単元の指導と評価の計画の決定

・各時間の具体的な学習活動を構想し、単元のどの段階でどの評価規準に基づいて評価するかを決定する。

Step 5　評価の実際と手立ての想定

・それぞれの評価規準について、実際の学習活動を踏まえて、「Bと判断する状況」の例、「Cと判断する状況への手立て」の例を想定する。

第1節 現代の国語
【共通必履修科目】　標準単位数：2単位

実社会における国語による諸活動に必要な資質・能力を育成する科目

（知識及び技能）	言葉の特徴や使い方に関する事項
	・話し言葉と書き言葉の特徴や役割、表現の特色 ・実社会において理解したり表現したりするために必要な語句　など
	情報の扱い方に関する事項
	・文や文章の効果的な組立て方や接続の仕方 ・主張と論拠など情報と情報との関係 ・推論の仕方 ・情報の妥当性や信頼性の吟味の仕方　など
	我が国の言語文化に関する事項
	・実社会との関わりを考えるための読書の意義と効用

（思考力、判断力、表現力等）	話すこと・聞くこと〔20～30単位時間程度〕
	・話合いの仕方や結論の出し方を工夫し、結論を得たり多様な考えを引き出したりするための議論や討論をする学習　など 言語活動例 ・スピーチ　　・報告や連絡、案内　　・情報収集、発表　など
	書くこと〔30～40単位時間程度〕
	・論理の展開、情報の分量や重要度を考えて、文章の構成や展開、説明の仕方を工夫しながら説明資料をまとめる学習　など 言語活動例 ・手順書や紹介文、案内文を書く 　　　　　　・報告書や説明資料にまとめる　など
	読むこと〔10～20単位時間程度〕
	・論理的な文章や実用的な文章を読んで、文章や図表などに含まれている情報を相互に関係付けながら内容を解釈したり、推論を働かせて自分の考えを深めたりする学習　など 言語活動例 ・論理的な文章を読み、論述・批評する 　　　　　　・異なる形式で書かれた複数の文章や、図表等を伴う文章を読み、まとめて発表、書き換えをする　など
	《教材》現代の社会生活に必要とされる 　　　　・論理的な文章 　　　　・実用的な文章

《教材》は、「内容の取扱い」に示されている教材の取扱いの抜粋である。

A 話すこと・聞くこと
話合いの進め方をデザインしよう

「主体的に学習に取り組む態度」の評価

単元名	内容のまとまり
話合いの進め方をデザインしよう	〔知識及び技能〕 (1)言葉の特徴や使い方に関する事項 〔思考力、判断力、表現力等〕 「A話すこと・聞くこと」

授業例

1 単元の目標

(1) 言葉には、認識や思考を支える働きがあることを理解することができる。

〔知識及び技能〕(1)ア

(2) 論点を共有し、考えを広げたり深めたりしながら、話合いの目的、種類、状況に応じて、表現や進行など話合いの仕方や結論の出し方を工夫することができる。

〔思考力、判断力、表現力等〕A(1)オ

(3) 言葉がもつ価値への認識を深めるとともに、生涯にわたって読書に親しみ自己を向上させ、我が国の言語文化の担い手としての自覚をもち、言葉を通して他者や社会に関わろうとする。

「学びに向かう力、人間性等」

2 本単元における言語活動

話合いの目的に応じて結論を得たり、多様な考えを引き出したりするための議論や討論を、他の議論や討論の記録などを参考にしながら行う活動。

（関連：〔思考力、判断力、表現力等〕A(2)ウ）

3 単元の評価規準 ■■■■■■■■■■■■■■■■■■■■■■■■■■■

知識・技能	思考・判断・表現	主体的に学習に取り組む態度
①言葉には、認識や思考を支える働きがあることを理解している。((1)ア)	①「話すこと・聞くこと」において、論点を共有し、考えを広げたり深めたりしながら、話合いの目的、種類、状況に応じて、話合いの仕方を工夫している。(A(1)オ)	①話合い台本を書くことを通して、論点を共有し、考えを広げたり深めたりしながら、話合いの目的、種類、状況に応じて、話合いの仕方を工夫することに向けて粘り強い取組を行う中で、自らの学習を調整しようとしている。

【単元の流れ】（全5単位時間想定）

次	学習活動	指導上の留意点	評価規準・評価方法等
1	○単元の目標や進め方を確認し、学習の見通しをもつ。 ○話合いに臨む準備として、話合いのテーマに関する意見文を書き自分の考えをまとめる。 ○グループで話合いを行う。 ○話合いを文字化する。	・単元の目標を明確にし、学習方法などを説明し、各時間の終わりに、OPP シートに記入することを伝え、本質的な問いに関する自分の考えを書く。 ・本単元では、生徒が「進め方」を工夫することに注力できるように、意見をもちやすい「クラスの文化祭の出し物」について話し合わせることとした。 ・話合いの分析のため、録音または録画する。 ・グループ内で分担して文字化するように指示する。	
2	○これまでの「話合い」を振り返り、①話合いの困難性、②話合いの理想の姿、③①	・これまでの学習や学校生活を想起しながら振り返る。 ・各目で付箋に書き出	[知識・技能] ① 「記述の点検」ペーパーテスト ・話合い時に問題が生

	②のギャップを埋めるための工夫の3点について付箋に書き出す。 ○話合いの進め方を理解する。	した後に、①〜③を順番にグループでKJ法を用いて整理する。 ・合意形成の話合いの進め方には、❶計画→❷各意見の発表→❸質問→❹整理（各意見の共通・相違点整理）→❺各意見の再吟味→❻判断基準の設定→❼収束（結論を出すための判断基準に沿って考える）→❽合意	じた際に、他者の認識や行動を変容させる進め方を理解し提案できているかどうかを分析する。
	○実社会の話合いにおいて用いられる工夫がどのような困難性を乗り越えるために使用されるのかを考える。 ○文字化した話合いを読み「問題点」や「工夫」「進め方」、「論点に関する発言」に関して分析する。	・次のような工夫について考えさせる。 （例）ブレーンストーミング、6色ハット発想法、グランドルール、意思決定マトリクス　等 ・「問題点」「工夫」…記述する。 ・「進め方」…内容ごとに区切り、それに見出しを付ける。 ・「論点に関する発言」…発言表を参考にしながら下線を引く。	
3	○理想の話合い台本を作成する。 ○グループで互いの台本を読み合い、相互評価し合う。	・第1次で行った話合いを踏まえながら、学習した工夫を用いた話合い台本を作成する。 ・ここでは表現の巧拙ではなく、話合いの進め方や論点を共有する発言の工夫に注目して相互評価するようにする。	[思考・判断・表現]① 「記述の分析」ファイル共有の機能により保存された文書ファイル ・合意を形成する話合いの台本作成において、論点を共有し、考えを広げたり深めたりしながら、話合いの進め方を工夫しているかを分析する。
4	○第1次に書いた意見文を読み直し、書き直す。 ○本単元の学習を振り	・構成の巧拙ではなく、発想のおもしろさや主張の根拠の広がりや深まりを意識して評価するようにする。 ・本質的な問いに関す	[主体的に学習に取り組む態度]① 「記述の分析」振り返りシート ・参加者の納得度の高い結論が得られる話

返る。	る自分の考えを書い　たり、自己評価を　行ったりする。	合いの進め方につい　て試行錯誤しながら　粘り強く考えようと　したかどうかを分析　する。

（本授業例における評価の実際）

5 観点別学習状況の評価の進め方 ▮▮▮▮▮▮▮▮▮▮▮▮▮▮

　共通必履修科目「現代の国語」の「内容」の〔思考力、判断力、表現力等〕「A話すこと・聞くこと」に関する指導については、「内容の取扱い」(1)アに「20〜30単位時間程度を配当するものとし、計画的に指導すること」と示されている。このことを踏まえ、本事例では、「A話すこと・聞くこと」に関する資質・能力を目標として掲げ、単元のまとまりの中でその育成を重点的に図る指導と評価の計画を示している。なお、本事例では、特に、「主体的に学習に取り組む態度」の評価について詳細に説明する。

(1)［知識・技能］の評価

　［知識・技能］①の「言葉には、認識や思考を支える働きがあることを理解している」状況を、「話合い時に問題が生じた際に、他者の認識や行動を変容させる進め方を理解し提案している」姿（「おおむね満足できる」状況（B））と捉え、第2次に評価した。

　本単元においては、単元名に「話合いの進め方をデザインしよう」とあるように、生徒には、特に「話合いの進め方」の工夫に焦点を当てて指導を行い、その評価を行った。話合いの進め方の工夫に関しては、例えば、多様な思考パターンからの発想を求める際に用いる「6色ハット発想法」などがある。

　生徒には、これまでの学習で用いた話合いの手法や実社会で用いられている手法を共有することで「言葉の働き」への気付きを促すとともに、各手法の「目的」を抽出させ、「6色ハット発想法」を用いて教室全体で【ワークシート①】のように分析させた。

【ワークシート①】

手法	説明	使用場面	目的	普段時の活用
6色ハット発想法	参加者が、六つの視点（客観的・直感的・肯定的・否定的・革新的・俯瞰的）の帽子のいずれか一つを被った状態でテーマについて考え、話し合う。	・偏った見方や意見しか出ない場面。 ・意見の衝突を恐れて異なった見方から意見が出ない場面。	・多様な見方からの意見の表出やアイディアの検討を行うため。 ・意見の衝突を意図的に生み出すため。	・話合い時に自分の考え方が一面的で固定的になっていないか注意し、多様な考えや見方を受容するようにする。

　評価に当たっては、授業中にワークシートの記述の点検も行ったが、それらは直接の評価材料とはせず、【単元テストの問題の一部①】のように、単元終了後に、ある話合いに関する問題場面を設定したペーパーテストを用いて、話合いの手法に関する「知識及び技能」が別の場面にも生きて働くものとなっているかを見ることとした。

　例えば、生徒Eは、【生徒Eの解答】のように、先入観や普段の思考に縛られてしまい多様な意見が出ない困難性を指摘した上で、「6色ハット発想法」を用いることで、多様な視点での意見が出てきたり、多様な視点でアイディアを検討できたりすることを述べている。

　また、意見が衝突してしまうことを否定的に捉えてしまう困難点を指摘した上で、あくまでも「6色ハット発想法」は、話合いのためのシュミレーションであるため、「衝突の受容をもたらす」という効果があることも述べている。これらから、評価規準を満たしていると判断し、「おおむね満足できる」状況（B）と評価した。

【単元テストの問題の一部①】

■中学3年生が、地域の課題の解決策をグループで話し合うという学習をしています。中学校の3年生が、高校1年生が話合いの学習をしたということを聞きつけて、あなたにアドバイスを求めにきました。あなたならどのように答えますか。

問1　中学校3年生Xさんの悩みについてアドバイスしなさい。

先生から、「君たちの班は、いつも同じような考えばかりで少し物足りないね」と言われてしまいました。でも、私たちの班員は、幼稚園からの幼なじみで考え方や価値観も似ていると思うんです。それに、色々な視点で考えようとするとすぐに衝突が起こってしまいます、何か良い方法はありませんか。

問2　中学校3年生Yさんの悩み…

意見が全員一致した場合、すぐに話合いが終わってしまいます。先生には話合いを続けなさいと言われるのですが、みんなの意見が一致しているのだからいいのではないでしょうか。意見が衝突しないし、喧嘩もしなくて済みますし。先輩のお考えをお教えいただけますか。

【生徒Eの解答】

> 　人は、なかなか認識の仕方や思考方法を変えることはできないので、話合いの際に立場を設定するとよいでしょう。「6色ハット発想法」というものがあり、参加者が、六つの視点（客観的・直感的・肯定的・否定的・革新的・俯瞰的）の帽子のいずれか一つを被った状態でテーマについて考え、話し合うものです。そうすると、一つのテーマについて色々な視点で発想することができます。また、これはあくまでも思考実験であり、多様な意見が生まれることを前提としているので、衝突が起きても肯定的に捉えることができます。また、普段と異なった考え方ができるため、互いの考えを理解することにもつながります。

　一方、生徒Fは、話合い時に固定観念にとらわれてしまうと自由な発想が生まれないという問題点は指摘できていたが、【生徒Fの解答の一部】のように、「色々と考えてみようと呼び掛ける」など具体性に乏しく、十分な言及がなされていないことから、「努力を要する」状況（C）と判断した。Bを実現するための具体的な手立てとして、既習事項である「ディベート」や「6色ハット発想法」「悪魔の代弁人」等の「立場を設定する」話合いの手法（工夫）を再確認させ、どのような困難点において使用され、どのような目的で使用されるのかを考えるよう助言した。

【生徒Fの解答の一部】

> 　固定観念にとらわれてしまうと、ありきたりな答えしか生まれないという問題が生じることが私たちもありました。その時は、色々と考えてみようと呼び掛けるといいと思います。最初はなかなかいい考えが出てこないかもしれませんが、辛抱強く呼び掛けて、待つことも時には大事だと思います。

ポイント 「話し合うこと」の指導の初期段階では、「話合いの方法」を知識・技能として理解させ、評価することが重要である。

(2) ［思考・判断・表現］の評価

　［思考・判断・表現］①の「『話すこと・聞くこと』において、論点を共有し、考えを広げたり深めたりしながら、話合いの目的、種類、状況に応じて、話合いの仕方を工夫している」状況を、「合意を形成する話合いの台本作成において、論点を共有し、考えを広げたり深めたりしながら、話合いの進め方を工夫している」姿（「おおむね満足できる」状況（B））と捉え、第3次に評価した。ここでは、学習の過程が残るようICT端末で記録に残すことにより、自分で見返したり、相互に批評したりできるようにするとともに、必要に応じて、教

師による評価にも用いた。

　なお、本事例では、台本の作成そのものを目標とするのではなく、あくまでも「論点を共有し、考えを広げたり深めたりしながら、話合いの目的、種類、状況に応じて、話合いの仕方を工夫している」ことを確認し、評価するために台本を作成した。そのため、整った台本を書き上げたことのみをもって評価を行うことのないようにした。指導と評価を効果的に進める手立てとして、台本を提出する際に①進め方の工夫の意図を説明した文章（【生徒Xの説明文】）を提出すること、②進め方や論点に関する発言には下線を引くことを指示したり、③【話合いの進め方や論点に着目する発言】に関するプリントを配布したりした。

　例えば、生徒Xは、【生徒Xの説明文】に理想の話合いについて、「参加者の納得と話合いの成果の質が必要である」と説明した上で、合意形成の話合いに生じる「テーマそのものの目的を見失ってしまい話が混乱する」という困難点を指摘し、工夫として①目的を擦り合わせること、②互いの共通点に着目すること、③言葉を定義することの3点を挙げている。これらを踏まえて、【生徒Xの台本】では、理想の話合いと困難点のギャップを埋め合わせるために論点を共有する発言や進め方に関する発言が適切に用いられており、目的に応じて話合いを工夫した台本となっている。これらから評価規準を満たしていると判断し、「おおむね満足できる」状況（B）と判断した。

【生徒Xの説明文】

> 工夫の意図：理想の合意形成の話合いには、参加者の納得と話合いの成果の質が必要である。そのためには、話合いの目的（ゴール）を意識した上で、互いの理由や思いを明らかにする段階が必要だが、テーマそのものの目的を見失ってしまい話が混乱する場合が多い。そこで台本においては、「なぜ文化祭を行うのか」というそもそもの目的を擦り合わせなければ、合意形成は難しいと考え、その場面の話合いを特に工夫した。意見の違いに目をやることも重要だが、そればかりだといつまでたっても合意することができない。そのため、参加者間の意見の共通点を見出すような発言を台本の中に入れるようにした。また、具体的な発言として、参加者からは「高校生活を楽しむため」や「おもしろいから」といった発言が出てくることが予想された。しかし、「楽しい」や「おもしろい」といった言葉は、人によって解釈が異なるためそれらの言葉を参加者間で定義づけられるように努力した。

【生徒Xの台本】

A：各出し物の提案理由を質疑応答を踏まえてそれぞれから聞きました。特にやりたい出し物はないと言っていたBさんはどのように感じ	ましたか。 B：それぞれ理由がよく考えられていて、率直にすごいなと思いました。でも、この後の話合

いをどのように進めたらよいのでしょうか。

C：もうここまで来たら、多数決でいいんじゃない？　楽だし、早いしさ。

A：確かに多数決は迅速な意思決定ができるけど、他者の意見を十分に理解しないまま、他の案を切り捨てることになってしまいませんか。もう少し時間があるので、よりよい合意になるために話し合ってみましょうよ。

C：分かったけどさ…じゃあ、どうするんだい。

D：そもそも論で申し訳ないんだけれど、文化祭の目的って何だっけ？

C：そんなの青春を謳歌するために決まっているだろ！

B：そんなの決まっていないでしょ。「文化」ってついているんだから、行事を通して芸術や文化に親しむことが目的になるんじゃないかな。

A：私はEさんの意見も是非聞きたいなと思うのですが、Eさんはどう思いますか。

E：僕は、学校行事だから、クラスが団結するとか、そういう目的もあるんじゃないかなって。

C：確かに団結も大事だよな、クラスでやるんだし。でも、俺は楽しみてーなー。高校生活初めての文化祭だろ。満喫したいぜ！

D：俺も、Cと同じでおもしろいのがいいな。でもおもしろいって一体何だ？

C：そりゃさ、他のクラスの子とかさ他校の子とかとさ話したり、仲良くなったりできるのがさ、楽しいじゃん。

D：その楽しいっていうのは俺とちょっと違うな。いろんな人と関わったりできるっていうのは同じで共感できるけど、君と違って邪な考え

はないよ（笑）。一人ではできない大きなことに挑戦できるっていうのが文化祭のおもしろさだって俺は思うよ。と考えると、Eの意見と重なる部分もあるのかな。

B：私も、楽しくて、おもしろいのがいいというのは同じだわ。でも、それは、普段の学校生活でもできるし、体育祭でも合唱祭でもできるわ。前回の体育祭もとっても楽しかったよね。今回は文化祭なんだから、文化・芸術という枠組みで楽しんだらいいと思うんだ。

C：じゃみんなでAKB 48のダンスでも踊るか！俺、「恋するフォーチュンクッキー」なら踊れるぜ。ちょっと踊ってやろうか。

A：ちょっと待って、踊らなくていいから。今話していることを確認してもいいかな。

B：（着席する）

A：今は、D君の発言をきっかけに「文化祭の目的」を話し合っているんだよね。だから、文化祭で何をするかっていう話は後にすることにして、先に文化祭の目的を話し合いませんか。Eさんはどう思う。

E：いいと思うよ。今の文化祭の目的なんだけど、ここに書いて整理したらうまくいきそうじゃないかな。話を聞いていて、なんだかんだ言っても、「楽しみたい」「おもしろいのがいい」という思いは同じなんだよね。クラス全員で何かをやるとか関わるっていうのも一致しているかなと思う。だから、次は文化・芸術っていう枠組みを設けるか、設けないかっていうのを議論したらどうかな。

【話合いの進め方や論点に着目する発言】萩中（2016）、堀（2017）を基に筆者が加筆・修正

01　話合いの全体像と現在地を意識して話す（論点を確認する）…「飲み込みが悪くてすみません。今何を話し合っているか、教えてもらえませんか」

02　話合いの全体像と現在地を意識して話す（論点を修正する）…「それは、何についてのお話なんでしょうか。今、ここでどうしても話さないといけませんか」

03　話合いの全体像と現在地を意識して話す（論点を単純化する）…「あくまでもAか、Bか、分かりやすくいえば、その選択になりますかね」

04　話合いが混乱、停滞したときに議論を可視化する…「ここに書いて整理したらいけませんか」「ここまで出た意見は、どのように分類できるで

しょうか」

05　話合いが混乱、停滞したときに進め方を提案する…「まず○○して、次に○○しませんか」「○○も重要ですが、○○とは性質が異なる問題なので、両者を分けて、まず○○を議論しその後に○○を取り上げましょう」

06　話合いが混乱、停滞したときに目的に立ち返るよう全体に促す…「そもそも目的は○○でしたよね」「ここで一度目的を確認しませんか」

07　話合いが混乱、停滞したときにテーマの目的に立ち返るよう全体に促す…「本来、このイベントの目的は、一体何だったのでしょうか」「このイベントを通じて、我々が本当に解決したい問題は何なのでしょうか」

08 話合いが混乱、停滞したときに定義を合わせる…「○○という言葉を、どう意味で使っていますか」

09 話合いが混乱、停滞したときに論点を検討する…「一体何を話し合えば、答えに近づくのでしょうか」「この論点で話し合って、本当に答えが得られるのでしょうか。もっと良い論点がないか考えてみませんか」

10 基準を定める…「何を大切にして決めたらよいのでしょうか。まずは、そこから話し合いませんか」「○つの基準の優先順位（重み）をどのように設定しますか」「優先順位をつけるために、どんな基準を用意したらよいと思われますか」

11 決めていく基準や優先を提案する…「○○の観点で（を優先に）考えていきましょう」

12 考えを曲げない人がいて話が進まず、真意を引き出す…「そこまでこだわる裏に、何か事情がおありなら、ここで披露していただけませんか」「差し支えなければ、どんな経験からそれが生まれたのか、語っていただけませんか」

13 反応を促す…「（反応がなかったら）どうですか」

14 時間的制限、内容的限界を考慮して、折り合いを付けようと時々時計を見る…「時間が迫っているので先に進みませんか」「これでは結論がでないので……」

15 取り入れられない意見も尊重しながら収束を図ろうとする…「残念だ（○○も捨てがたい）けれど、今回は」

16 複数の意見を比較検討し、共通事項の合意を先に図る…「全員○○については同じなのでそれはいいですね」

17 複数の意見の長所と問題点を整理し、案の統合や割愛をする…「では、○○しましょう」「それなら、○○しますか」

18 発言の内容について絞る提案をする…「この後は○○についてのみ意見を出しませんか」

19 話合いの進行に合わせて合意事項を小刻みに確認する…「○○という点についてはいいんだよね」「一旦、ここまでの議論をざっとおさらいしませんか」

20 発言力の弱いメンバーに発言を促す…「○○さんはどうですか」

21 決定したことを全員で確かめ合ってから話合いを閉じる…「決まったことは○○です。いいですか」

ポイント ①身に付けさせたい工夫（今回の場合は発言と進め方）の明示、②工夫した話合いの文字化、③工夫の意図の記述の３点セットで、音声言語の話合い評価の困難性を乗り越える一つの手立てとする。

（3）［主体的に学習に取り組む態度］の評価

［主体的に学習に取り組む態度］①の「話合い台本を書くことを通して、論点を共有し、考えを広げたり深めたりしながら、話合いの目的、種類、状況に応じて、話合いの仕方を工夫することに向けて粘り強い取組を行う中で、自らの学習を調整しようとしている」状況を、「話合い台本を完成させる過程で、参加者の納得度が高まる結論が得られるよう話合いの進め方とは何かについて試行錯誤しながら粘り強く考えている」姿（「おおむね満足できる」状況（Ｂ））と捉え、第４次にOPPシートで評価した。

堀（2019）は、OPPA（１枚ポートフォリオ評価）を、「教師のねらいとする授業の成果を、学習者が一枚の用紙（OPPシート）の中に、学習前・中・

【OPPシート】

【Ⅰ. 単元名タイトル】学習後、学習者に書かせることもある。

【Ⅱ-1. 学習前の本質的な問い】

単元を通して教師がもっとも押さえたい最重要点に関わる問いで学習後と全く同じ。
Ex. 「植物が大きくなるためには、何が必要だと思いますか。絵や図をつかって説明してもかまいません。」

【Ⅲ-1. 学習履歴】

学習者が考える当該時間の最重要点を書く。
Ex.「今日の授業で一番大切だと思うことを書いてみましょう。」

【Ⅲ-2. 学習履歴】

学習者が考える当該時間の最重要点を書く。
Ex.「今日の授業で一番大切だと思うことを書いてみましょう。」

【Ⅱ-2. 学習前の本質的な問い】

単元を通して教師がもっとも押さえたい最重要点に関わる問いで学習前と全く同じ。
Ex. 「植物が大きくなるためには、何が必要だと思いますか。絵や図をつかって説明してもかまいません。」

【Ⅲ-n. 学習履歴】

学習者が考える当該時間の最重要点を書く。
Ex.「今日の授業で一番大切だと思うことを書いてみましょう。」

【Ⅲ-3. 学習履歴】

学習者が考える当該時間の最重要点を書く。
Ex.「今日の授業で一番大切だと思うことを書いてみましょう。」

【Ⅳ. 学習後の自己評価】

学習前・後と学習履歴を振り返ってみて何がどう変わったか、またそれに対する自分の学習の意味づけなど自分の考えたこと表現したことなどについての思考（メタ認知）。

後の学習履歴を記録し、その全体を学習者自身が自己評価する方法」と説明している。OPPシートは、「『Ⅰ.単元名タイトル』、『Ⅱ.学習前・後の本質的な問い』、『Ⅲ.学習履歴』、『Ⅳ.学習後の自己評価』の四つの要素」から成り、授業の中での使用例として上記のものを堀（2018）は示している。

OPPシートは、毎時学習したことを記入するものとした。本単元のOPPシートが堀のOPPシートと異なる点がある。それは、「Ⅲ 学習履歴」の部分である。学習履歴の部分には、「①最重要点について」だけではなく、「②話合いの工夫について」、「③私の話合い観について」を書くように以下のように指示した。

①「最重要点」には、今日の授業で一番大切だと思うことを書いてください。②「話合いの工夫」には、台本で使用できそうな工夫について書いてください。③「話合い観」については、参加者の納得度が高まる話合いとはどのような話合いだと思うかについて書いてください。

「Ⅱ.学習前・後の本質的な問い」には、「参加者全員の納得度が高まる話合いを行うためには何が必要か」について、第1時と第5時で記入させた。また、単元末には「全体の振り返り」として、単元全体の学習過程を通して、自らの成長を振り返らせた。その記述から、「知識及び技能」を獲得したり、「思考力、

判断力、表現力等」を身に付けたりするために、自らの学習状況をどのように把握し、学習の進め方についてどのように試行錯誤したかなど自らの学習を調整しながら、学ぼうとしたかについて評価した。

【生徒Zの振り返りシートの記述】

	話合いの工夫	話合い観
第1次	どのような話合いの工夫を用いるかによって、参加者の発言が変わることに気付いた。例えば、ブレーンストーミングを用いれば、「質より量」を合言葉に自由な発想やどのような発言でも受け入れられるという安心感がその場に生まれると思った。	話合いと言えば、相手を論破する討論会のようなイメージをもっていたが、話合いの目的に応じて話合いの仕方や態度も変わってくるのだと思った。
第2次	話合いでは、内容（話合いのテーマ）に関する発言だけではなく、話合いを進めたり、発言と発言をつなげたりするような工夫が必要で、私たちの班にはそれが少ないと感じた。また、話合いが始まってすぐにどれにするかを決めようとしたが、相手の意見を十分に聞かないまま進めてしまうと、不満ばかり残るように思ったので、しっかり聞く、聴く、訊く。	なるべく早く結論が出る話合いがいい話合いと思っていたが、それも確かに大事だが、結論を出すまでに、どれだけ互いの思いや価値観を共有できるかが大事だと思った（でも、それがすごく難しい…）。
第3次	今までは何か噛み合わない話合いだと思うときも、何が原因かよく分からなかった。しかし、それは論点を共有したり合わせたりできていないことが原因だった。論点を擦り合わせる発言を、司会者だけではなく、参加者全員が少しずつ意識するだけで、話合いは深まっていくのかなと感じた。そのためにも「論点を共有する発言」を用いるという工夫を実践していきたい。	話合いの成果は司会者の腕によるところがあるなと思っていたが、それよりも大事なのは参加者（サイドワーカー）の存在だと思った。司会者でなくても、話合いのゴールに対する現在の状況を考えて、軌道修正することもできると思った。そのためにも、参加者は敵ではなく同じ問題を解決しようとする仲間と考えたほうがいいなと思った。
Ⅳ学習後の自己評価	今までは話合いを大きなまとまりとして考えていた。しかし、話合いを段階で区切り、それぞれの段階で目的を共有することで、その場で求められる発言や行動は大きく変わることに気付いた。例えば、最初の段階のアイディアが求められる発散であれば、質よりも量が求められ、評価するという意識は脇に置いておく必要がある。また、論点がずれている際に、「目的は何か」とか「何を大切にして決めたらよいか」という発言を用いることで、価値観や意見の異なる参加者のゴール意識が少しずつ合っていくように思う。話合い台本では、話合いに小さな区切りをつけることや論点を擦り合わせる発言を用いる進め方の工夫を意識した。今後の話合いでも、台本のようにじっくり考える時間はなく、瞬間的な発言が求められるが、話合いの前にどのような話合いが展開されるのかを想定して臨むようにしたいと思った。	
学習後の本質的な問い	①話し合う前の話合いの進め方の計画が重要であり、目的に応じた話合いの進め方を目的から逆算して考えることが必要である。 ②納得度が高まる合意を行うには、初めの段階で相互理解を十分に行う必要がありその時間を設定することが欠かせない。議論を広げ（拡散）たり、理解を深め合ったりする時間（段階）とまとめ（収束）たり、評価したりする時間を明確に分けることも必要である。 ③論点を擦り合わせることで、合意するときの判断の基準が明確になるので、論点を意識した発言を司会者だけでなく、参加者も行う必要がある。	

　例えば、生徒Ｚは、【生徒Ｚの振り返りシートの記述】から、第１次の学習では、話合いでの態度や発言は、進め方や発言によって変化することを理解している。そして、目的によって進め方が変わるという話合い観の広がりを見取ることができる。第２次では、内容に関する発言（コンテンツ発言）と進め方に関する発言（プロセス発言）の重要性と話合いの段階に相互理解の時間を取ることなくして納得度の高まる話合いができないことに気付いたことが分かる。第２次での「進め方に関する」気付きが、第３次では「論点を共有する発言」という言葉でより具体的な知識・技能として認識されており、それを今後の話合いでも活用したいという意欲が感じられる。「Ⅳ.学習後の自己評価」でも、単元の学びや気付きがまとめられていると同時に、台本と実際の話合いの違いに気付き、今後も続けていきたいと締めくくられている。学習後の本質的な問いの欄では、「参加者全員の納得度が高まる話合いを行うためには何が必要か」という問いに対して、「進め方の工夫」や「思考や認識を支える言葉の働き」についての理解や意欲がうかがえる記述となっている。これらから、評価規準を満たしていると判断し、「おおむね満足できる」状況（Ｂ）と評価した。

> **ポイント** 話合いの音声言語は消えてしまうため、話し合うことの指導では、学んだことや考えたことを可視化できる評価資料を作成し、活用する。

6　実践に当たって

　平成28年12月の中央教育審議会答申において、高等学校国語科の課題として、「話合いや論述などの『話すこと・聞くこと』、『書くこと』の領域の学習が十分に行われていない」と指摘されており、これまでの授業の見直しとその改善が求められている。しかし、「学習指導要領」で「話すこと・聞くこと」領域が設けられているのは、共通必履修の「現代の国語」と選択科目の「国語表現」の２科目だけである。共通必履修の「現代の国語」に担わされた責任は大きいと言えるが、実際は「話すこと・聞くこと」（特に、話し合うこと）の指導に苦手意識を感じていらっしゃる先生も多いように感じている。

　話し合うことの研究は、他領域と比べて少ないものの、多くの知見が蓄積さ

れている。特に、小学校・中学校における話し合うこと指導の研究は活発に行われ、近年では文字化資料の研究や実践も上山（2018）をはじめとする研究者によって進められ、書籍化もされている。小学校、中学校に比べると、「話すこと・聞くこと」の指導に消極的とされる高校教師は、実社会・実生活で活用することのできる言語能力について、高等学校段階でも系統的・継続的な学習指導を行うことが求められるのではないか。

参考文献

1　『デボノ博士の「6色ハット」発想法』（E．デボノ・松本道弘（訳）、ダイヤモンド社、1986年11月1日）

2　『ディシジョン・メイキング　賢慮と納得の意思決定術』（堀公俊・加藤彰、日本経済新聞出版、2017年7月31日）

3　『小学校国語科 合意形成能力を育む「話し合い」指導 ―理論と実践―』（長谷浩也・重内俊介、明治図書、2018年9月21日）

4　「合意形成を図る話し合いの指導に関する実践的研究　―必要な能力を内包した教材開発とその活用を中心に―」（萩中奈穂美・米田猛、『富山大学人間発達科学部紀要』第11巻第1号、富山大学人間発達科学部、2016年）

5　『［実用のことば］会議を変えるワンフレーズ』（堀公俊、朝日新聞出版、2017年5月19日）

6　『新訂　一枚ポートフォリオ評価 OPPA』（堀哲夫、東洋館出版、2019年8月11日）

7　『対話力がぐんぐん伸びる！　文字化資料・振り返り活動でつくる小学校国語科「話し合い」の授業』（香月正登　上山伸幸　国語教育探究の会、明治図書、2018年1月5日）

9　堀哲夫（2019）『新訂一枚ポートフォリオ評価 OPPA』東洋館出版

〔三好健介〕

2 B書くこと
メール、SNS を利用する際のマニュアルを作成しよう

キーワード 「主体的に学習に取り組む態度」の評価

単元名	内容のまとまり
メール、SNS を利用する際のマニュアルを作成しよう	〔知識及び技能〕 (1)言葉の特徴や使い方に関する事項 〔思考力、判断力、表現力等〕 「B書くこと」

授業例

1 単元の目標

(1) 話し言葉と書き言葉の特徴や役割、表現の特色を踏まえ、正確さ、分かりやすさ、適切さ、敬意と親しさなどに配慮した表現や言葉遣いについて理解し、使うことができる。 〔知識及び技能〕(1)イ

(2) 目的や意図に応じて書かれているかなどを確かめて、文章全体を整えたり、読み手からの助言などを踏まえて、自分の文章の特長や課題を捉え直したりすることができる。

〔思考力、判断力、表現力等〕B(1)エ

(3) 言葉がもつ価値への認識を深めるとともに、生涯にわたって読書に親しみ自己を向上させ、我が国の言語文化の担い手としての自覚をもち、言葉を通して他者や社会に関わろうとする。

「学びに向かう力、人間性等」

2 本単元における言語活動

　読み手が必要とする情報に応じてマニュアルを書き、作成したものを検討し、批評し合う。 （関連：〔思考力、判断力、表現力等〕B(2)イ）

3 単元の評価規準 ■■■■■■■■■■■■■■■■■■■■■■■■■■■■■■■

知識・技能	思考・判断・表現	主体的に学習に取り組む態度
①書き言葉の特徴や役割、表現の特色を踏まえ、正確さ、分かりやすさ、適切さ、敬意と親しさなどに配慮した表現や言葉遣いについて理解し、使っている。((1)イ)	①「書くこと」において、目的や意図に応じて書かれているかなどを確かめて、文章全体を整えたり、読み手からの助言などを踏まえて、自分の文章の特長や課題を捉え直したりしている。(B(1)エ)	①マニュアルの作成を通して、書き言葉の特徴を理解し、批評し合う活動を経て、自分の文章の特長や課題を粘り強く捉え直そうとする中で、自らの学習を調整しようとしている。

4 指導と評価の計画（全5単位時間想定）■■■■■■■■■■■■■

【単元の流れ】

次	学習活動	指導上の留意点	評価規準・評価方法等
1	○単元の目標や進め方を確認し、学習の見通しをもつ。 ○メール、SNSを用いた文章を作成する際に気を付けていること、心がけていること等を個人で挙げる。 ○グループをつくり、個人で作成した付箋を持ち寄り、メール、SNSの文章の特徴について共通点及び相違点を整理し、グループ内でまとめる。 ○まとめた内容をワークシートに記述する。	・ここでまとめた内容を基に、マニュアルの作成を行うことを確認しておく。 ・後で比較がしやすいよう付箋を用いて整理させる（ICT機器を活用して共有することも可能）。 ・言葉の使い方や表現の特色にも注目させる。 ・少数意見についても、その妥当性について丁寧に検討させる。	[知識・技能] ① 「記述の確認」ワークシート ・書き言葉の特徴や役割、表現の特色を踏まえ、正確さ、分かりやすさ、適切さ、敬意と親しさなどに配慮した表現や言葉遣いについて理解し、使っているか確認する。
2	○グループ内でメール及びSNSのマニュアルの作成担当者をそ	・マニュアルを作成する目的を「新入生に、分かりやすく使用方	

94

	○れぞれ決め、作成班をつくる（1班3名程度）。 ○図書館の本やインターネット等を用いて、いくつかのマニュアルを参照しながら、作成の方向性を確認する。 ○各作成班でそれぞれマニュアルの作成を進める。 ○マニュアル（案1）が完成した後、同じグループの中でお互いのマニュアルを比較し、良い点や改善点について批評し合う。 ○他者の意見を参考にしながら各作成班で改善案を検討し、マニュアル（案2）を完成させる。 ○マニュアル（案2）について、同じ題材を選択した別のグループの作成班同士で交換し、批評し合う。 ○他の作成班から指摘された意見を参考に、マニュアルを完成させる。	・法を伝えること」と設定し、全体で共有する。 ・マニュアルのフォーマットを示す。作成は編集・修正がしやすいようICT端末を用いる。 ・マニュアルの作成に当たっては、読み手が理解しやすいように構成、言葉遣いなどを工夫させる。 ・批評の際は、適宜メモをとるよう指示する。 ・メール、SNSそれぞれの文章の特徴を捉えながら、マニュアルとしての内容の充実さ、分かりやすさなど、いくつかの項目に基づいて比較し、分析させる。 ・改善した内容については、その理由も含めてワークシートに整理させておく。 ・ここではできるだけ客観的な意見を出し合うために、ICT端末によって資料を共有し、匿名の状態でコメント機能を用いて批評し合う。 ・付されたコメントについて作成班で検討させ、適宜同じグループ内での意見交換も促す。	[思考・判断・表現]① 「行動の観察」話合い、コメントの記述 「記述の分析」ワークシート ・マニュアルの作成を通して考えたことや他の班が作成したマニュアルとの比較を通して気が付いたことを中心に話合いを進め、自分の文章の特長や課題を捉え直し、考えを深めているかを分析する。
3	○完成したマニュアルをポスターセッション形式で共有し、それぞれのマニュアルの中で、最も優れていると思うものを決	・発表の際には、マニュアルの内容だけでなく、作成に当たってどのような工夫をしたか、批評を通してどのように改	[主体的に学習に取り組む態度]① 「記述の分析」 振り返りシート ・振り返りシートの記述を基に、批評し合

める。 ○作成の振り返りを行う。	善したかについても言及させる。 ・振り返りシートには、これまでの学習活動を通して、言葉に対する自分の考えがどのように変化したかを振り返るように促す。	う活動を経て、自分の文章の特長や課題を粘り強く捉え直そうとしているかを分析する。 （これまで取り組んだワークシートや第二次におけるコメントの内容も適宜参照する。）

5 観点別学習状況の評価の進め方 ■■■■■■■■■■■■■

　共通必履修科目「現代の国語」の「内容」の〔思考力、判断力、表現力等〕「B書くこと」に関する指導については、「内容の取扱い」(1)イに「30〜40 単位時間程度を配当するものとし、計画的に指導すること」と示されている。このことを踏まえ、本事例では、「B書くこと」に関する資質・能力を目標として掲げ、単元のまとまりの中でその育成を重点的に図る指導と評価の計画を示している。なお、本事例では、特に、「主体的に学習に取り組む態度」の評価について詳細に説明する。

(1)〔知識・技能〕の評価

　〔知識・技能〕①の「書き言葉の特徴や役割、表現の特色を踏まえ、正確さ、分かりやすさ、適切さ、敬意と親しさなどに配慮した表現や言葉遣いについて理解し、使っている」状況を、ワークシートの記述から見取り、第1次に評価している。

　ここではマニュアルの作成に当たり、まず日頃メールや SNS を用いる際に気を付けていること等について、個人で考える活動を行った。その際言葉の使い方や文章の特徴についても考えるよう促し、日常的に用いている語彙や文章の特徴にどの程度関心をもっているのかを確認させ、言葉や表現に対する理解を深める契機とした。活動の際には付箋を用いて整理させることで、グループで意見をまとめる際に整理しやすくしている。

生徒の記述を確認すると、「メールを送る際には宛先をよく確認する」や「SNSを用いるときは個人情報の流出に注意する」といった使用面に関する記述が見られる中で、多くの生徒がSNS上での文章の特徴について「話し言葉を使うことが多い」、「短文や単語でのやりとりが多い」、「平易な表現」、「形式は自由」等の意見を挙げていた。メールでの文章の特徴についても「主に書き言葉を使う」、「形式的」、「敬意表現などを用いる」、「長文は好まれない」等の意見が出た。これらは日常的にメール及びSNSを介したやりとりを行っている相手との関係にも左右されるが、生徒が日頃用いている言葉や表現に関心をもち、場面に応じて適切な語彙や表現を選択する必要があると考えていることが改めて確認できた。その後それぞれが記述した付箋を持ち寄り、他の生徒との話合いを通して考えを深め、共通点や相違点について検討した内容をワークシートに記述させた。

【第1次に用いるワークシートの例】

本次では、ワークシートの記述から「書き言葉の特徴や役割、表現の特色を踏まえ、正確さ、分かりやすさ、適切さ、敬意と親しさなどに配慮した表現や言葉遣いについて理解を深めている」姿を「おおむね満足できる」状況（B）と捉えている。

生徒Aの記述ではメールやSNSにおける言葉の使い方や文章の特徴につい

て、「SNSでは話し言葉が用いられることが多い」（相違点）、「どちらも短く分かりやすい文章が好まれる」（共通点）等の記載があり、「正確に読み手に要点を伝えることが書き言葉の役割であり、マニュアルを作成するときには、書き言葉を用いて短い文で書くことがふさわしいと思う」とまとめていた。これらの記述から上述の評価規準を満たしていると判断し、「おおむね満足できる」状況（B）と評価した。

(2) ［思考・判断・表現］の評価

　［思考・判断・表現］①の「『書くこと』において、目的や意図に応じて書かれているかなどを確かめて、文章全体を整えたり、読み手からの助言などを踏まえて、自分の文章の特長や課題を捉え直したりしている」状況を、「批評し合う活動を通して、自分の考えを深めている」姿（「おおむね満足できる」状況（B））と捉え、第2次に評価した。

　ここではメール、SNSそれぞれの文章の特徴を踏まえたマニュアルを作成させることで、前次の学習でまとめた書き言葉への理解を深めた上で、読み手に分かりやすく伝えるためにはどのような文章構成や言葉遣いを用いればよいかを考えさせることをねらいとしている。さらにその後に行う批評し合う活動では、自分たちのマニュアルと他の班のマニュアルを比較・分析し、改善点について検討することで、各々が思考力、判断力、表現力等を働かせながら、文章や言葉に対する自分の考えをより深めることを目指している。評価については、マニュアルの案を作成した後、批評し合う活動を通して自分の文章の特長や課題を捉え直している状況を、話合いの様子やワークシートの記述から見取っている。

　マニュアルの作成に当たっては、まず作成する目的を「新入生に、分かりやすく使用方法を伝えること」と設定した。読み手を具体的に想定することで、文章の構成や言葉の選び方等について配慮や工夫を促した。作成する際は編集・修正のしやすさの観点からICT端末を用いている。教師は適宜作成の様子を確認しながら、必要に応じて支援を行った。

　マニュアルを作成した後は、グループ内でお互いのマニュアルを披露し、批評し合う活動を行った。批評し合う際には、「文の長さは適切か」や「表現は

工夫されているか」等あらかじめ比較・分析する項目をいくつか設定し、適宜メモをとるよう指示した上で、話合いをさせた。活動後は各々の班で出された意見を踏まえ改善点について検討し、マニュアルの校正を行わせた。なお批評し合う活動の際に、なかなか意見が出せないでいる生徒に対しては、適宜教師が助言や発問を行うことで、主体的に参加できるよう促している。

2回目の批評し合う活動では、学習の過程が残るようICT端末のコメント機能を用いて記録に残すことにより、一つ一つの指摘に対して丁寧に検討できるようにするとともに、匿名の状態にすることで読み手ができるだけ客観的な意見を出せるようにした（教師は発言者について把握できる状態にしておき、適宜評価にも用いている）。その後付されたコメントを基にどのような改善が必要かを各班で話し合い、マニュアルを完成させた。

【作成されたマニュアルと付されたコメントの抜粋】

〈メールを送る際に気を付けること〉
・始まりの文の書き方について

例１
○○先生
こんばんは。1年○組の○○です。
夜遅くに申し訳ありません。
先ほど提出したノートについてご相談があります。

例２
夜遅くにすいません、さっきの提出物の件です。

二つの例を紹介していますが、始まりの文としてふさわしいものは**例１**で、メール文では本題に入る前に、挨拶文とともに自分の名前を名乗るのがマナーです。**例２は自分の名前を名乗っていませんし、言葉遣いもふさわしくありません。**このような文を書かないように気を付けましょう。相手がよく知っている先生だとしても、きちんと挨拶をすることが大切です。もちろん丁寧な言葉遣いも心がけましょう。

> 具体例があって分かりやすいと思います。

> 一文が長すぎると思った。ここで区切った方が読みやすい。

> 例１の説明の中に例２の内容が混じっていて少し読みにくいと感じました。

生徒Ｂの班では、1回目の批評し合う活動において「一文が長くて内容が伝わりにくい」という指摘を受け、一文が長くなっている原因を「説明のための言葉が必要以上に多くなってしまっている」ことと捉え、「より端的に表現できる言葉を選ぶことで文を短くする」ことを目指し、マニュアルの校正を行った。2回目の批評し合う活動では「表現に工夫がみられる」というコメントが複数付いており、改善が良い結果につながっているように思われた。

【生徒Bの班が作成したマニュアル（案1）及び（案2）の一部】

案1

〈SNS でのトラブルを防ぐために〉

・使い分けを意識しよう！

　SNS には、グループ内で気軽にやりとりを行うものと大勢の人とつながる中で情報交換をするものとがあり、特に大勢の人と情報交換する SNS は、すぐに情報を手に入れることができたり、皆で同じ話題を共有することができたりする一方で、一つ間違えると、個人情報が流出してしまったり、トラブルに巻き込まれてしまったりすることもある。それぞれの良い点と悪い点をしっかりと認識した上で、状況に応じた使い分けを意識することが重要である。

> 1回目の批評し合う活動において、下線部の一文が長くて内容が伝わりにくいという指摘を受ける。

案2

〈SNS でのトラブルを防ぐために〉

・使い分けを意識しよう！

　SNS には、グループ内で気軽にやりとりを行うものと大勢の人とつながる中で情報交換をするものとがある。特に後者は、即時の情報獲得や話題共有が可能となる一方で、個人情報の流出やトラブルに巻き込まれるリスクもある。それぞれの利点と危険性を正しく認識した上で、状況に応じた使い分けを意識することが重要である。

> 文の長さが適切で表現も工夫されていると思います。

> 文章全体が硬い印象を受ける。

　作成時に記述させたワークシートでは、以下のような記述がみられた。

【生徒Bのワークシートの一部】

最初は丁寧に説明することを意識して作成していたが、「一文が長くて分かりにくい」と指摘されたので、例えば「○○」を「△△」という表現に修正したりして、より端的な言葉を用いて文を短くするように心がけた。2回目の批評の際には「文の長さが適切で、表現も工夫されていてよい」というコメントを多くもらえたので、しっかり改善できたと感じている。一方で1回目にはなかった「全体的に文章が硬い印象を受ける」というコメントがあり、端的な表現ばかりでも良くないのだなと感じた。硬い表現が続くと新入生は読みづらいと感じてしまうと思うので、より分かりやすく伝えるためには端的な表現と親しみやすい表現のバランスが重要だと思った。

　マニュアル作成時の話合いの様子や上記ワークシートの記述内容、批評し合う活動におけるコメントの記述等から総合的に判断し、評価規準を満たしていると捉え、「おおむね満足できる」状況（B）とした。なお指摘された課題について深く検討せずに改善しようとしている生徒や、改善案がきちんと練られていないまま作成を進めようとしている生徒については、教師が必要に応じて支援を行い、課題と改善案の妥当性について再考を促している。

> 批評し合う活動では、ICT端末を用いたコメント機能を有効に活用することで、より積極的に意見を出せるようにしている。コメントは記録として保存しているため、生徒は時間をかけて一つ一つの意見を丁寧に検討することができる。また第3次の「主体的に学習に取り組む態度」の評価の際に、教師が適宜振り返って参照することも可能である。

(3)［主体的に学習に取り組む態度］の評価

　［主体的に学習に取り組む態度］①「マニュアルの作成を通して、書き言葉の特徴を理解し、批評し合う活動を経て、自分の文章の特長や課題を粘り強く捉え直そうとする中で、自らの学習を調整しようとしている」状況を、「相手の理解が得られるよう表現や言葉遣いを工夫する中で、自らの学習を振り返りながら自分の文章の特長や課題を粘り強く捉え直そうとしている」姿（「おおむね満足できる」状況（B））と捉え、第3次に評価した。　第3次では完成させたマニュアルをポスターセッション形式で発表し相互評価をさせた上で、振り返りシートによる振り返りを行った。

　［主体的に学習に取り組む態度］の評価に当たっては、これまでの学習活動を通して見取ってきた［知識・技能］及び［思考・判断・表現］の観点との関連を図ることが重要である。　本事例においては、書き言葉の表現や言葉遣いについて理解を深めた上で（「知識及び技能」の獲得）、自分の文章の特長や課題を捉え直し、考えを深めていく（「思考力、判断力、表現力等」を働かせる）中で、自らの学習を調整しようとしている姿を見取っている。評価に当たっては、これまで取り組んだワークシートや第2次におけるコメントの内容も踏まえつつ、各次の最後に記述させた振り返りシートを基に分析し、評価している。ここでは生徒Cの記述を参照する。

【生徒Cの振り返りシートの一部】

【メール、SNSにおける文章の特徴について話し合ってみて（第1次）】

> 日頃は何気なく用いていた言葉や文章についてじっくり考えるきっかけになった。SNSはよく使うし人の書いた文章を読むことも多いけど、改めて考えるとSNSは文字を書いているのに話し言葉を用いることが多いのがおもしろいと思った。書き言葉で文章を書くのは時間もかかるし面倒なので普段はあまり使わないけれど、書き言葉のほうが読み手への敬意を表すことができたり、客観的な印象を与えることができたりすると思うので、今回の学習を通してたくさんの言葉を身

に付けたいと思う。

【作成したマニュアルについて批評し合う活動を通して（第2次）】

批評し合う活動では、1回目のときに「同じ言葉や表現が何度も出てくる」と指摘されたので、班の中で案を出し合ったり、類義語辞典なども活用したりしながら表現を改善することを心がけた。
自分たちの書いた文章を批評してもらえると、作成時には気がつかなかったいろいろな課題が発見でき、とても勉強になった。また他人の文章を批評するときには、文の長さやつながり、表現の工夫など普段はあまり意識していない部分に注目して文章を読むことができた。まだまだ自分の考えを相手にうまく伝えられていないと感じたので、もっとたくさんの言葉や表現を学び、場面に応じて適切に使えるよう努力したい。

【今回の学習を振り返って（第3次）】

マニュアルを作成してみて、書き言葉に対する理解を深めることができた。私は普段SNS上で自分の書いた文章をいちいち読み返して確認することはなかったが、今回読み手を意識して文章を書くことで、自分が使っている言葉遣いや表現について客観的に見つめ直すことができた。
これまでは自分が知っている言葉だけで文章をつくっていたので、新しい言葉を探す作業はとても勉強になったし、学んだ言葉を使って文章を作成するのはとてもおもしろかった。大学生や社会人になるとレポートや報告書などを作成する機会も増えると思うので、今回の学習を生かして、今後は日頃から新聞などを積極的に読んで語彙を増やし、様々な場面で使用しながら言葉や表現についての理解を深める努力をしていきたいと思う。

　生徒Cの記述を踏まえると、第1次の段階においては言葉への興味・関心が高まってはいるが、まだ語彙を増やすことにしか考えが及んでいなかった。しかし第2次では、マニュアルを作成したり批評し合う活動を行ったりすることを通して、ただ語彙を増やすだけでなく、言葉を場面に応じて適切に使用することの大切さについても考えを深めている様子がうかがえた。さらに他者から指摘された課題について検討を重ねたり、辞書等を活用したりして、自分の文章を粘り強く改善しようとした姿も確認することができ、単元の最後に記述させた【今回の学習を振り返って】では、新聞等を読むことで語彙を増やしながら様々な場面を捉えて言葉や表現への理解を深めようとするなど、今後の自らの学習を調整しようとしている姿も見取ることができる。以上の点から評価規準に照らして「おおむね満足できる」状況（B）とした。

　「十分満足できる」状況（A）については授業担当者間で検討し、「おおむね満足できる」状況（B）の評価規準を満たした上で、自分の文章の特長を他人の文章と比較しながら具体的に捉えられていたり、文章の課題について客観的

に分析し、妥当性のある改善策を提案できていたりする場合に、「十分満足できる」状況（A）と評価することとした。

　また下記の生徒Dのように学習活動に関する感想を述べるに留まっているものや、批評し合う活動を行ったが自分の文章の特長や課題を捉え直すことができていない場合には、「努力を要する」状況（C）と判断した。

【生徒Dの振り返りシートの一部】

【今回の学習を振り返って（第3次）】

> マニュアルの作成は思ったよりも難しかった。普段はメールもSNSも使わないのであまり実感が湧かなかったが、これからは使う場面も増えてくると思うので、使用方法をしっかり学んでおきたい。

　「努力を要する」状況（C）と判断した生徒については、これまで記述したワークシートの内容や付されたコメント等について振り返らせるとともに、他の班が作成したマニュアルの優れた点を例に出しながら教師が助言することで、改めて自分の文章の特長や課題を捉え直すよう促した。

ポイント　振り返りシートを各次の学習活動の最後に記入させておくことによって、生徒も教師も変容の過程を確認しやすくなる。

6　実践に当たって ▮▮▮▮▮▮▮▮▮▮▮▮▮▮▮▮▮▮▮▮▮▮▮▮▮▮▮▮

　今回の授業実践例では、メール及びSNSの文章を題材にした。SNSは今や高校生にとって最も身近なコミュニケーションツールとなっている。学校内でもGIGAスクール構想のもとICT機器の活用が増えたことでメールを使用する機会も増えた。今後ますますこのようなツールが発達し、生徒たちの利用が増えていくことは確実である。

　一方で、高等学校国語科の授業ではなかなか「書くこと」の授業の研究が進んでいないように思われる。「書くこと」の授業は添削等に時間がかかる上、定期テストとの関連を図ることも容易ではない。また、「何をどのように書いたらよいか分からない」、「書くことがない」など生徒にとっては負担が大きく、

教員にとっても書くことに強い抵抗をもつ生徒をどのように指導するべきか、分かりづらい部分が大きい。私自身も教壇に立っていたころには授業計画を立案する際に頭を悩ませていた記憶がある。

　とはいえ、生徒たちは SNS を用いて日々「書くこと」を行っている。決して「書くこと」は嫌いではないし、「書くこと」がないわけでもないのである。今回紹介した実践例では、生徒の主体的な言語活動を軸に、ICT 端末を活用しながら「書くこと」の授業を行っている。これまでは「書くこと」というと原稿用紙と向き合って個人的な活動を通して行うことが多かった印象だが、ICT 端末を効果的に使用することで校正や添削も容易となり、生徒同士で主体的に批評し合う活動も行いやすい。また、SNS を題材とすれば、生徒の「書くこと」への抵抗感も軽減されることが考えられる。本事例は生徒の学習レベルに関わらず実践できる例として提案しているので、参考にされたい。

　学習指導要領の改訂に伴い、高等学校の現場でも本格的に観点別学習状況の評価が行われることとなった。この本を手に取っておられる先生方におかれても、実際にどのように評価するべきか悩みながら、日々生徒と向き合っておられることと推察する。先生方には、これまでの経験に裏付けられた教育活動を根本的に変えようとするのではなく、本質はそのままに新たな切り口やツールを加え、生徒のさらなる学びにつなげていく視点をもって取り組んでいただきたく思う。

〔髙辻正明〕

3 C読むこと
文章における論理の展開を理解し、要旨を捉えよう

「知識・技能」の評価

単元名	内容のまとまり
文章における論理の展開を理解し、要旨を捉えよう	（知識及び技能） (1)言葉の特徴や使い方に関する事項 （思考力、判断力、表現力等） 「C読むこと」

授業例

1 単元の目標 ■■■■■■■■■■■■■■■■■■■■■■■■■

(1) 文、話、文章の効果的な組立て方や接続の仕方について理解することができる。

〔知識及び技能〕(1)オ

(2) 文章の種類を踏まえて、内容や構成、論理の展開などについて叙述を基に的確に捉え、要旨や要点を把握することができる。

〔思考力、判断力、表現力等〕C(1)ア

(3) 言葉がもつ価値への認識を深めるとともに、生涯にわたって読書に親しみ自己を向上させ、我が国の言語文化の担い手としての自覚をもち、言葉を通して他者や社会に関わろうとする。

「学びに向かう力、人間性等」

2 本単元における言語活動 ■■■■■■■■■■■■■■■■■■■

論理的な文章を読み、論理の展開図を作成し、要約をする。

（関連：〔思考力、判断力、表現力等〕C(2)ア）

3 単元の評価規準 ■■■■■■■■■■■■■■■■■■■■■■■■■■■■■

知識・技能	思考・判断・表現	主体的に学習に取り組む態度
①文章の効果的な組立て方や接続の仕方について理解している。((1)オ)	①「読むこと」において、文章の種類を踏まえて、内容や構成、論理の展開などについて叙述を基に的確に捉え、要旨や要点を把握している。(C(1)ア)	①論理の展開図を作成し、文章を要約することを通して、文章の効果的な組立て方について理解し、内容や構成、論理の展開などについて叙述を基に的確に捉え、粘り強く要旨や要点を把握する中で、自らの学習を調整しようとしている。

4 指導と評価の計画（全5単位時間想定）■■■■■■■■■■■■

【単元の流れ】

次	学習活動	指導上の留意点	評価規準・評価方法等
1	○単元の目標や進め方を確認し、学習の見通しをもつ。 ○二項対立を用いて書かれた複数の例文を読み、その共通点や相違点についてワークシートⅠに記述する。	・単元の目標を明確にし、学習活動の説明をする。毎時間の終わりには振り返りシートへの記入をさせる。 ・例文として、新書の一部や新聞の社説等を示す。 ・論理の展開に着目させ、二項対立が用いられていることを認識させる。	［知識・技能］① 「記述の点検」<u>ワークシートⅠ</u> ・二項対立を用いた、文章の効果的な組立て方についての理解がみられる記述をしているかを点検する。 ※本単元では、［知識・技能］については2段階で評価を行う。第1次で候補を挙げ、第3次で解決する。
2	○第1次で読んだ文章の論理の展開につい	・ワークシートⅡには、論理の展開図を	

	てワークシートⅡに記入する。 ○本単元の主たる教材となる文章を読み、グループで意見を述べ合いながら、ワークシートⅢに段落ごとの論理の展開図を作成する。 ○作成した展開図について全体の前で発表し、共有する。 ○段落ごとの簡潔な要約と文章全体の100字要約を、ワークシートⅢに記述する。	示し、生徒が個人で空欄補充をできるようにする。 ・展開図の形も含め、グループで話し合って作成するように指示する。 ※展開図はICT端末を用いて作成・提出させることも考えられる。 ・他の班の発表を聞いて気付いたことはワークシートⅡにメモするように指示する。 ・各グループが発表するのは一つの段落の展開図とする。 ・展開図は書画カメラ等を用いて全体で共有できるようにする。 ・要約は個人で行わせる。	[思考・判断・表現] ① 「記述の確認」 ワークシートⅢ ・文章における論理の展開について叙述を基に的確に捉え、要約をしているかを確認する。
3	○グループで、二項対立の手法を用いて書かれた他の文章を読み、その論理の展開と、二項対立を用いた効果についてワークシートⅣに記述し、グループ内で発表する。 ○本単元の学習を振り返る。	・教師が準備した文章を各グループに割り当てる。 ※時間に余裕があれば、学校図書館で文章を探させることも考えられる。 ・各時間の終わりに書いた振り返りシートのコメントを見ながら、本単元における自らの思考の過程を客観的に捉えるよう促す。 ※ICT端末を用いて記述・提出させることも考えられる。	[知識・技能] ① 「記述の確認」 ワークシートⅣ ・二項対立を用いた、文章の効果的な組立て方についての理解がみられる記述をしているかを確認する。 [主体的に学習に取り組む態度] ① 「記述の分析」 振り返りシート ・文章における論理の展開について、考えを深めようとしているかを分析する。

5 観点別学習状況の評価の進め方 ▮▮▮▮▮▮▮▮▮▮▮▮▮

　共通必履修科目「現代の国語」の「内容」の〔思考力、判断力、表現力等〕「C読むこと」に関する指導については、「内容の取扱い」(1)ウに「10〜20 単位時間程度を配当するものとし、計画的に指導すること」と示されている。このことを踏まえ、本事例では、「C読むこと」に関する資質・能力の育成を目標として掲げ、単元のまとまりの中でその育成を重点的に図る指導と評価の計画を示している。なお、本事例では、特に、「知識・技能」の評価について詳細に説明する。

(1) 〔知識・技能〕の評価

　〔知識・技能〕①の「文章の効果的な組立て方や接続の仕方について理解している」状況を、「二項対立を用いた、文章の効果的な組立て方についての理解がみられる記述をしている」姿（「おおむね満足できる」状況（B））と捉え、第1次に行った評価も踏まえ、第3次に総括的に評価した。

　国立教育政策研究所『「指導と評価の一体化」のための学習評価に関する参考資料　高等学校国語』(p.10、令和3年8月）には、「知識・技能」の評価について、

　　　「知識・技能」の評価は、各教科等における学習の過程を通した知識及び技能の習得状況について評価を行うとともに、それらを既有の知識及び技能と関連付けたり活用したりする中で、他の学習や生活の場面でも活用できる程度に概念等を理解したり、技能を習得したりしているかについても評価するものである。

と示されている。このことを踏まえ、まず第1次では、複数の文章を読んだ上で、その共通点や相違点についてワークシートに記述することを通して、生徒が二項対立という表現の手法について認識することができるように促した。その上で、第3次において、単元を通して学んだ二項対立に関する知識を、初読の文章の読解に活用できるようになったかを確認し、最終的に概念として理解できているかを評価した。

第1次では、二項対立が用いられた比較的平易な文章を複数読み、その共通点と相違点についてワークシートⅠにまとめる活動を行った。生徒には、単元の目標のとおり、論理の展開に着目するように指示した。評価は、ワークシートⅠの記述が、二項対立に着目したものであり、具体的であるかどうかを規準とした。

【生徒XのワークシートⅠの記述】

○文章Ⅰの論理の展開について 　たくさんの場面を挙げ、それぞれにおける大人と子供のものの見方について淡々と紹介していき、最後にそれぞれをまとめている。
○文章Ⅱの論理の展開について 　「機械が人間よりも優れているという考え方」について、冒頭から疑問を投げかけており、その根拠として、人間と機械の違いを複数挙げて、人間がいかに優れた知能を持っているかについて述べている。
○共通点 　文章Ⅰは「大人と子供」、文章Ⅱは「人間と機械」のように、二つを対比させる形で話を展開していた。どちらの文章も、こうすることで、読者が比較して考えられるようにしているのだと思う。
○相違点 　文章Ⅰはものを見る際の視点について、大人と子供を比較しながら話を進めていき、その優劣については述べていないが、文章Ⅱでは、機械の限界を示すことで、人間の優れている点がはっきりと分かるようになっている。

　ここでは、生徒XのワークシートⅠの記述を示した。

　生徒Xは、両方の文章が二項対立の手法を用いて書かれていることを認識しており、筆者が対比しているものについて具体的に記述している。そのため、評価規準を満たしていると判断し、「おおむね満足できる」状況（B）と評価する候補とした。

　「努力を要する」状況（C）の候補と判断したものとしては、対比されているものを具体的に記述できなかったり、誤ったものを記述したりした例が挙げられる。Cの候補と判断した生徒に対しては、最終的にBを実現するための具体的な手立てとして、それぞれの文章について、段落ごとに対比構造を整理した上で、全体として何と何が対比されているのかを再度考察してみるよう助言した。

第3次では、グループごとに、二項対立を用いて書かれた文章を読み、個人でその論理の展開と、二項対立を用いたことの効果についてワークシートⅣにまとめ、グループ内で発表し、意見を述べ合う活動を行った。単元を通して学習してきた二項対立を初読の文章中に見出し、その効果について適切に述べているかについて、ワークシートⅣの記述によって確認した。

【生徒XのワークシートⅣの記述】

○論理の展開

〈かつての日本〉
・生活音がいたるところに豊富にあった
・人々は生活音に寛容であった
・生活音は公的な情報であった

〈現代の日本〉
・生活音をノイズとして遮断する
・自分の音の世界にひきこもる
・メディアから公的な情報を得る

「かつて」を想起することには意味がある。

○（　二項対立　）の効果
「かつての日本」と「現代の日本」を対比することで、生活音や情報に対する日本人の感覚の変化をおおまかに捉えられるようになっており、「かつての日本」にあった感覚を想起することが重要だとする筆者の主張が分かりやすく伝わるようになっている。

　ここでは、第1次でBの候補と判断した生徒XのワークシートⅣの記述を示した。

　生徒Xは、新たにグループで読んだ文章中に二項対立が用いられていることを認識し、内容を理解することができていることが分かる。対比されているもの、対比の視点を明確に示した上で結論を読み取っているからである。また、二項対立を用いることによる効果についてもおおむね適切に捉えることができている。これらのことから、第1次において評価規準を満たしている状況に加え、第3次では、単元を通して身に付けた知識を、初読の文章においても活用できていると総括的に判断し、「おおむね満足できる」状況（B）とした。

　一方、第1次で「努力を要する」状況（C）の候補と判断し、第3次においても二項対立を用いた論理の展開及びその効果を把握できなかった生徒につい

ては、最終的にCと評価した。Cと評価した生徒には、Bを実現するための具体的な手立てとして、本単元で読んだ文章と、自分が記述したワークシートの内容を比較し、再度それぞれの文章の論理の展開を確認するように助言した。

 「読むこと」に関する「知識・技能」について、主として学習した教材だけではなく、初読の文章においても活用することができるかを単元の最後に確認し、概念的に理解できているかを評価する。

(2)［思考・判断・表現］の評価

　［思考・判断・表現］①の「『読むこと』において、文章の種類を踏まえて、内容や構成、論理の展開などについて叙述を基に的確に捉え、要旨や要点を把握している」状況を、「文章における論理の展開について叙述を基に的確に捉え、要約している」姿（「おおむね満足できる」状況（B））と捉え、第2次に評価した。

　『高等学校学習指導要領（平成30年告示）解説国語編』（P.99）では、

　　　内容や構成、論理の展開などについて叙述を基に的確に捉えるとは、その文章が書き手の主張を支えるために、材料としてどのようなものを選び、それをどのように組み立て、どのような筋道で考えなどを述べているのかを、文章の叙述を基に的確に捉えることである。

と示され、また、

　　　要旨とは、文章の内容の中心的な事柄や書き手の考えの中心となる事柄のことである。

とも述べられている。このことを踏まえ、第2次においては、第1次で読んだ複数の文章とは異なる、二項対立が用いられた論理的な文章を教材とし、文章がどのように組み立てられ、どのような筋道で筆者の考えが述べられているのかを、グループで話し合いながら展開図を作成し、要約する活動を通して学習できるように工夫した。

　評価は、文章における論理の展開について的確に把握できているか、そしてそれを基に要旨を捉えられているかに注目し、ワークシートⅢを確認することで行った。そのため、ワークシートⅢには、第2次に読んだ論理的な文章の段

落ごとの展開図を作成する欄、段落ごとに簡潔に要約を記述する欄、そして文章全体の100字要約を記述する欄を設けた。

　なお、本事例における要約については、「書くこと」の資質・能力を育成するための活動ではなく、前述のとおり、「読むこと」において、「内容や構成、論理の展開などについて叙述を基に的確に捉え、要旨や要点を把握」できるようにすることを目標とし、それを評価するための活動として行った。よって、評価に当たっては、要約文としての質のみを評価するのではなく、二項対立を意識した上での要約文となっているかを中心に評価するよう留意した。

【生徒YのワークシートⅢの記述】

第1段落
〈展開図〉
日本の「鹿おどし」　　　　　　　ニューヨーク（西洋）の「噴水」 流れる水　　　　　　　　　　　　吹き上げる水 流れてやまないものを　　　　　　人々の気持ちをくつろがせる 感じさせる
〈要約〉
「鹿おどし」は、流れるものをせき止め、刻むことによって、流れてやまないものの存在を感じさせるが、「噴水」は、吹き上げる華やかさによって人々の気持ちをくつろがせていた。
第2段落
〈展開図〉
時間的な水　　　　　空間的な水 　　　　　　　　　　空間に静止する水の造形
〈要約〉
ヨーロッパやアメリカの噴水は、揺れ動くバロック彫刻さながらに水の造形として空間に静止しているように見えた。
（略）
《100字要約》
水を造形する対象と見なす西洋人は噴水として鑑賞するが、形なきものを恐れない心をもつ日本人は水を見る必要さえなく、断続する音を聞いて、その間隙に流れるものを心で味わえばよい。

　ここでは、生徒YのワークシートⅢの記述を示した。

　生徒Yは、グループで意見交換をしながら、その対比構造を捉えた展開図を

書くことができている。第2段落では、本文中に「時間的な水」についての言及がないためか、二項対立については把握できているものの、展開図が不完全なままとなっており、要約も対比を意識したものとはなっていない。しかし、その他の段落では、二項対立を的確に捉えた展開図を書き、それを生かした要約を記述することができていた。また、文章全体の100字要約は、「西洋人」と「日本人」の対比を読み取った上で、文章の要旨を捉えて明快に記述することができている。これらのことから、評価規準を満たしていると判断し、「おおむね満足できる」状況（B）と評価した。

なお、展開図については、グループで話し合いながら作成したため、二項対立を把握して書くことができなかった生徒はいなかった。「努力を要する」状況（C）と評価したものとしては、段落ごとの要約や100字要約が、二項対立を意識したものになっていなかったり、二項対立は意識していても、要旨を捉えることができていなかったりした例が挙げられる。Cと評価した生徒に対しては、Bを実現するための具体的な手立てとして、文章全体として対比されているのが「西洋人」と「日本人」の水に対する考え方であることを確認した上で、各段落を丁寧に読み直すよう助言した。

(3)［主体的に学習に取り組む態度］の評価

［主体的に学習に取り組む態度］①の「論理の展開図を作成し、文章を要約することを通して、文章の効果的な組立て方について理解し、内容や構成、論理の展開などについて叙述を基に的確に捉え、粘り強く要旨や要点を把握する中で、自らの学習を調整しようとしている」状況を、「自らの学習を振り返りながら、文章における論理の展開について、考えを深めようとしている」姿（「おおむね満足できる」状況（B））と捉え、第3次に評価した。

評価には振り返りシートを用いた。振り返りシートには、毎時間の終わりに、その時間の学習内容、成果及び課題を記録させ、単元末に単元の学習全体の振り返りをさせた。これにより、生徒自身が単元の学習を通した自己の変容をメタ認知できるように促すとともに、文章における論理の展開についての知識を獲得する過程における粘り強い取組や学習の調整の様子を分析できるようにした。

【生徒Zの振り返りシートの記述】

	日時	学習内容	学習の成果と課題	先生より
1	○月○日(○) 第○時限	文章Ⅰ・Ⅱを読み、共通点と相違点をまとめた。	文章Ⅰ・文章Ⅱの両方とも、二つのものを比較しているという共通点にすぐに気付くことができた。しかし、相違点が分からず、書くことができなかった。筆者の主張と「比較」の関係について考えながら読み直してみたい。	課題を発見できたことが大きな収穫ですね。ぜひ、次回に生かしましょう。
2	○月○日(○) 第○時限	①文章Ⅰ・Ⅱの論理の展開についてまとめた。②文章Ⅲを読んだ。	文章Ⅲは、文章Ⅰや文章Ⅱ以上に構造が分かりやすかった。日本と西洋の水に対する考え方が何度も比較されているので、文章Ⅰ・Ⅱのように論理の展開を明らかにして、筆者の主張を読み取りたい。	前回の課題を踏まえてⅠとⅡを読み直すことができましたか。
3	○月○日(○) 第○時限	グループで話し合いながら、文章Ⅲの段落ごとの展開図を作成し、全体の前で発表した。	段落ごとに展開図を書いて整理することで、内容をよく理解することができた。今まで漢字や単語の知識がたくさんあれば文章を読めると思っていたけれど、それだけではダメだと思った。	いいことに気付きましたね。では、それはこのジャンルでだけ言えることなのでしょうか。
4	○月○日(○) 第○時限	文章Ⅲの段落ごとの要約と全体の100字要約をした。	要約は大の苦手だが、今回は比較的うまく書けた。文章の構造が分かっていれば、文章をより正確に読むことができ、それによって要約もしやすくなるのだと思った。	見つけた課題に真剣に向き合うことで、力が付いてきているのだと思います。
5	○月○日(○) 第○時限	グループで選んだ文章を読み、論理の展開をまとめ、二項対立を用いる効果を考えて、グループ内で発表した。	私のグループの文章は、前の時間までに読んだものよりも複雑で、論理の展開をうまく図に表すことができなかったが、二項対立自体には気付くことができた。二つの比較によって伝えたいことを分かりやすくしようとする筆者の意図を読み取ることができた。さらに難しい文章でも、論理の展開を見抜けるようになりたい。	筆者の意図を考えながら読めるようになったのですね。最初の時間に書いたことと今回書いたことを比べてみてください。
まとめ	論理の展開を理解して読むことが、正確な読み取りにつながるということが分かった。特に、段落ごとに整理して考えることは、論理の展開を把握し、筆者の主張を読み取るのに役立つと理解できた。ただ、テストのときなど、時間が限られているときに、段落ごとの展開図を書く時間はない。頭の中で展開図をイメージできるようにしなければならない。そのためにも、普段から論理の展開に気を付けて読むように心がけたい。			この単元で、読解力向上のためのヒントをつかめましたね。今後様々な文章を読む際に意識してみましょう。

　例えば、ここで振り返りシートの記述を示した生徒Zは、論理の展開を把握しながら読むことが、正確な読み取りに繋がることを、単元を通して認識していることが分かる。また、単元の最後の授業においては、筆者が二項対立を用いた理由が、主張を分かりやすく伝えようとしていることにあると述べている。そして、毎時間の学習の中で、自らの文章の読み方や学習の仕方をより質の高いものにするために必要なことを考察し、取り組んでいこうとする姿勢が見て取れる。これらのことから、評価規準を満たしていると判断し、「おおむね満足できる」状況（B）と評価した。

　一方、振り返りシートの記述が、「難しかった」や「もっと頑張りたい」などのように、学習したことに対する感想にとどまるものや具体的に述べられていない生徒、また、自己の学習状況を見つめ、よりよく改善しようという意思が明確でなかった生徒については、「努力を要する」状況（C）と判断した。Cと評価した生徒に対しては、Bを実現するための具体的な手立てとして、今後の学習において、まず、自分がその学習を通してできるようになったこととその要因についてできるだけ詳細に記録し、それができるようになったら、自分が学習する上での課題になっていることを記述するように助言した。

　毎時間の学習内容と学習の成果及び課題を書かせた「振り返りシート」を用いて、生徒が知識を獲得する上での粘り強い取組や学習の調整の様子を分析する。

6　実践に当たって ■■■■■■■■■■■■■■■■■■■■■■■■■■

　本実践で「主たる教材」としたのは、「水の東西」である。周知のとおり、この評論は明確な二項対立を用いて書かれており、旧学習指導要領では「国語総合」における定番教材として扱われてきた。指導形態としては、従来は、教科書の脚問を利用しながら読解していき、教師がその論理の展開について生徒に説明する、というものが多かったのではないだろうか。そして知識の定着は定期テストで確認し、その点数によって評価する、というのが一般的であったように思う。

　本実践では、そうした指導と評価のスタイルを離れ、生徒自身に論理の展開、

特に二項対立について把握させられるように工夫した。まず、第1次で、二項対立が用いられた論理的な文章を二つ読ませ、論理の展開を意識させるところから始めた。そして第2次で、論理の展開に着目しながら「水の東西」を読ませた。ここでは、教師からの説明は最小限にとどめ、グループでの話合いを通して論理の展開について考えられるようにした。その上で、個人で段落ごとの要約と全体の100字要約をさせ、論理の展開の把握が論理的な文章の正確な読み取りに資することを認識させた。最後に、第3次で、第2次までに学習したことが他の論理的な文章で応用できることを理解させられるようにした。

　3観点それぞれの評価については前述したとおりだが、特に「知識・技能」について、第1次と第3次の2段階で評価を行った点が本実践の特徴であると考える。定期テストにおいて、授業で読んだ文章を出題して評価するのではなく、授業の中で、他の文章にも応用できる程度に知識を身に付けているかを確認するようにした。

　このように指導と評価を行ったが、課題も残った。評価の場面を精選したが、生徒の記述を分析するのにかなりの時間を要した。また、時間をかけて分析を行っても、それが正しいものなのか、そして本当に生徒の姿を見取れているのか、なかなか確証をもてなかった。これらについては、実践を重ねて教員としての経験値を上げることや、教員間での意見交換を頻繁に行うことによって徐々に改善していくしかないと考えている。

〔鈴木康弘〕

言語文化
【共通必履修科目】　標準単位数：2単位

上代から近現代に受け継がれてきた我が国の言語文化への理解を深める科目

（知識及び技能）	言葉の特徴や使い方に関する事項
	・我が国の言語文化に特徴的な語句 ・本歌取りや見立てなどの我が国の言語文化に特徴的な表現の技法とその効果　など
	情報の扱い方に関する事項
	―
	我が国の言語文化に関する事項
	・我が国の言語文化の特質や我が国の文化と外国の文化との関係 ・時間の経過や地域の文化的特徴などによる文字や言葉の変化 ・我が国の言語文化への理解につながる読書の意義と効用　など

（思考力、判断力、表現力等）	話すこと・聞くこと
	―
	書くこと〔5〜10単位時間程度〕
	・我が国の言語文化に特徴的な語彙や表現の技法を用いて短歌や俳句をつくったり、伝統行事や風物詩などの文化に関する題材を選んで随筆などを書いたりする学習　など 　言語活動例▶・感じたことや発見したことを表す短歌や俳句をつくる 　　　　　　・伝統行事や風物詩などの文化に関する題材の随筆を書く　など
	読むこと〔【古典】40〜45単位時間程度、【近代以降の文章】20単位時間程度〕
	・我が国の伝統や文化をテーマにした論説文や随筆、古典や古典を解説した文章、古典を翻案した小説、近代以降の文学的な文章などを読んで、ものの見方、感じ方、考え方を捉えて内容を解釈したり、我が国の言語文化について考えたりする学習　など 　言語活動例▶・異なる時代に成立した随筆や小説、物語などの読み比べ 　　　　　　・和歌や俳句などの書き換えや外国語訳をする　など
	《教材》・古典の文章（日本漢文を含める） 　　　　・近代以降の文章（文語文・漢詩文を含める） 　　　　・我が国の伝統と文化や古典に関連する近代以降の文章 　　　　・伝承や伝統芸能などに関する音声や画像の資料*

《教材》は、「内容の取扱い」に示されている教材の取扱いの抜粋である。
*は、必要に応じて用いることができる、と示されているものである。

4 A書くこと
優れた歌をヒントに、自分の体験や思いを表現しよう

キーワード 評価方法の工夫（ワークシート、付箋）
見通しと振り返りの工夫

単元名	内容のまとまり
優れた歌をヒントに、自分の体験や思いを表現しよう	**〔知識及び技能〕** (1)言葉の特徴や使い方に関する事項 **〔思考力、判断力、表現力等〕** 「A書くこと」

授業例

1 単元の目標

(1) 我が国の言語文化に特徴的な語句の量を増し、それらの文化的背景について理解を深め、文章の中で使うことを通して、語感を磨き、語彙を豊かにすることができる。

〔知識及び技能〕(1)ウ

(2) 自分の体験や思いが効果的に伝わるよう、文章の種類、構成、展開や、文体、描写、語句などの表現の仕方を工夫することができる。

〔思考力、判断力、表現力等〕A(1)イ

(3) 言葉がもつ価値への認識を深めるとともに、生涯にわたって読書に親しみ自己を向上させ、我が国の言語文化の担い手としての自覚をもち、言葉を通して他者や社会に関わろうとする。

「学びに向かう力、人間性等」

2 本単元における言語活動

優れた歌を参考に、自分の思いや体験を短歌で表現し、その解説をもとに発表する。 （関連：〔思考力、判断力、表現力等〕A(2)ア)

3 単元の評価規準 ▮▮▮▮▮▮▮▮▮▮▮▮▮▮▮▮▮▮▮▮▮▮▮▮▮▮▮▮▮

知識・技能	思考・判断・表現	主体的に学習に取り組む態度
①我が国の言語文化に特徴的な語句の量を増し、それらの文化的背景について理解を深め、語感を磨き語彙を豊かにしている。((1)ウ)	①「書くこと」において、自分の体験や思いが効果的に伝わるよう、文章の種類、構成、展開や、文体、描写、語句などの表現の仕方を工夫している。(A(1)イ)	①学習の見通しをもって、短歌と説明文を作成し、発表することを通して、自分の体験や思いが効果的に伝わるよう、粘り強く表現の仕方等を工夫しようとしている。

4 指導と評価の計画 （全4単位時間想定） ▮▮▮▮▮▮▮▮▮▮▮▮▮▮▮

【単元の流れ】

次	学習活動	指導上の留意点	評価規準・評価方法等
1	○単元の目標や進め方を確認し、「優れた歌をヒントに、自分の体験や思いを表現しよう」という学習の見通しをもつ。《以下、ワークシート①に記入していく》○短歌で表現したい内容を考える。○表現したい内容に沿った歌を選び、その歌から使いたい語句を選び、使いたいと考える理由を考える。○表現したい内容、使いたい語句を考慮して、使いたい修辞法とその理由を考える。○使いたい語句について、同じような意味の語句や表現を使っている和歌・短歌を複数挙げ、先に選ん	・和歌や和歌特有の語句や表現を学ぶことで、表現の幅が広がることを示唆し、関心を喚起する。・和歌や短歌に使われている語句、修辞法をそれぞれ一つずつは使って短歌をつくるよう示す。・グループで、作成した短歌と説明文について発表すること、相互評価することを周知する。・和歌や短歌を多く示す。・現代語訳を取り入れたり、修辞法の説明を付したりするなど、抵抗感を抱かないよう配慮する（便覧の白人一首の解説等を	

	だ和歌・短歌と比較して、より参考になる歌がないかを考える。 ○新しい歌を参考にする場合は、その歌から使いたい語句を選び、使いたい技法とその理由を考える。 ○参考にする歌を決定した理由を記入する。	用いる等も考えられる）。 ・教師から示された和歌や短歌、便覧の百人一首の解説、歳時記や類語辞典、現代語訳付きの和歌集、インターネット検索などを活用させる。 ・和歌や短歌で使われている語句はある一定のイメージを伴うことがあることを示す（「露」ははかないものや命を表すなど）。 ・現在の我々の感覚で判断するのではなく、和歌や短歌でどう使われているかに注目させる。 ・表現したい内容と、使いたい語句が使われている和歌の内容が同じ方向性のものかどうかなどを確認するよう促す。	
	○第1次の学習について感想、考えたこと、気付いたことを振り返る。《振り返りシートに記入する》	・第1次の学習の前よりも理解できたこと、新たに知ったこと、できるようになったことなど、学びの成果に注目するよう促す。	[知識・技能] ① 「記述の分析」ワークシート① ・複数の和歌・短歌、語句、技法を比較し、表現したい内容をより効果的に表現するためによい語句、表現を選び、その理由を述べているかについて、ワークシート①を分析する。
2	《以下、ワークシート②に記入していく》 ○第1次で決定した、使いたい語句、修辞法を用いて、表現したい内容を短歌にする。 ○なぜその語句を用いたのか、なぜその修辞法を用いたのか、説明する文章を書く。 ○ワークシートをグループ内で回覧し、気付いた点やアドバ	・表現したい内容や思いを効果的に伝えるため、語句の使い方や修辞法の使い方を工夫するよう促す。 ・表現したい内容や思いを効果的に伝えるために工夫した点が他者に分かるように、文章を書くよう促す。 ・互いに協力して、短歌と文章をよりよく	

	イスを付箋に記入し、ワークシートに貼付する。 ○相互評価による指摘をどのように生かすか、生かさないか、その理由を考える。 ○第2次のここまでの学習について、感想、考えたこと、気付いたことを振り返る。 《振り返りシートに記入する》 《以下、ワークシート③に記入する。》 ○グループメンバーからの指摘を踏まえて、短歌と説明する文章を書き直す。 ○短歌、説明する文章について、工夫した点、良くなった点を記録に残す。 ○新しいグループになり、ワークシートを回覧し、ワークシート①②③を踏まえて、気付いた点やアドバイスを付箋に記入し、ワークシートに貼付する。 ○第2次のここまでの学習について感想、考えたこと、気付いたことを振り返る。 《振り返りシートに記入する》	・するという意識で指摘するよう促す。 ・表現したい内容をよりよく伝えるためという観点で考えるよう、促す。 ・学習の前よりも理解できたこと、新たに知ったこと、できるようになったことなど、学びの成果に注目するよう促す。 ・自分の表現したい内容を効果的に伝えるために、短歌の語句の使い方、修辞法、文章の構成、文体、語句などの表現の仕方を工夫するよう伝える。 ・どこをどのように工夫して、どのように改善されたかを記入するよう促す。 ・ワークシート①②③を踏まえて、短歌や説明する文章がどう変化しているかに注目するよう促す。 ・他者からのフィードバックが、自らの学習を振り返るヒントになることを伝える。 ・学習の前よりも理解できたこと、新たに知ったこと、できるようになったことなど、学びの成果に注目するよう促す。	[思考・判断・表現]① 「記述の分析」ワークシート②③ ・自分の表現したい内容を効果的に伝えるために、第1次で行った語句や修辞法の選択とその理由、相互評価による指摘を踏まえ、短歌と説明する文章を工夫しているかを分析する。
3	○作成した短歌、説明する文章、使用した語句や修辞法、その理由について、いくつかクラス全体で共有する。	・学習によって、より理解が深まっている点や、表現がより工夫されている点など、生徒同士、教員からフィードバックを行	[主体的に学習に取り組む態度]① 「記述の確認」振り返りシート ・短歌と説明文を完成させる過程で、相互

○自分の表現したい内容を効果的に伝える短歌、説明する文章を書くために、どのような工夫をしたのか、グループメンバーからの指摘をどのように生かしたのか、本単元の学びの振り返りを行う。	う。 ・ワークシート全体の記述、メモ、振り返りシートの学習ごとの振り返りの記述を用いながら、自らの学習を振り返り、本単元での学びについて自らの思考の過程、成果を実感できるよう促す。	評価の指摘を取り入れ、表現を粘り強く工夫しようとしたかを振り返るとともに、単元全体の学びについて振り返っているかを確認する。

本授業例における評価の実際

5 観点別学習状況の評価の進め方 ▮▮▮▮▮▮▮▮▮▮▮▮▮

　共通必履修科目「言語文化」の「内容」の〔思考力、判断力、表現力等〕「A書くこと」に関する指導については、「内容の取扱い」(1)アに「5〜10単位時間程度を配当するものとし、計画的に指導すること」とされている。このことを踏まえ、本事例では、「A書くこと」に関する資質・能力の向上を目標として掲げ、単元のまとまりの中でその育成を重点的に図る指導と評価の計画を示している。本事例では、特に、ワークシートと付箋を使った評価方法の工夫について詳細に説明する。

(1) [知識・技能] の評価

　[知識・技能] ①の「我が国の言語文化に特徴的な語句の量を増し、それらの文化的背景について理解を深め、語感を磨き語彙を豊かにしている」状況を、「複数の和歌・短歌、語句、技法を比較し、表現したい内容をより効果的に表現するためによい語句、表現を選び、その理由を述べている」姿（「おおむね満足できる」状況（B））と捉え、第1次に評価した。『高等学校学習指導要領（平成30年告示）解説国語編』（P.114）には、「我が国の言語文化に特徴的な語句とは、外国の言語文化ではなく、我が国の言語文化の中で磨かれてきた、独特の文化的背景を有する語句のことである。それらの文化的背景について理解を深めるとは、そのような語句の意味や用法を単に理解するだけでなく、それらの語句を背景としてもつ文化的事柄や価値に対する理解を深めることを指

す。」とされている。このことを踏まえ、第1次では次の三つの学習活動を行った。一つ目は、教師から提示されたりこれまでに学習したりした和歌や短歌の内容、その修辞法に注目して、表現したい内容に沿った和歌・短歌、使いたい語句や修辞法を選ぶという活動である。二つ目は、使いたい語句と関連が深い他の表現や語句を使った和歌、短歌を調べる活動である。三つ目は、一つ目の活動、二つ目の活動で挙げた和歌・短歌、語句、修辞法を比較し、より表現したい内容にふさわしいものを選ぶ活動である。三つ目の活動によって、似た語句、表現であっても、和歌や短歌においてどのように使われるものであるのか、どういった内容、心情を表現する際に使われるのかといった、文化的な事柄や価値に対する理解を深めることができる。

　第1次で実際に評価する場面では、ワークシート①において、短歌を作成する際に使用したい、我が国の言語文化として特徴的な表現や語句、修辞法に着目し、複数を比較の上、より表現したい内容に適したものを選び、その理由を述べられているかどうかをみた。

　例えば、生徒Aは、【生徒Aのワークシート①の記述】のように、表現したい内容を「片思いでつらい気持ち」と設定し、参考にしたい和歌・短歌として教科書に掲載されていた「五月雨に物思ひをればほととぎす夜深く鳴きていづち行くらむ」を選んだ。また、この歌から、使いたい語句として「五月雨に物思ひ」、その理由として「『さみだれ』という響きがきれい。『雨を見ながら物思い』というシチュエーションは、恋をしているみたいだから。」、使いたい修辞法として「体言止め」、その理由として「余韻を残して終わりたいから。」と記入している。

　「五月雨」と同じような意味を表す語句を使う和歌として、百人一首一覧やインターネット検索を使って調べ、「雨」に関わる語句を用いた4首の和歌を挙げた。そのうちの一つである「花の色はうつりにけりないたづらにわがみよにふるながめせしまに」を最終的に参考にしたい和歌とし、使いたい語句として「ながめ」、その理由として「ぼんやりと何もする気が起きない感じが片思いの感じを出していると思ったから。長雨も、鬱々した感じを出せると思うから。掛詞を使いたいから。」としている。使いたい修辞法として、「掛詞」を選び、「『眺め』と『長雨』は、和歌でよく掛詞として使われているから。」と記

【生徒Aのワークシート①の記述】

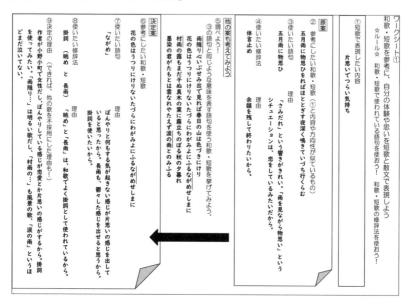

ワークシート①
和歌・短歌を参考に、自分の体験や思いを短歌や散文で表現しよう
☆ルール☆　和歌・短歌で使われている語句や修辞法を使おう！
和歌・短歌で使われている語句を使おう！　和歌・短歌の修辞法を使おう！

①短歌で表現したい内容
片思いでつらい気持ち

②原案
参考にしたい和歌・短歌（①と内容や方向性が似ているもの）
五月雨に物思ひをればほととぎす夜深く鳴きていづち行くらむ

③使いたい語句
五月雨に物思ひ

理由
「さみだれ」という響きがきれい。「雨を見ながら物思い」というシチュエーションは、恋をしているみたいだから。

④使いたい修辞法
体言止め

理由
余韻を残して終わりたいから。

⑤他の案も考えてみよう
調べよう！
①と同じような意味を表す語句を使う和歌・短歌を挙げてみよう。
雨隠りぐいぶせみ出て見れば春日の山は色づきにけり
花の色はうつりにけりないたづらにわが身世にふるながめせしまに
村雨の露もまだ干ぬ真木の葉に霧立ちのぼる秋の夕暮
墨染の君があたもとは雲なれやたえず涙の雨とのみふる

⑥決定案にしたい和歌・短歌
花の色はうつりにけりないたづらにわが身世にふるながめせしまに

⑦使いたい語句
「ながめ」

理由
ぼんやりと何もする気が起きない感じが片思いの感じを出していると思ったから。長雨も、鬱々した感じを出せると思うから。掛詞を使いたいから。

⑧使いたい修辞法
掛詞（眺め　と　長雨）

理由
「眺め」と「長雨」は、和歌でよく掛詞として使われているから。

⑨決定の理由
（できれば、他の歌を不採用にした理由も→）
作者が小野小町で女性だし、ぼんやりという感じに恋愛とか片思いの感じがするから、掛詞を使ってみたい。「雨隠り…」は明るい歌だし、「村雨の…」も風景の歌、「涙の雨」というほどまだ泣いてない。

入している。これらの記述を分析すると、複数の和歌における語句の使い方などを比較し、表現したい内容をより効果的に表現するために適した語句を選び、その理由も詳しく述べていることが分かる。よって、評価規準を満たしていると判断し、「おおむね満足できる」状況（B）と評価した。

　一方、他の和歌・短歌を挙げていても、それらを比較して表現したい内容により適した語句や修辞法を選ぶことができていない、理由について語句の特徴や背景について触れられていない生徒については、「努力を要する」状況（C）とした。Bを実現するための具体的な手立てとして、語句が使われている和歌・短歌の内容や特徴を確認させ、調べた和歌・短歌について語句がどのような役割をもっているのかを、現代語訳などを使いながら考えるよう助言した。

ポイント
第1次の学習の流れを、ワークシートで見通せるので、一つ目の活動と三つ目の活動に関する記述を比較しやすい。語句の背景や微妙な違いに気付いた上でより適したものを選択できているかといった点を確認すると、生

（2）［思考・判断・表現］の評価

　［思考・判断・表現］①の「『書くこと』において、自分の体験や思いが効果的に伝わるよう、文章の種類、構成、展開や、文体、描写、語句などの表現の仕方を工夫している」状況を、「自分の表現したい内容を効果的に伝えるために、第１次で行った語句や修辞法の選択とその理由、相互評価による指摘を踏まえ、短歌と説明する文章を工夫している」姿（おおむね満足できる状況（Ｂ））と捉え、第２次に評価した。

　『高等学校学習指導要領（平成30年告示）解説国語編』（P.124）には、「効果的に伝わるようとは、読み手を想定し、誰に何のためにどのようなことを伝えようとするのかといった観点に基づいて、我が国の言語文化に根差したより適切な表現を工夫することを指している。」とある。このことを踏まえ、第２次では、選択した語句、修辞法を用いて、表現したい内容を短歌とするとともに、その短歌を説明する文章を作成する活動、相互評価での指摘を踏まえ、必要に応じて効果的に伝わるように短歌と説明する文章を書き直しているかなどをみることとした。

　例えば、生徒Ｂは、【生徒Ｂのワークシート②③の記述】のように、書き直す前（ワークシート②）においても、「春過ぎて夏来にけらし白妙のユニフォーム干す野球場だな」という、「春過ぎて夏来にけらし白妙の衣干すてふ天の香具山」を本歌取りした、夏のさわやかさを感じさせる短歌を記入している。また、その説明文として、「『春過ぎて夏来にけらし白妙の衣干すてふ天の香具山』は初夏の気持ちのよいさわやかさを表現している。また、『白妙の』という枕詞が、夏の日差しに干され、白く輝く着物を際立たせている。『干された白い着物』から野球のユニフォームを連想した。このさわやかな夏の雰囲気と輝く白い衣服という雰囲気を、本歌取りとしてこの短歌に使った。」と説明も丁寧に述べられている。しかし、「本歌の部分が多い。『白妙の』は本歌に入っているから、短歌に書かなくても真っ白いイメージは伝わるのではないか」という指摘を取り入れ、「春過ぎて夏来にけらし野球場ユニフォーム干すバックネットや」と短歌を作り直している。相互評価の指摘に対し、「三句からはオ

第2章

④

言語文化

【生徒Bのワークシート②③の記述】

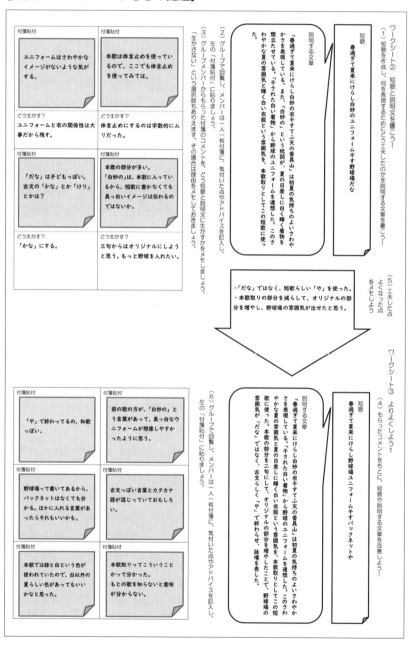

ワークシート②
（1）短歌を作成し、何を表現するためにどうエ夫したのかを説明する文章を書こう！

短歌
春過ぎて夏来にけらし白妙のユニフォームキす野球場だな

説明する文章
「春過ぎて夏来にけらし白妙の衣干すてふ天の香具山」は初夏の気持ちのよいさわやかさを表現している。また、「白妙の」という枕詞が、夏の日差しに白く輝く着物を隈立たせている。「干された白い着物」から野球のユニフォームを連想した。このさわやかな夏の雰囲気と輝く白い衣服という雰囲気を、本歌取りとしてこの短歌に使った。

（2）グループで回覧し、メンバーは一人一枚付箋に、気付いた点やアドバイスを記入し、左の「付箋貼付」に貼りましょう。

（3）グループメンバーからもらった付箋のコメントを、どう短歌と説明文に生かすかをメモしておきましょう。「生かさない」という選択肢もありえます。その場合は理由をメモしておきましょう。

付箋貼付
本歌は体言止めを使っているので、ここでも体言止めを使ってみては。
どう生かす？
体言止めにするのは字数的にムリだから。

付箋貼付
ユニフォームはさわやかなイメージがないような気がする。
どう生かす？
ユニフォームと衣の関係性は大事だから残す。

付箋貼付
「だな」は子どもっぽい。古文の「かな」とか「けり」とかは？
どう生かす？
「かな」にする。

付箋貼付
本歌の部分が多い。「白妙の」は、本歌に入っているから、短歌に書かなくても真っ白いイメージは伝わるのではないか。
どう生かす？
三句からはオリジナルにしようと思う。もっと野球を入れたい。

・「だな」ではなく、短歌らしい「や」を使った。
・本歌取りの部分を減らして、オリジナルの部分を増やし、野球場の雰囲気が出せたと思う。

（5）エ夫した点をメモしよう
よくなった点

ワークシート③
（4）もらったコメントをもとに、短歌や説明する文章を改善しよう！
よりよくしよう1

短歌
春過ぎて夏来にけらし白妙の野球場ユニフォームキすバックネット

説明する文章
「春過ぎて夏来にけらし白妙の衣干すてふ天の香具山」は初夏の気持ちのよいさわやかさを表現している。「干された白い着物」から野球のユニフォームを連想した。このさわやかな夏の雰囲気と輝く白い衣服という雰囲気を、本歌取りとしてこの短歌に使った。本歌の部分を二句にして、オリジナルの部分を増やしたことで、野球場の雰囲気が「だな」ではなく、古文らしく「や」で終わらせ、詠嘆を表した。

（6）グループで回覧し、メンバーは一人一枚付箋に、気付いた点やアドバイスを記入し、左の「付箋貼付」に貼りましょう。

付箋貼付
前の歌の方が、「白妙の」という言葉があって、真っ白なユニフォームが想像しやすかったように思う。

付箋貼付
「や」で終わってるの、和歌っぽい。

付箋貼付
古文っぽい言葉とカタカナ語が混じっていておもしろい。

付箋貼付
野球場て書いてあるから、バックネットはなくても分かる。ほかに入れる言葉があったらそれもいいかも。

付箋貼付
本歌取りってこういうことかって分かった。もとの歌を知らないと意味が分からない。

付箋貼付
本歌では緑と白という色が使われていたので、白以外の夏らしい色があってもいいかなと思った。

リジナルにしようと思う。もっと野球場を入れたい」と記入している。また、よくなった点として「本歌取りの部分を減らして、オリジナルの部分を増やし、野球場の雰囲気が出せたと思う。」と記入している。このように、相互評価による指摘について、必要に応じて自らの作品に生かし、語彙や修辞法を工夫するなどの姿が見られる場合、説明文をより分かりやすく書き直している場合、「おおむね満足できる」状況（B）と判断した。指摘に対し、自らの考え、理由をもって採用していない場合は、同じく「おおむね満足できる」状況（B）と評価する。この「おおむね満足できる」状況に加え、改善できた表現の効果を具体的に記入している場合は、「十分満足できる」状況（A）とした。

一方、妥当な理由なく指摘を採用せずに、自らの作品、説明文を改善しないままとなっている生徒については、「努力を要する」状況（C）と判断した。Bを実現するための具体的な手立てとして、効果的に伝えるというのは、読み手を想定し、読み手に伝わったかどうかが大切であることを確認させ、再度、相互評価の指摘を生かせないか考えるよう助言した。

> ワークシートにおいて、短歌と説明する文章の改善前と改善後が上下に並んでいること、相互評価の付箋も同じ面に貼付されていることによって、どの指摘を生かし、どう改善したのかが一目で分かるようになっている。つまり、学習過程の振り返りが容易である。学習過程を振り返り、自らの学習の成果に気付けるよう促したい。

（3）［主体的に学習に取り組む態度］の評価

［主体的に学習に取り組む態度］①の「学習の見通しをもって、短歌、散文を作成し、発表することを通して、自分の体験や思いが効果的に伝わるよう、粘り強く表現の仕方等を工夫しようとしている」状況を、「短歌と説明文を完成させる過程で、相互評価の指摘を取り入れ、表現を粘り強く工夫しようとしたかを振り返るとともに、単元全体の学びについて振り返っている」姿（「おおむね満足できる」状況（B））と捉え、第3次に評価した。

評価に当たっては、相互評価における指摘にどのように対応したのかとその理由を踏まえ、諦めることなく試行錯誤を繰り返し、学習課題に沿って書き直

第2章
4
言語文化

しをしている姿、もしくは推敲の結果、書き直しをしないと判断した姿、より
よい短歌、文章としようとしている姿勢、そして、この単元で学んだことを今
後どのように生かそうと考えているかなどをみることとした。そのため、ワー
クシート、各学習の振り返りの記述、相互評価の指摘に対する対応の記述、改
善前と改善後の作品、説明する文章を比較して記入した「工夫した点 よくなっ
た点」の記述、振り返りシートの記述から確認する。

【生徒の振り返りシートの記述】

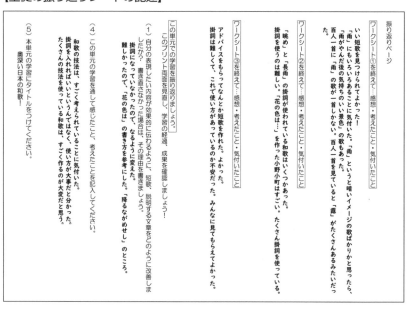

振り返りページ

ワークシート①を終えて…感想・考えたこと・気付いたこと
いい短歌を見つけられてよかった！「雨」にもいろいろあることに気付いた。「雨」というと暗いイメージの歌ばかりかと思ったら、「雨がやんだ後の気持ちのいい景色」の歌もあった。百人一首に「雨」の歌が一首しかない。百人一首を見ていると「露」がたくさんあるみたいだった。

ワークシート②を終えて…感想・考えたこと・気付いたこと
「眺め」と「長雨」の掛詞が使われている和歌がいくつかあった。「花の色は…」を作った小野小町はすごい。たくさん掛詞を使っている。

ワークシート③を終えて…感想・考えたこと・気付いたこと
掛詞を使うのは難しい。「花の色は…」、よかった。
アドバイスをもらってなんとか短歌を作れた。掛詞は難しくて、これで使い方があっているのか不安だった。みんなに見てもらえてよかった。

この単元での学習を振り返りましょう。
このプリント両面を見直し、学習の経過、成果を確認しましょう！

(1) 自分の表現したい内容が効果的に伝わるように、短歌、説明する文章をどのように改善しましたか？書き直さなかった場合は、その理由を書きましょう。
掛詞になっていなかったので、なるほどと変えた。難しかったので、「花の色は」の書き方を参考にした。「降るながめせし」のところ。

(4) この単元の学習を通して感じたこと、考えたことを記入してください。
和歌の技法は、すごく考えられていることに気付いた。掛詞を入れればいいというのではなく、使い方が大事だと分かった。たくさんの技法を使っている和歌は、すごく作るのが大変だと思う。

(5) 本単元の学習にタイトルをつけてください。
奥深い日本の和歌！

ポイント

すべての学習過程、学習内容が１枚に記録されているので、情報が散乱し
ておらず、単元全体の振り返りを行いやすい。

6 実践に当たって ■■■■■■■■■■■■■■■■■■■■■■■■■■

　本事例のように、様々な種類の活動を行う単元では、学習過程の情報がまと
められなかったり、生徒達が記録をきちんと残せていなかったりしてしまうと
いうのが、筆者の経験である。その状態では、観点別評価を行ったり、単元全

体の振り返りを行わせたりすることは難しい。そこで、本事例では、Ａ３用紙
１枚で学習活動の記録を残せるよう工夫し、付箋を活用してみた。生徒が学習
の見通しをもって学習に取り組み、自らの学習を振り返って次の学習に向かう
ことが可能な限り容易にできるよう、工夫したつもりである。学習指導要領第
１章総則「第３款　教育課程の実施と学習評価」の「２　学習評価の充実」に
は、配慮する事項として「⑴生徒のよい点や進歩の状況などを積極的に評価し、
学習したことの意義や価値を実感できるようにすること。また、各教科・科目
等の目標の実現に向けた学習状況を把握する観点から、単元や題材など内容や
時間のまとまりを見通しながら評価の場面や方法を工夫して、学習の過程や成
果を評価し、指導の改善や学習意欲の向上を図り、資質・能力の育成に生かす
ようにすること。」とある。生徒の進歩の状況を把握し、生徒自身が学習した
ことに意義や価値があると実感するためには、学習前と学習後の比較が必要で
ある。また、学習の過程や成果を評価するためには、何によって生徒の考えや
作品が変化したのかを把握することが必要である。ワークシート①と振り返り
シートで表面、ワークシート②③を裏面としたことで、改善前と改善後の短歌、
説明する文章の比較が容易にできるようにした。教員も生徒も忙しい。その中
でより楽に、より分かりやすく学習の見通し、振り返り、評価が行えるという
点を工夫したつもりである。なにかのヒントになれば幸いである。

　最後に、生徒が和歌を参考にして修辞を使って短歌をつくることなどできる
のか不安があったことについて述べたい。授業を実施するまでは不安であった
が、生徒同士の交流を多くすること、良い点に注目して生徒同士、教員からの
フィードバックを行うことを心掛けたことで、楽しい雰囲気で取り組めた。生
徒の実態や学習の段階に応じて、俳句で実施する、修辞については扱わないな
どの調整は可能かと考える。

〔下西美穂〕

5 B読むこと〈古典〉
古典作品の冒頭部分を読み比べ、古典の世界に親しもう

キーワード
「思考・判断・表現」の評価
見通しと振り返りの工夫

単元名

古典作品の冒頭部分を読み比べ、古典の世界に親しもう

内容のまとまり
（知識及び技能）
(2)我が国の言語文化に関する事項
（思考力、判断力、表現力等）
「B読むこと」

授業例

1 単元の目標

(1) 古典の世界に親しむために、作品や文章の歴史的・文化的背景などを理解することができる。

〔知識及び技能〕(2)イ

(2) 作品や文章の成立した背景や他の作品などとの関係を踏まえ、内容の解釈を深めることができる。

〔思考力、判断力、表現力等〕B(1)エ

(3) 言葉がもつ価値への認識を深めるとともに、生涯にわたって読書に親しみ自己を向上させ、我が国の言語文化の担い手としての自覚をもち、言葉を通して他者や社会に関わろうとする。

「学びに向かう力、人間性等」

2 本単元における言語活動

　異なる時代に成立した随筆や小説、物語などを読み比べ、それらを比較して論じたり批評したりする活動。

（関連：〔思考力、判断力、表現力等〕B(2)ウ）

3 単元の評価規準 ■■■■■■■■■■■■■■■■■■■■■■■■■■■

知識・技能	思考・判断・表現	主体的に学習に取り組む態度
①古典の世界に親しむために、作品や文章の歴史的・文化的背景などを理解している。((2)イ)	①「読むこと」において、作品や文章の成立した背景や他の作品などとの関係を踏まえ、内容の解釈を深めている。(B(1)エ)	①学習の見通しをもって、作品を読み比べることを通して、作品の成立した背景や他の作品などとの関係を踏まえ、内容の解釈を深めることに向けて、粘り強い取組を行う中で、自らの学習を調整しようとしている。

4 指導と評価の計画（全3単位時間想定）■■■■■■■■■■■■■■■

【単元の流れ】

次	学習活動	指導上の留意点	評価規準・評価方法等
1	○単元の目標や進め方を確認し、学習の見通しをもつ。	・本単元における目標や学習の見通しをもつとともに、言語文化において今後学習する古典作品を挙げ、長期的な学習の見通しがもてるよう配慮する。	
	○知っている古典作品や中学校などで学習した古典作品について、印象に残っていることを紹介し合う。	・中学校から高等学校における学習の一貫性について示唆する。	
	○「言語文化」で学習する主な古典作品(『竹取物語』『土佐日記』『平家物語』『徒然草』『おくのほそ道』など)の冒頭部分を取り上げ、音読する。	・古典特有の表現やリズムを味わって音読できるように配慮する。	
	○それぞれの作品が書かれた歴史的・文化的背景を調べてノー	・必要に応じて、図書資料などを活用するよう促す。	[知識・技能] ① 「記述の点検」ノート ・それぞれの作品が書

	トにまとめる。	・作品のジャンルや作者についても確認するよう指示する。	かれた時代の状況や、作品の成立との関わりについて記述しているかを点検する。
2	○それぞれの作品の冒頭部分を読み、どのような内容が書かれているか、作品全体に対してどのような意味をもつかについてグループで話し合い、ワークシートにまとめる。 ○冒頭部分に書かれている内容と歴史的・文化的背景を踏まえ、それぞれの作品を学習する際に、どのような点に注目して読み味わうかについて「注目ポイント」をグループでワークシートにまとめる。 ○冒頭部分を読み比べ、共通点や相違点をグループでワークシートにまとめる。 ○冒頭部分を取り上げた作品の中から一つを選び、その作品の他の章段を読んで、「注目ポイント」に基づいた内容の解釈や新たに気付きや疑問についてグループでワークシートにまとめる。	・キーワードを挙げるなど端的にまとめるよう指示する。 ・必要に応じて、社会構造の変化や文学の担い手、文学史的意義などの観点からも考察するように促す。 ・グループ内の全員が自分の考えを述べる場面を設定するとともに、他者の意見への質疑応答の場面を設けるよう指示する。	[思考・判断・表現] ① 「行動の観察」話合い 「記述の分析」ワークシート ・それぞれの作品の冒頭部分を読み比べ、作品が成立した背景などを踏まえ、どのような内容が書かれているか、作品全体に対してどのような意味をもつかについて考察した上で、内容の解釈を深めているかを分析する。
3	○グループごとに各作品の「注目ポイント」に基づいた内容の解釈や新たな気付きや疑問についてクラス内で発表し、共有する。 ○単元の学習を振り返る。	・他のグループの発表に対して、質問をしたり、意見交流したりするように促す。	[主体的に学習に取り組む態度] ① 「記述の確認」振り返りシート ・作品の成立した背景や他の作品との関係を踏まえ、多様な視点から粘り強く内容の解釈を深めようとしているかを確認する。

5 観点別学習状況の評価の進め方 ▮▮▮▮▮▮▮▮▮▮▮▮

　共通必履修科目「言語文化」の「内容」の〔思考力、判断力、表現力等〕「B読むこと」の古典に関する指導については、「内容の取扱い」⑴イに「40〜45単位時間程度を配当するものとし、計画的に指導すること」と示されている。このことを踏まえ、本事例では、「B読むこと」に関する資質・能力を目標として掲げ、「A書くこと」に関する指導とは区別し、あくまでも「B読むこと」の単元のまとまりの中でその育成を重点的に図る指導と評価の計画を示している。なお、本事例では、特に「思考・判断・表現」の評価、見通しと振り返りの工夫について詳細に説明する。

(1)〔知識・技能〕の評価

　〔知識・技能〕①の「古典の世界に親しむために、作品や文章の歴史的・文化的背景などを理解している」状況を、「それぞれの作品が書かれた時代の状況や、作品の成立との関わりについて記述している」姿（「おおむね満足できる」状況（B））と捉え、第1次に評価した。

　高等学校学習指導要領（平成30年告示）では、「言語文化」の目標として「生涯にわたる社会生活に必要な国語の知識や技能を身に付けるとともに、我が国の言語文化に対する理解を深めることができるようにする」とあり、「内容」の〔知識及び技能〕⑵イ、ウにはそれぞれ「古典の世界に親しむために、作品や文章の歴史的・文化的背景などを理解すること」「古典の世界に親しむために、古典を読むために必要な文語のきまりや訓読のきまり、古典特有の表現などについて理解すること」と示されていることから、中学校での学習を踏まえながら、高等学校においても引き続き言語文化に親しむことが重視されていると言える。

　本事例では、中学校での学習内容を確認しつつ、言語文化で取り扱う主な古典作品の冒頭部分を取り上げ、読み比べることを通して、作品の書かれた歴史的・文化的背景を理解するとともに、今後の古典学習に見通しがもてるよう配慮した。

評価に当たっては、それぞれの作品が書かれた歴史的・文化的背景を調べる学習を通して、その書かれた時代が我が国の歴史の中でどのような時代に位置し、当時の生活様式や社会制度、人々の価値観、人生観、美的観念などの特徴が作品の成立にどのような影響を与えているかについてノートに記述できているかどうかを見た。

　例えば、『土佐日記』について、男性中心の真名文字とは異なった仮名文字で書かれたことで、その後の女流文学や多くの作品に影響を与えている点や漢文学とは別に我が国独自の文学が発展した点などをまとめていたり、『平家物語』や『徒然草』が、貴族社会から武家社会への社会構造の変化の中で、無常観を基調とした価値観や人生観を描いている点などをまとめている生徒については、評価規準を満たしていると判断し、「おおむね満足できる」状況（B）と評価した。

(2)［思考・判断・表現］の評価

　［思考・判断・表現］①の「『読むこと』において、作品や文章の成立した背景や他の作品などとの関係を踏まえ、内容の解釈を深めている」状況を、「それぞれの作品の冒頭部分を読み比べ、作品が成立した背景などを踏まえ、どのような内容が書かれているか、作品全体に対してどのような意味をもつかについて考察した上で、内容の解釈を深めている」姿（「おおむね満足できる」状況（B））と捉え、第2次に評価した。

　言語活動例として〔思考力、判断力、表現力等〕B(2)ウに示された「異なる時代に成立した随筆や小説、物語などを読み比べ、それらを比較して論じたり批評したりする活動」は、共通のテーマを設定し、作品や文章を通史的に比較し、それらの共通点や相違点を明確にし、その一貫性や変化の過程を自ら考える活動が想定されるが、高等学校における古典学習の導入期に行う本事例では、この後に取り扱う作品への興味・関心の喚起や年間を通した学習の見通しをもつことをねらいとして、あえてそれぞれの作品の冒頭部分に着目して読み比べることとした。

　『高等学校学習指導要領（平成30年告示）解説国語編』（P.130）には、「作品や文章の成立した背景を踏まえるとは、読む対象とした作品や文章だけでなく、

その成立した背景となった情報にも目を向け、調べるなどして知識を広げ、作品や文章の内容の解釈を行うに当たって、それらの知識を関係付けることである」「内容の解釈を深めるとは、このように、作品や文章の内容を様々な観点から捉え直し、新たな発見や問いを抱きながらその意味付けを更新し、内容の解釈をより精緻で深いものに統合していくことである」と示されていることから、作品や文章の成立した背景や冒頭部分の解釈から得られた知識などを関係付けて他の章段を読み、内容の解釈を深めていく学習活動を設定した。

　評価に当たっては、「歴史的・文化的背景との関わりを考察した上で、それぞれの作品を読み味わうためにまとめた『注目ポイント』に関する記述」、「『注目ポイント』に基づいた他の章段の内容の解釈や新たな気付きや疑問に関する記述」及び「話合いの観察」を踏まえ、総括的に評価した。

　「話合いの観察」については、「自らの考えについて根拠を示しながらクラスメイトに説明しているか」、「それぞれの考えを基に内容の解釈を深め、新たな気付きや疑問をまとめようとしているか」などの評価の観点を事前に生徒に示すとともに、ワークシートに「話合いメモ」欄を設け、話合いの過程を可視化できるよう工夫した。今後はICTを活用して、意見交流のプロセスを可視化したり、動画として記録したりする方法も考えられる。

　例えば、生徒Aは【生徒Aのワークシートの記述の一部】にあるように、『徒然草』に関して、歴史的・文化的背景として「権力者の交代など時代の変わり目に書かれており、作品全体は無常観を基調としている」という特徴を挙げ、冒頭部分から「執筆動機」や「日々の暮らしへの思い」を読み取った上で、読み味わう「注目ポイント」を「兼好が暮らしの中で捉えた無常とは、人生とは、人間とは？」「現代社会に通じる教訓は？」とまとめている。その上で、他の章段を読み「人間の欲深さ、雑念を振り払うことの難しさもまた真実という作者の人間観が書かれている」「兼好自身は悟りを開くことができたのだろうか、それとも自分自身がその難しさを感じたから、この章段を書いたのだろうか？」など、作品や文章の成立した背景や冒頭部分の解釈を踏まえて内容を解釈し、さらに新たな問いを抱きながら、解釈を深めていこうとしている。これらのことから評価規準を満たしていると判断し、「おおむね満足できる」状況（B）と評価する候補とした。

【生徒Aのワークシートの記述の一部】

土佐日記　　紀貫之　　ジャンル（　日記　）　成立（　九三五年頃　）

① 冒頭部分

男もすなる日記といふものを、女もしてみむとてするなり。それの年の十二月の二十日あまり一日の日の戌の刻に、門出す。そのよし、いささかものに書きつく。

② 作品の歴史的・文化的背景、特徴などをまとめよう　（個人のノートから）

平安時代前期成立。中国文化の影響を強く受けた男性中心の貴族社会にあって、男性による公的な記録である漢文表記の日記の伝統を覆し、女性のふりをして仮名文字で書かれた日記。土佐守としての任期を終え、任国から都に帰るまでの出来事や感想を記したもの。日記文学の最初とされ、後の女流日記の登場に大きな影響を与える。

③ 冒頭部分に書かれている内容・作品全体に対しての意味を考えてみよう

・本来男性が書く日記とはどのように違うのか？　・執筆動機　・日時や執筆内容の紹介

④ ②と③を踏まえて、この作品を読み味わう際の「注目ポイント」をまとめてみよう

・「男性の漢文の日記とはどのように違うのか？」
・「当時の旅はどのようなものか？」
・「ずっと女性の立場で書かれているのか？」

（中　略）

徒然草　　兼好　　ジャンル（　随筆　）　成立（　一三三一年頃　）

① 冒頭部分

つれづれなるままに、日暮らし硯に向かひて、心にうつりゆくよしなしごとを、そこはかとなく書きつくれば、あやしうこそものぐるほしけれ。

② 作品の歴史的・文化的背景、特徴などをまとめよう　（個人のノートから）

鎌倉時代の末の成立で権力者の交代など時代の変わり目に書かれており、作品全体は無常観を基底としている。俗世間から距離をおいた隠者の文学。人生、恋愛、自然、趣味など内容は多岐にわたっており、人間や社会の様子について深く考察している。作者は歌人でもある。

③ 冒頭部分に書かれている内容・作品全体に対しての意味を考えてみよう

・執筆したときの心境　・日々の暮らしへの思い

④ ②③を踏まえて、この作品を読み味わう際の「注目ポイント」をまとめてみよう

・「兼好が暮らしの中で捉えた無常とは、人生とは、人間とは？」
・「現代社会に通じる教訓は？」

・作品の内容紹介　・作者としての謙遜

○作品同士の共通点や相違点を考えてみよう。

共通点

・『平家物語』と『徒然草』は無常観が共通。
↓戦乱による政治権力の交代。仏教思想の浸透。

・『土佐日記』と『徒然草』は冒頭で執筆動機。
↓自らの考えや気持ちを書き記す理由を説明。

相違点

・『竹取物語』は創作。

・『おくのほそ道』は、古人への憧れ。旅の理由。

・『土佐日記』は旅での思いを書き、『おくのほそ道』は旅自体が目的。

○話合いメモ

・時代が近いと考え方が近い。（複数意見）

・無常観は戦乱で人間が簡単に死ぬから。（複数意見）

・『竹取物語』だけはフィクション。（複数意見）

・日記や随筆は自分の気持ちを書くもの。他人に読んでもらうために書いた？

・松尾芭蕉は江戸時代。江戸時代から見ると平安・鎌倉時代は古典の世界。

・『土佐日記』は日記が目的、『おくのほそ道』は旅が目的。

○他の章段について「注目ポイント」に基づいた内容の解釈や新たな気付きや問いについてまとめよう。

作品名（　徒然草　）

章段名（大事を思ひ立たん人は）
↓人の命も無常、人生も無常、仏道に入ることが大切だが、人間の欲深さ、雑念を振り払うことの難しさもまた真実という作者の人間観が書かれている。人々の様子をよく観察してこのように書いた兼好自身は悟りを開くことができたのだろうか、それとも自分自身がその難しさを感じたから、この章段を書いたのだろうか？

章段名（花は盛りに）
↓仏道や無常観ではなく、歌人として、風流人としての価値観が表れている。花や月などは一番いい状態だけがいいのではなく、不十分を見て思いを馳せるのがよい。田舎者にはさりげなさがなく、風流とは言えないという都の人の視点で書かれている。物事をはっきりいうよりも、さりげないのがいいのかもしれない。

137

(3) ［主体的に学習に取り組む態度］の評価

　［主体的に学習に取り組む態度］①の「学習の見通しをもって、作品を読み比べることを通して、作品の成立した背景や他の作品などとの関係を踏まえ、内容の解釈を深めることに向けて、粘り強い取組を行う中で、自らの学習を調整しようとしている」状況を、「作品の成立した背景や他の作品との関係を踏まえ、多様な視点から粘り強く内容の解釈を深めようとしている」姿（「おおむね満足できる」状況（B））と捉え、第３次に評価した。

　本事例では、毎時の振り返りを行い、記述された内容に基づいて評価を行った。

　例えば、【生徒Bの振り返りシートの記述】では、「粘り強く取り組んだことなど」について第１次では「図書館の文学全集を使って調べた」、第２次では「何度もグループで話し合って完成させた」、第３次では「『注目ポイント』をバージョンアップさせた」という記述があり、また、「新たに気付いたこと、他者から得た気付きなど」には、他者から得た気付きを基に「もっと詳しく調べてみたい」、「よく考えるとそのとおりだなぁと思った」という記述があり、多様な視点から粘り強く内容の理解を深めようとしている姿が見て取れる。こうしたことから、評価規準を満たしていると判断し、「おおむね満足できる」状況（B）とした。

【生徒Bの振り返りシートの記述】

	学習の成果	新たに気付いたこと、他者から得た気付きなど	粘り強く取り組んだことなど
第１次 （○月○日）	各作品の成立の経緯が分かった。	『竹取物語』はかぐや姫の話なので、自分にとっては身近なのに、作者が未詳だということが意外であった。もっと詳しく調べてみたい。	教科書、国語便覧の他に図書館の文学全集を使って調べたこと。
第２次 （○月○日）	各作品の冒頭部分の内容と作品の特徴が分かった。	平安時代の男性貴族は漢文で日記を書いていたことが分かった。○○さんの「『土佐日記』は冒頭部分の内容からして、誰かに読んでもらうために書いた日記なのではないか」という意見に驚いたが、今に日記が残っているわけで、よく考えるとそのとおりだなぁと思った。	共通点と相違点をまとめるときに、何度もグループで話し合って完成させたこと。

第3次 （○月○日）	各グループからの「注目ポイント」の発表を聞いて、それぞれの作品へのイメージをもつことができた。	○グループの発表で、松尾芭蕉が○○市に来ていたことが分かり驚いた。	他のグループの「注目ポイント」を参考にして、自分たちの「注目ポイント」をバージョンアップさせたこと。
単元全体を振り返って	（一部抜粋）……今回の学習を通して、自分は、女性になりすまして書かれた『土佐日記』に一番興味をもった。男性の日記と比較して読んでみたいと思う。ただ作品を読むよりも、背景を知って読むほうがおもしろいと思うので、今回取り上げなかった作品についても調べてみたいと思う。		

振り返りシートを「主体的に学習に取り組む態度」の評価に活用するためには、振り返りの内容が授業の感想に終始しないような工夫が必要である。本事例では振り返りシートに「新たに気付いたこと、他者から得た気付きなど」「粘り強く取り組んだことなど」の欄を設け、それらを記述させることで生徒に学びの深まりや主体性を意識させるとともに、教員が評価資料として活用できるように工夫した。

6 実践に当たって ■■■■■■■■■■■■■■■■■■■■■■■■■■

　十数年前、私の授業を参観してくれたベテランの先生の一言「あなたの授業は丁寧だ。丁寧過ぎる。教え過ぎると生徒は飽きてしまうよ。あれでは生徒はワクワクしないよ。」と。一つ一つ丁寧に授業をすることが最も大切で、生徒にとってもそれが一番と信じ込んでいた私にとっては衝撃的であり、自分の授業の欠点を気付かせてくれた本当にありがたい言葉でした。それ以来強く意識するようになったのが、教え過ぎないということです。「何を教えて、何を教えないのか」「教え込まずに考えさせるにはどうしたらよいか」など、教えないことを決めて授業を組み立てることにしました。それからしばらくたったある日、アドバイスをくれた同じ先生が廊下から私の授業を見ているのに気付きました。授業を終えて、その先生のもとへ行くと「前より教え過ぎなくなったねぇ。今日は生徒が主役の場面があった。その授業の肝となる部分は生徒に考えさせ、生徒に発言させる。生徒の視点を大事にしなさい。」と笑顔まじりに一言。私にとっては最も大切な授業づくりの視点です。

〔柏谷浩樹〕

6 B読むこと〈近代以降の文章〉
語りに着目して作品を解釈し、批評文にまとめよう

キーワード
「思考・判断・表現」の評価
評価方法の工夫（ワークシートやレポート）

単元名	内容のまとまり
語りに着目して作品を解釈し、批評文にまとめよう	〔知識及び技能〕 (2)我が国の言語文化に関する事項 〔思考力、判断力、表現力等〕 「B読むこと」

授業例

1 単元の目標

(1) 我が国の言語文化への理解につながる読書の意義と効用について理解を深めることができる。

〔知識及び技能〕(2)カ

(2) 作品や文章に表れているものの見方、感じ方、考え方を捉え、内容を解釈することができる。

〔思考力、判断力、表現力等〕B(1)イ

(3) 言葉がもつ価値への認識を深めるとともに、生涯にわたって読書に親しみ自己を向上させ、我が国の言語文化の担い手としての自覚をもち、言葉を通して他者や社会に関わろうとする。

「学びに向かう力、人間性等」

2 本単元における言語活動

語りに着目して作品に表れているものの見方、感じ方、考え方などを捉え、解釈したことを批評文にまとめる。

（関連：〔思考力、判断力、表現力等〕B(2)イ）

3 単元の評価規準 ■■■■■■■■■■■■■■■■■■■■■■■■■■■

知識・技能	思考・判断・表現	主体的に学習に取り組む態度
①我が国の言語文化への理解につながる読書の意義と効用について理解を深めている。((2)カ)	①「読むこと」において、作品や文章に表れているものの見方、感じ方、考え方を捉え、内容を解釈している。(B(1)イ)	①学習の見通しをもって、批評文を書く活動を通して、積極的に作品や文章に表れているものの見方、感じ方、考え方を捉え、読書の意義と効用について理解を深めようとしている。

4 指導と評価の計画（全6単位時間想定）■■■■■■■■■■■■■

【単元の流れ】

次	学習活動	指導上の留意点	評価規準・評価方法等
1	○単元の目標や進め方を確認し、学習の見通しをもつ。	・学習のねらい（語りに着目して作品に表れているものの見方、感じ方、考え方などを捉え、解釈する）と言語活動（批評文を書く）の関係を説明し、学習に見通しをもたせ、本単元は、視点を確かなものとしながら、豊かに解釈したことを共有する授業であることを理解させる。	
	○複数の小説教材を比較し、文脈を意識することや、「語り」に着目することについて留意点を確認する。	・例として、人称の異なる複数の小説を抜粋したワークシートを提示し、語りに着目させることで、各小説かどのような悦	

		点から語られているか考える（語りに着目しながら文章を解釈することをねらいとしていることに気付かせる）。 ・ワークシートに取り上げる小説は、前単元までに学んだ小説等のほか、『走れメロス』や『故郷』、『握手』等の中学校で学び親しんだ教材などを適宜用いることも考えられる。	
2	○『夢十夜』の語り手のものの見方、感じ方、考え方を捉え、文章の文脈を整理するとともに、批評文を書くための問いを設定する。	・叙述を基にして文脈を捉え、ICTのホワイトボードアプリを用いて思考を整理し、記述させる。 ・取り上げる夢については、第一夜のみ、もしくは、第一夜を含む複数の夢とすることとし、第一夜は必ずどの生徒も取り上げるようにする。 ・『夢十夜』の語り手は一人称である点に留意させ、探究的な学びとなるよう、個人で問いを設定するよう支援する。	
	想定される問いの例 ・「男の『百年はもう来ていたんだな。』は本当だろうか」 ・「第一夜を『仰向けに寝た女』の視点から		

	捉えると、どのように読めるだろうか」 ・「第○夜と比較し、第一夜の語りにはどの 　ような特徴があるか」　　　　　　など	
○自分が設定した問い 　に基づいて、批評文 　を書く。	・文章を解釈する際の 　ポイントとして、語 　り（必須）、視点人物 　以外の登場人物、ス 　トーリーとプロット、 　コンテクスト、コー 　ドなどに着目するこ 　とを促す。 ・批評文を書く活動に 　ついて、生徒には、 　本単元のねらいが 　「読む能力」の育成 　であることを改めて 　確認し、批評文は 　ICTの文書作成ソフ 　トにまとめさせる。 　その際、ICTで文章 　をまとめる特長を確 　認する（挿入や削 　除・コピーが容易に 　でき、推敲と清書を 　兼ねることができる 　こと等）。	
○批評文を読み合い、 　相互評価する。	・クラウド上に生徒の 　批評文を整理し、相 　互評価する分担を提 　示する。相互評価 　シートは表計算ソフ 　トの同時編集機能を 　用いて、複数人が同 　時に編集するように 　する。	
○相互評価を踏まえ、 　批評文を再考する。	・相互評価した内容を 　踏まえて、批評文に	［思考・判断・表現］① 「記述の分析」批評文

		記した自身の解釈を、より他者の理解を得られるようなものとするよう促すとともに、他者の批評文と自分の批評文の読みを相対化させ再考するよう促す。	・文章の語り手に着目しながら叙述を捉え、文章の内容や構成、展開などを踏まえて、自身の知識や経験なども踏まえて意味付けているかを分析する。
3	○図書館で夏目漱石の他の文学作品や、夢を扱った他の文学作品に触れ、本を読むことを通じて深まった理解を文章にまとめる。	・学校図書館を利用し、夏目漱石の他の文学作品や別の作者の作品等、関連する様々な文章に触れるよう促す。 ・単元の学びに即して読書することについて考えたことを記述するワークシートを配布し、記述させる（ICTの文書作成ソフトを用いることも考えられる）。	[知識・技能] ① 「記述の分析」<u>ワークシート</u> ・読書を通して新しい知識を得たり、自分の考えを広げたり深めたりしたことを文章にまとめているかを分析する。
4	○単元の学習で得た気付きを個人でまとめ、グループや全体で共有する。	・これまでの小説教材での学習と本単元での『夢十夜』の読み方にどのような差異があったかなど、生徒が単元の目標に即して学びを振り返ることができるよう支援する。 ・振り返りシートは「本時の重点」を意識しながら毎時書かせるものとするが、第4次では、特に単元全体の学びをま	[主体的に学習に取り組む態度] ① 「記述の分析」<u>振り返りシート</u> ・学習の見通しをもち、語りに着目して積極的に文章を読み深め、解釈したことを批評文に書き表そうとしているかを分析する。

| | | とめて振り返るよう促し、その気付きを教室全体で共有するようにする。 | |

本授業例における評価の実際

5　観点別学習状況の評価の進め方 ▐▐▐▐▐▐▐▐▐▐▐▐▐▐▐▐

　共通必履修科目「言語文化」の「内容」の〔思考力、判断力、表現力等〕「B読むこと」に関する指導について、『高等学校学習指導要領（平成30年告示）解説国語編』（P.136　以下、「解説」）には、「内容の取扱い」(1)ウに、「『B読むこと』の近代以降の文章に関する指導については、20単位時間程度を配当するものとし、計画的に指導すること。」と記されている。

　また、「近代以降の文学的な文章」については、具体的に、「『B読むこと』の近代以降の文章に関する指導とは、『B読むこと』の指導のうち、言語文化を理解し言語文化に親しむために、近代以降の文章を取り上げた指導のことであり、内容の〔思考力、判断力、表現力等〕の『B読むこと』の(1)に示した指導事項のうち、関係する指導事項について、(2)に示した言語活動例を通して指導することを示している。」とされているほか、「教材の取扱い」について「詩歌、小説、随筆、戯曲、説明、論説、評論、記録、報告、報道、手紙など、多種多様なものがあることに留意する必要がある。」と記されている。

　これらを踏まえ、本単元では、小説教材を用いて、生徒の豊かな解釈を引き出し、言語活動として批評文を書く活動を位置付けた。小説教材を複数取り上げる意図としては、「近代以降の文章」には小説のほかにも詩歌をはじめとした多種多様な教材が想定されていることを踏まえ、20単位時間程度の時間数を考慮したときに、小説教材を1単元で複数取り上げる意義が十分ありうると考えたからである。

　なお、本事例では、特に「思考・判断・表現」の評価について詳細に説明することとする。

(1) [知識・技能] の評価

　[知識・技能] ①の「我が国の言語文化への理解につながる読書の意義と効用について理解を深めている」状況を、「読書を通して新しい知識を得たり、自分の考えを広げたり深めたりしたことを文章にまとめている」姿（「おおむね満足できる」状況（B））と捉え、第３次に評価した。

　解説（P.122）には、「読書を通して新しい知識を得たり、自分の考えを広げたり深めたりすることが必要」とあることを踏まえて、生徒には、授業で取り上げた文学作品をきっかけに、同じ作者の文学作品に親しむ意図で読書することについての考えを深め、文章にまとめさせた。また、「図書館などで図書に触れることに加え、新聞やインターネットなどの図書の紹介欄にも積極的に目を通し、読書に対する自分の興味・関心の幅を広げながら、多くの図書を読んでいく」ために、関連する同じ作者の作品や、同じジャンルの様々な文章に触れるよう意識させた。読書の意義を感じさせるには、その楽しさや効用を実感する機会を年間の指導の中で効果的に設けることが必要である。

　また、「知識及び技能」の指導については、「思考力、判断力、表現力等」の指導の前に指導計画を設定することが多く見られるが、本単元案では思考力、判断力、表現力等の指導で文学作品を読む活動を行った後、学習過程で高まった文章を読むことについての自分の考えをワークシートにまとめる言語活動を設けた。思考力、判断力、表現力等の指導で、豊かに文章を読む活動を設定し、そのことと関連して学校図書館で様々な本に触れて読書をすることについての

【ICT の文書作成ソフトを用いたワークシート例】

広げ深める「読書」（興味・関心の幅を広げよう！）
　　　　　　　　　　　　　　　　　　　　　　　年　　組　氏名　　　　　　　　
１ 図書館で読んだ本について
　　本の題名「　　　　　　　　　」　作者（　　　　　　　　　　　　　　）
２ １の図書に触れた気持ち（複数選択可）
　　理解がより深まった　・　他の本も読みたい　・　新しい発見があった
　　その他（　　　　　　　　）
　　　その理由
３ 読書することへの興味・関心が高まりましたか？
　　高まった　・　変わらない　・　下がった
　　　その理由
４ 読書の意義と効用を記述してください。
　　　500字程度でまとめよう

考えを深め、指導事項に記された力を育成することを意図した。

　評価としては、ワークシートの生徒の記述を分析することで生徒の学習状況を見取った。

(2) ［思考・判断・表現］の評価

　［思考・判断・表現］①の「『読むこと』において、作品や文章に表れているものの見方、感じ方、考え方を捉え、内容を解釈している」状況を、「文章の語り手に着目しながら叙述を捉え、文章の内容や構成、展開などを踏まえて、自身の知識や経験なども踏まえて意味付けている」姿を（「おおむね満足できる」状況（B））と捉え、第2次に評価した。「批評文にまとめる」という言語活動を設定することで、生徒個々が解釈したことを文章化し、他者と交流することを通して指導事項に記された資質・能力の育成を図ることを主眼としている。

　「言語文化」においては、「精査・解釈」の指導事項が三つ位置付けられているが、それぞれの違いに着目すると、イの指導事項は、作品や文章に表れているものの見方、感じ方、考え方を捉え内容を解釈すること、ウの指導事項は、どのように書かれているか形式を評価すること、エの指導事項は、作品や文章の成立した背景や他の作品などとの関係を踏まえ内容の解釈を深めることとなっており、資質・能力としての「読み方」に違いがあることが分かる。このことを念頭におき、育成を目指す資質・能力としての各指導事項の特色を授業者が適切に理解したうえで授業を構想したい。

　また、［思考・判断・表現］の評価については、言語活動を通して学習指導要領に記された内容の指導事項による「評価規準」に基づき評価することになること、つまり、言語活動自体を評価するものではないことにも十分留意したい。

　これらのことを踏まえ、本単元においては、生徒個々が文章を解釈したことを批評文にまとめる言語活動を設定し、評価は、批評文の「記述の分析」を位置付けた。本単元の指導事項は、解説において、「内容を解釈するとは、叙述を基に捉えた、作品や文章の内容や構成、展開などを踏まえ、それらを読み手が知識や経験なども踏まえて意味付けることを指している。特に、文学的文章における登場人物の心情などについては文章中に明示されていないものもある。読み手は、明示されていない空白部分を自分の知識や経験などと関係付けなが

ら補い、登場人物の心情を解釈したり人物像をイメージしたりしながら、自ら
の作品世界を構築することになる。このような場合にも、単に恣意的に空白を
補うのではなく、捉えた作品や文章に表れているものの見方、感じ方、考え方
を踏まえつつ、自らの解釈が他者に説明できるような整合性を有するものであ
るかどうか十分検討することが必要である。」と記されている。生徒には叙述
を基に文章を意味付けることを意識させるとともに、自己の解釈を教室内で説
得力をもって伝えるために思考することを促し、ICT の文書作成ソフトを用
いて批評文を書かせた。本単元においては、文章を解釈する際の足掛かりとし
て、ICT のホワイトボードアプリを用い、生徒が自己の思考過程を整理する
際に活用させた。叙述を踏まえた思考を意識させつつ、叙述から自己の考えに
整合性をもたせる際に有効であると考えられる。

　例えば、生徒Kは、「第一夜」の男と女との会話に着目し、当初から「死に
ます」と繰り返し言っていた女に対して、視点人物である男（「自分」）の語り
が、一定せずに動いている点に着目していた。さらに、女の「百年、私の墓の
そばに座って待っていてください。きっと会いに来ますから。」という言葉を
受け、「それでも百年がまだ来ない…」「『百年はもう来ていたんだな』とこの
時初めて気がついた。」などの叙述を整理して分析していた。このように ICT
の機能を使うことで、叙述を生徒がどのように捉え、自分の思考を深めたか、
その過程を教師が見ることができる。

【ICT のホワイトボードアプリを用いて入力された生徒Kの記述】

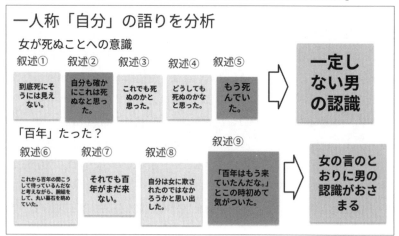

本単元では、評価の際生徒が ICT を活用して記述している場面を位置付けているが、ICT の特長は共有が容易であることなので、展開に応じ、例えば、生徒同士で着眼点を学び合ったり、生徒が思考したことを表出したりするなどの場面で、最適に ICT を活用したい。ここでは、「思考力、判断力、表現力等」における思考過程を見える化するために ICT のホワイトボードアプリを用いたが、教師としては、叙述を基にした思考を絶えず呼び掛け、根拠に基づく学習を促した。教師の「記録に残す評価」は、生徒の記述を中心材料とし、話合いや交流の様子を加味して、評価規準に照らし目標に対する実現状況を見取った。

　また、解釈が恣意的にならないためには、叙述に基づいて思考することが肝要となるが、その際、着目した部分同士の関係性が密接であったり、離れていることを結び付けたりすることがより学び合いとして発見に満ちたものとなることに留意したい。そのように意識された読みを生徒間で交流した後に第3次の図書館での学習に移行することで、本単元の「知識及び技能」の学びである読書の意義と効用を理解することにつながっていくといえる。これらのことを踏まえつつ、批評文を書く言語活動については、一度記入した批評文を生徒間で相互評価することで、改めて自分の解釈を相対化し、より他者の納得性を得られるよう、学習過程を構成した。

【ICT の表計算ソフトを用いた相互評価シート例】

	A	B	C
1	相互評価シート		
2	Oさん	Pさん	Qさん
3	叙述から文脈を適切に捉えている	叙述から文脈を適切に捉えている	叙述から文脈を適切に捉えている
4	A	B	B
5	物語の語りに着目している	物語の語りに着目している	物語の語りに着目している
6	B	C	B
7	文章を自分なりに意味づけている	文章を自分なりに意味づけている	文章を自分なりに意味づけている
8	B	B	B
9	○良かった点	○良かった点	○良かった点
10			
11	●改善点	●改善点	●改善点
12			

　第2次における相互評価は、生徒が自分の読みを他者（クラスメイト）の視点から相対化するのに有効である。ただし、相互評価は教師の「記録に残す評価」としてではなく、生徒の学習活動として設定する。相互評価

シートには、目標に基づいた評価の観点を示し、評価する側もされる側も単元の学びを焦点化して捉えながら評価し合えるよう配慮する。ここでは、相互評価シートをICTの表計算ソフトを用いて作成して、複数の生徒が同時に入力することができるようにしているほか、評価される側の生徒も自分の批評文に対する意見を一覧で確認することができる。このように学習過程を見える化することは、教師にも生徒個々の学びを見ることができる点で有効である。

　これらの学習過程を経てまとめられた生徒の記述は、例えば下の生徒Rの批評文の記述である。

【生徒Rの批評文の一部】

……男は、女との会話の中で、様々な疑問を抱いているが、結局女の言うとおりに物事が進んでいる。例えば、百年が本当に経っていたのかという点に関して焦点を当てると、「自分は女にだまされたのではなかろうかと思い出した」と、男は最終的に女の言のとおり百年が来ていたとし、第一夜の話が終えられている。

このことについて、本当に百年は来ていたのだろうか。会話の調子から捉えて、「自分」も「女」も子供ではなく大人と思われる（「墓標」等の言葉を用いていること、相手を「あなた」と呼んでいること等から勘案した）が、百年という歳月を「待つ」ことはそもそも現実的ではないと思われる。たとえ、この話がそもそも「夢」を題材にしていることや、「自分」や「女」が大人でなかったとしても、人間として生まれた者が百年を待つことは寿命の面で現実的な事実ではなく、「赤い日をいくつ見たかわからない」と自ら語っていることからしても、「百年」待っていたことの証明はできない。にもかかわらず、「自分」は「百年はもう来ていたんだな」と結論付けている。

このことから分かることは、男は女の言葉のレールの上に立っていて、百年が実際に来たかどうかが重要なのではなく、百年が来たと自分で認識することが重要だったのではないか。期待と不安の中で、「自分」は、百年という歳月とどう向き合い、どう百年を把握するか。一人称の語りを分析すると、女の言のとおりに合理化して百年を迎えるかどうかは分からない。女の言に囚われながらも、本当に百年が経ったときに女に会えたと自己解決している男の姿が浮かび上がる。……

　生徒Rは、男と女の会話や地の文、一人称の語りの分析を通して、「百年が経っていたのか」という点に焦点を当てて論じていた。叙述を部分部分で追うのではなく、全体の文脈の中から男と女の関係性を捉えており、「自分」が結局のところ、女の言に囚われ、女の言ったとおりになることの理由付けを探すように月日を過ごしていたと読んでいる。最終的には、男が、「百年が来た」ということを自己にとって納得ができるよう結論付けていることを読み取って

おり、「知識及び技能」として学び得た文脈についての理解を「思考力、判断力、表現力等」の学びに生かして解釈を深めていた。これらのことから、「作品や文章に表れているものの見方、感じ方、考え方を捉え、内容を解釈している」と判断し、「おおむね満足できる状況（B）」とした。

　一方、叙述を踏まえずに自身の主観や考えのみで記述していた生徒や、叙述を引用していても解釈につながりが見られない生徒については、「努力を要する」状況（C）と判断した。Cと評価した生徒に対しては、自分の解釈の基となった叙述を複数挙げさせ、そのつながりを自分がどのように捉えたのかを具体的に整理して記述するよう助言した。

　解説には、「知識及び技能」と「思考力、判断力、表現力等」の関係について、「国語で理解したり表現したりする様々な場面の中で生きて働く『知識及び技能』として身に付けるために、思考・判断し表現することを通じて育成を図ることが求められるなど、『知識及び技能』と『思考力、判断力、表現力等』は、相互に関連し合いながら育成される必要がある」とある。本事例では、「思考力、判断力、表現力等」の学びを経た後に「知識及び技能」として読書の意義を整理させることで、「生きて働く『知識及び技能』」としての指導を目指している。

(3)［主体的に学習に取り組む態度］の評価

　［主体的に学習に取り組む態度］①の「解釈を批評文にまとめる活動を通して、積極的に作品や文章に表れているものの見方、感じ方、考え方を捉え、読書の意義と効用について理解を深めようとしている」状況について、「学習の見通しをもち、語りに着目して積極的に文章を読み深め、解釈したことを批評文に書き表そうとし、読書への関心の幅を広げようとしている」姿を（「おおむね満足できる」状況（B））と捉え、第4次に評価した。

　「主体的に学習に取り組む態度」の評価は、生徒が「知識及び技能」を獲得したり、「思考力、判断力、表現力等」を身に付けたりすることに向けた分析的な側面を、主に毎時記入する振り返りシートで見取るようにした。生徒には、単元の授業開始時に単元の目標を示しているとともに、毎時の授業で「本時の重点」として特に意識したい力を示しており、振り返りシートには「本時の重

点」に沿った項目を設けて生徒が学びを振り返る際の視点を明確にした。

6　実践にあたって ■■■■■■■■■■■■■■■■■■■■■■■■■■■

　本単元案は、物語の語りに着目することで多様な解釈を引き出すことをねらいとし、『夢十夜』を取り上げ、生徒が視点を確かなものとしながら自分の言葉で作品世界を語る国語教室を目指した。

　生徒の自由な読みを許容することは、時に「恣意的な読み」との批判を受けることもあるが、他者の納得を得るために言葉から目を離さないことを共通の理解とした授業であれば、解釈の多様性を認め合いながら文学作品を読み深める教室空間が生まれるのではないか。その時、教師は、「どこに着目し、どう考えたからそう読みましたか？」と、絶えず生徒の言葉に好奇心をもって問い続け、生徒とともに学び合う存在でありたい。生徒がテキストを読むことに夢中になり、教室内で自分の解釈を豊かに語る姿を引き出すことが、「見方・考え方」が働いている「精査・解釈」の単元の指導の理想なのではないかと考える。教師が一読者として教材を読む際に最もおもしろいと思うことを、教師の口からではなく生徒の口から多様に湧き出てくる国語教室を目指したい。そのような学びをした生徒であれば、定番教材とされてきた『羅生門』について、「作者」と名乗る三人称の語り手が本当に下人の心理を正確に語っているのか疑問をもつのではないか。

　前述したように、「言語文化」は、「近代的な文章」を扱う時間は20単位時間程度と限られている。そのため、必履修科目である「言語文化」で「近代的な文章」を豊かな解釈で交流する場を持つことは、中学校の学びからの円滑な接続の意味で重要であるといえるとともに、高校段階で豊かに感性・情緒の側面を伸長させることができるであろう。選択科目である「文学国語」での発展的な学びにも確実につながっていくだろう。

　叙述に即した読みと、叙述から発展する読みを区別して考えたとき、後者こそが生徒の今後の人生を豊かにすると考える。生徒が豊かに想像力と創造力を働かせ、教室内で自分の読みを語るとともに、他者の読みから新たな発見を楽しみ、自分の読みを深めたり変容させたりする姿を引き出したい。

〔佐藤治郎〕

第3節 論理国語

【選択科目】 標準単位数：4単位

実社会において必要となる、論理的に書いたり批判的に読んだりする力の育成を重視した科目

（知識及び技能）	言葉の特徴や使い方に関する事項
	・論証したり学術的な学習の基礎を学んだりするために必要な語句 ・文や文章の効果的な組立て方や接続の仕方（理解を深める） ・効果的な段落の構造や論の形式
	情報の扱い方に関する事項
	・主張とその前提や反証など情報と情報との関係 ・推論の仕方（理解を深める）　など
	我が国の言語文化に関する事項
	・新たな考えの構築に資する読書の意義と効用

（思考力、判断力、表現力等）	話すこと・聞くこと
	―
	書くこと〔50〜60単位時間程度〕
	・批判的に読まれることを想定し、立場の異なる読み手を説得するために、多面的・多角的な視点から自分の考えを見直したり、論拠の吟味を重ねたりして、自分の主張を明確にしながら論述する学習　など 言語活動例▶・分析内容の報告文を書く　・考察内容の意見文を書く 　　　　　　・論説文を踏まえた短い論文を書く 　　　　　　・様々な観点からの意見論述をする　など
	読むこと〔80〜90単位時間程度〕
	・論理的な文章や実用的な文章を読んで、結論を導く論拠を批判的に検討したり、内容や解釈を多様な論点や異なる価値観と結び付けて、新たな観点から自分の考えを深めたりする学習　など 言語活動例▶・論理的、実用的な文章を読み内容や形式を批評する 　　　　　　・社会的な話題の論説文等を読み論述、討論をする 　　　　　　・学術的な基礎論文等を読み論述、発表をする 　　　　　　・複数の文章を読み比べる　など
	《教材》・近代以降の論理的な文章 　　　　・現代の社会生活に必要とされる実用的な文章 　　　　・翻訳の文章＊ 　　　　・古典における論理的な文章など＊

《教材》は、「内容の取扱い」に示されている教材の取扱いの抜粋である。
＊は、必要に応じて用いることができる、と示されているものである。

7 A書くこと
パラグラフ・ライティングの手法で小論文を書こう

単元名	内容のまとまり

単元名

パラグラフ・ライティングの手法で小論文を書こう

内容のまとまり

〔知識及び技能〕
(2)情報の扱い方に関する事項
〔思考力、判断力、表現力等〕
「A書くこと」

（授業例）

1 単元の目標 ■■■■■■■■■■■■■■■■■■■■■■■■■■■■■

(1) 主張とその前提や反証など情報と情報との関係について理解を深めることができる。

〔知識及び技能〕(2)ア

(2) 情報の妥当性や信頼性を吟味しながら、自分の立場や論点を明確にして、主張を支える適切な根拠をそろえることができる。

〔思考力、判断力、表現力等〕A(1)イ

(3) 立場の異なる読み手を説得するために、批判的に読まれることを想定して、効果的な文章の構成や論理の展開を工夫することができる。

〔思考力、判断力、表現力等〕A(1)ウ

(4) 言葉がもつ価値への認識を深めるとともに、生涯にわたって読書に親しみ自己を向上させ、我が国の言語文化の担い手としての自覚を深め、言葉を通して他者や社会に関わろうとする。

「学びに向かう力、人間性等」

2 本単元における言語活動 ▮▮▮▮▮▮▮▮▮▮▮▮▮▮▮▮▮▮▮▮

実社会の事柄について情報を収集して小論文を書き、批評し合う活動。

（関連：〔思考力、判断力、表現力等〕A(2)ウ）

3 単元の評価規準 ▮▮▮▮▮▮▮▮▮▮▮▮▮▮▮▮▮▮▮▮▮▮▮▮▮▮

知識・技能	思考・判断・表現	主体的に学習に取り組む態度
①主張とその前提や反証など情報と情報との関係について理解を深めている。((2)ア)	①「書くこと」において、情報の妥当性や信頼性を吟味しながら、自分の立場や論点を明確にして、主張を支える適切な根拠をそろえている。(A(1)イ) ②「書くこと」において、立場の異なる読み手を説得するために、批判的に読まれることを想定して、効果的な文章の構成や論理の展開を工夫している。(A(1)ウ)	①小論文を書くことを通して、情報と情報との関係を理解し、読み手を説得できるように粘り強く情報を収集し文章の構成を工夫する中で、自らの学習を調整しようとしている。

4 指導と評価の計画 （全6単位時間想定） ▮▮▮▮▮▮▮▮▮▮▮▮▮

【単元の流れ】

次	学習活動	指導上の留意点	評価規準・評価方法等
1	○単元の目標や進め方を確認し、学習の見通しをもつ。 ○構成が異なる二つの文章（新聞の政治・経済面記事と社説）を読み比べ、印象の	・常時黒板に掲示しておき、学習の見通しをもつよう促す。 ・グループで話し合った後ICTを用いて全体で共有する。特に大事な点は教師が	

第2章

7

論理国語

155

	違い、構成の意図を考える。	マーカーなどで強調し、生徒が実感をもてるよう働きかける。	

政治・経済面の記事の文章の特徴として想定される生徒の意見
- 伝えたいことを最初に書いている。
- 事実や情報が中心の文章である。
- 同じ内容を繰り返しているところがある。
- 分かりやすく、流して読むことができる。

	○パラグラフ・ライティングの構成を学ぶ。	・新聞記事を使って基本的な構成を説明する。	

【主な説明内容】
- 文章の先頭に概要となる総論のパラグラフを置く。
- 詳細は各論のパラグラフで書く。
- 各論のパラグラフは、それぞれ一つの内容（トピック）とする。
- 各論のパラグラフの先頭に要約文（トピックセンテンス）、他は補足の情報（データ、具体例、詳しい説明、主張の協調など）とする。
- 各パラグラフの先頭の要約文をつなげると文章全体の概要が分かるように書く。

	○パラグラフ内の文の並べ方について練習問題に取り組む。 ○文章全体の構成について練習問題に取り組む。	・教科書中の文章等を用いて、パラグラフの具体的なイメージを生徒がもてるようにする。 ・パラグラフの切れ目を考えさせたり、総論の文章を書いたりさせる。 ・理解が深められるよう、グループで意見交換をしながら活動させる。	[知識・技能] ① 「記述の点検」 小テスト ・パラグラフ・ライティングの文章構成を考える中で、情報と情報との関係を理解しているか点検する。
	○まとめの小テストを行う。	・ICT のクイズ機能を使って解答させる。	
2	○インターネットを用いて、小論文で用いる情報を収集する。 小論文のテーマ（選択） ・消費税の増税は必要か ・コンビニエンスストアの24時間営業は必要か ・ペットボトルは廃止すべきか	・様々な論点（自分とは異なる立場の考え方を含む）から収集させる（生徒の実態によっては、テーマを与える前に、どのような論点が考えられるかを全体で共有するのも有効である）。 ・数値等のデータを用	[思考・判断・表現] ① 「記述の確認」 デジタルノート上のワークシート ・集めた情報の妥当性を吟味しながら、自分の立場や論点を明確にして、主張を支える適切な根拠をそろえているかを確認する。

		いる場合は、元データを確認させる。	
	○収集した情報を基に各論のパラグラフの文章を書く。 ○小論文に用いるのに適した情報を決定し、その理由を記入する。	・集めた情報をデジタルノートに貼り付け、その隣に文章を書くよう指示する。	
3	○文章全体の構成を考える。 ○各論のパラグラフの冒頭文をつなぎ合わせて総論をつくる。 ○全体を読み直して、展開の流れがよくなるように言葉を加える。 ○まとめのパラグラフを書く。（任意） ○生徒同士で小論文を読み合い批評し合う。 ○自分の文章を推敲する。 ○振り返りシートをまとめる。	・デジタルノート上のパラグラフを並べ替えながら、読み手を説得できる順序を考えさせる。 ・接続詞や指示語、キーワードの繰り返しなどの言葉を加えるよう指示する（加えた言葉は色を変えるよう指示する）。 ・完成した文章をコピーし共有スペースに貼り付けるよう指示する。 ・良い点を中心に具体的にコメントし合うよう促す。 ・他の生徒の良かった点やもらったコメントを生かすよう促す。	[思考・判断・表現]② 「記述の分析」デジタルノート上のワークシート（小論文） ・批判的に読まれることを想定して、効果的な文章の構成や論理の展開を工夫しているかを分析する。 [主体的に学習に取り組む態度] 「記述の確認」振り返りシート、ワークシート ・情報と情報との関係を考えながら、読み手を説得できるように粘り強く文章の構成を工夫しようとしているかを確認する。

〔本授業例における評価の実際〕

5 観点別学習状況の評価の進め方 ■■■■■■■■■■■■■■■

　選択科目「論理国語」の「内容」の〔思考力、判断力、表現力等〕「A書くこと」に関する指導については、「内容の取扱い」⑴アに「50～60 単位時間程度を配当するものとし、計画的に指導すること」と示されている。このことを踏まえ、本事例では、「A書くこと」に関する資質・能力を目標として掲げ、

単元のまとまりの中でその育成を重点的に図る指導と評価の計画を示している。なお、本事例では、特に［思考・判断・表現］の評価について詳細に説明する。

(1)［知識・技能］の評価

［知識・技能］①の「主張とその前提や反証など情報と情報との関係について理解を深めている」状況を、「パラグラフ・ライティングの文章構成を考える中で、情報と情報との関係について理解を深めている」姿（「おおむね満足できる」状況（B））と捉え、第1次に評価した。

今回の学習指導要領改訂では、情報の扱い方に関する〔知識及び技能〕が、国語科において育成すべき重要な資質・能力の一つとして新設された。この事項は、「情報と情報との関係」、「情報の整理」の二つの内容で構成され、「現代の国語」及び「論理国語」に系統的に示されている。

本事例では「情報と情報との関係」についての〔知識及び技能〕の育成を目標とし、第1次において、パラグラフ・ライティングの文章構成を理解する活動を設定した。例文を用いて、書き手の主張、その前提となっている実社会の課題、また反証を捉えることで、パラグラフや文章の構成の仕方を考えられるよう配慮した。

そこで第1次の終わりを評価の場面と位置付け、知識・技能の理解度、定着度を、ICTのクイズ機能を用いた小テスト（【評価問題】参照）により点検した。授業中の練習を、同じような文章や形式で行ったため評価として無理がなく、ICTを用いることで、生徒は解答直後に結果を確認することができた。

合格点（「おおむね満足できる」状況（B））は、生徒の状況に応じて適切に設定するのがよい。ただし、この時点での理解が不十分であると、第2次以降の学習活動をスムーズに進めることができない。そのような状況（「努力を要する」状況（C））が見られる場合には、助言や支援として、復習の機会を設けたり、学習課題を指示したり、あるいは全体に再度説明したりして、確実に理解させておかなければならない。

また、実際に評価を行うに当たっては、第1次に学んだ〔知識及び技能〕が概念的な知識となって用いられているかを、生徒が実際に書いた小論文において確認し、総合的に評価することが望ましい。『高等学校学習指導要領（平成

30年告示）解説国語編』（P.80）には、「『知識及び技能』は、個別の事実的な知識や一定の手順のことのみを指しているのではない。国語で理解したり表現したりする様々な場面の中で生きて働く『知識及び技能』として身に付けるために、思考・判断し表現することを通じて育成を図ることが求められるなど、『知識及び技能』と『思考力、判断力、表現力等』は、相互に関連し合いながら育成される必要がある」と示されている。「書くこと」や「話すこと・聞くこと」の学習については特に、このことに留意して指導と評価を行う必要がある。

【評価問題】（文章は紙で配布。右の問題はICTのクイズ機能の問いの内容。）

①子どもがSNSを利用することを規制すべきだという意見がある。確かに ┌ A ┐ 。しかし、┌ B ┐ 。┌ C ┐ ┌ D ┐ 。

②子どもがSNSで事件に巻き込まれることが多いのは大人が使い方を教えていないからだ。警察庁の「令和元年の犯罪情勢」によると、SNSに起因する事犯の被害児童は過去5年間で26.0％増え、過去最多の2,082人となっている。ところがその被害児童のうち、学校で指導を受けていたと答えたのは半数程度しかいなかった。2割の親は子供のSNS使用実態を把握していないという内閣府の調査結果もある。

③現代社会において、大人たちはSNSをビジネスツールとして有効活用しており、必要不可欠なものとなっている。総務省が行った「通信利用動向調査」によると、20～50代のSNSを利用している割合は約8割と高い。イベントや製品のPRなどにSNSを使うことも多く、社会人にとってSNSは必要不可欠なものである。大人になってから必ず使うSNSを、子どもの間に規制する理由はない。むしろ早い段階から、正しい使い方を学んでおくべきだ。

④「使いながら学ぶ」ことができる他国の好事例が参考になる。┌ E ┐ 。┌ F ┐ 。┌ G ┐ 。入門編として好まれるSNSでは、メッセージを定型文でしか送れない工夫がされ、「炎上」を防いでいるそうだ。

⑤SNSは大人になれば誰もが利用するものであるため、頭ごなしに規制するのではなく、正しいSNSの使い方を教えていくことが重要である。

Q1 空欄A～Dに当てはまる文はどれか（当てはまらない文が一つある）。

①子どものうちから、SNSの使い方を学ぶ機会を設ける必要がある。

②SNSを通じて子どもがトラブルに巻き込まれたという報道を目にすることが多い。

③他国の好事例も参考に、「使いながら学ぶ」取組を進めていくべきだ。

④実社会において、SNSは有効なビジネスツールとして用いられている。

⑤子どもの場合に特に多いのは、子ども同士での人間関係のトラブルである。

Q2 次に挙げる役割のパラグラフとして最も適当なものを、文章中の①～⑤のパラグラフから選べ。

・主張を繰り返してまとめとする役割
・文章の概要を述べる役割
・主張を進めるための方策を示す役割
・主張の根拠となる事実を示す役割
・異なる立場の側の根拠を検討する役割

Q3 空欄E～Gに当てはまる文はどれか。（当てはまらない文が一つある）

①学校ではパソコンの授業がありインターネットの危険性も教えられる。

②家庭では子どもの年齢に応じたSNSにアカウントをもたせ、ルールを決めて使わせているという。

③フランスではインターネットやSNSを禁止してはいない。

④子どもにネットモラルを教えるのは親の責任である。

(2)〔思考・判断・表現〕の評価

〔思考・判断・表現〕①の評価

「『書くこと』において、情報の妥当性や信頼性を吟味しながら、自分の立場や論点を明確にして、主張を支える適切な根拠をそろえている」状況を、「集めた情報の妥当性を吟味しながら、自分の立場や論点を明確にして、主張を支える適切な根拠をそろえている」姿（「おおむね満足できる」状況（B））と捉え、第2次に評価した。

本事例においては、各論のパラグラフを三つ書くことを指示した上で、情報収集の際には自分とは異なる立場の考えについての情報を含めること、引用されたデータを用いる場合は元データを確認することを指導した。また、デジタルノート上のワークシートに、小論文に使用する題材を選択した理由の記入欄を設けることで、生徒が妥当性を吟味しながら情報を決定できるよう配慮した。

そこで、評価の材料をそれぞれの生徒のデジタルノート上のワークシートとし、第2次の終わりに評価規準に基づいて確認することで評価した。

生徒Wは【生徒Wのデジタルノート上のワークシート】のように、収集した情報の中から、世界規模の問題、日本社会の問題、経営上の問題という三つの角度から小論文を書くことを決めている。情報の中身にも環境、生活、経営という多様さがあり、理由の中には批判的な読み方への反論も想定されている。このことから、「集めた情報の妥当性を吟味しながら、自分の立場や論点を明確にして、主張を支える適切な根拠をそろえている」ものとして「おおむね満足できる」状況（B）と評価した。

一方、生徒Xは消費税増税に賛成の考えを書く情報として、①社会保障費の増大、②税収として安定、③税負担が平等、の三つを選択したが、増税の説明にとどまる一面的なものとなっていた。またその理由は「少子高齢化が進む中

【生徒Wのデジタルノート上のワークシートの一部】

自分が収集した情報

深夜におけるコンビニエンスストア・スーパーマーケット対象強盗事件の発生時間帯別認知事件数

時間 年次	22~	23~	0~	1~	2~	3~	4~	5~	6~	総数
H27	15	18	18	38	50	65	45	11	6	266
H28	9	13	17	40	62	79	73	16	13	322
H29	4	8	10	18	32	46	44	17	3	182

出典：警視庁の犯罪情勢（平成30年）

コンビニエンスストアの深夜営業規制に賛成の理由（％）

省エネ効果がある	23
治安悪化の要因だ	41
夜型のライフスタイルを改善できる	17
深夜に利用しない	18

出典：NTT コムリサーチ Web ページ

各論のパラグラフの文章

コンビニエンスストアの深夜営業は、強盗事件や少年のたまり場となるなど治安悪化の要因となりやすい。警視庁の統計によれば，強盗発生件数の約8割が、深夜1時から5時に発生している事件である。また、営業時間短縮に賛成する人の約4割が治安のことを理由に挙げている、という調査結果もある。

小論文に使用する題材

① 食品ロスの減量　② 犯罪・治安悪化の解消　③ 店の利益の問題

選択理由　持続可能な開発目標の一つとなっている食品ロス問題、日本の防犯上の問題、経営者の利益の問題という3つのレベルの情報とした。店の利益が減るように思われがちだが、実際はそうではないことを③で説明する。

で社会保障を充実、安定させる必要があると考えた」というものであり、異なる立場の考えについての想定が欠如していることから「努力を要する」状況（C）と判断し、本人が理由に記入している少子高齢化の情報を掘り下げてみること、また、反対側の意見の根拠を調べて再考することを助言した。

［思考・判断・表現］②の評価

　「『書くこと』において、立場の異なる読み手を説得するために、批判的に読まれることを想定して、効果的な文章の構成や論理の展開を工夫している」状況を「批判的に読まれることを想定して、小論文の構成や論理の展開を工夫している」姿と捉え、第3次に評価した。

　『高等学校学習指導要領（平成30年告示）解説国語編』（P.158）「論理国語」では、「効果的な文章の構成や論理の展開を工夫することは説得力のある文章

を書き、自らの考えを相手に納得させ、同意や共感を得るために欠くことができない」と記した上で、論証する文章の構成や論理の展開例として、本事例の文章構成が例示されている。

　これを踏まえ、収集・整理した情報を用いて小論文を書かせ、文章の構成や論理の展開を分析することで評価した。また［知識・技能］の評価のところでも述べたように、第１次で学んだことを用いて文章を書くことができているかを確認し、［知識・技能］の評価の一部とした。

【生徒Yの小論文】（総論のパラグラフは除いてある）

> 　ペットボトルはプラスチックごみの一つであり、海洋汚染の原因になっている。環境保全団体WWFは、世界中で毎年800万トンのプラスチックごみが新たに海に流入していると推定し、海の生態系に甚大な影響を与えているとしている。レジ袋やプラスチック製のストローについては、すでに削減や廃止に取り組む動きも出ている。
> 　一方、日本のペットボトルリサイクル率は高く、飲料業界ではボトルからボトルへの完全循環への取組も始まっている。日本の現在のリサイクル率は86％だが、業界ではこれを2030年までに100％に高めることを目標としている。回収したボトルは現在も様々な再利用がされているが、ペットボトルからペットボトルへの完全循環の割合は12％であり、実現には長い時間がかかりそうだ。
> 　そのような中、生活雑貨を扱うある全国的企業では、販売する飲料の容器をペットボトルからアルミ缶へ切り替えた。アルミ缶は自治体の回収ルートが確立しており、廃棄されることが少ないという。光をさえぎるため賞味期限が長く、食品ロス削減の期待もできるそうだ。店舗内に給水器を設置し、水筒を持参すれば無料で給水できるというサービスも興味深い。
> 　SDGsの課題となっている海洋汚染の問題に早急に取り組むためには、ペットボトルをどのように再利用するかではなく、生産そのものの削減に世界全体で取り組むことのほうが近道であると考える。

　例えば【生徒Yの小論文】は、批判的に読まれることの想定として、二つ目のパラグラフにリサイクルをさらに進める立場の側の考えを取り上げ、その実現には時間がかかることを論じている。また、一つ目のパラグラフにペットボトル廃止論の主要因である海洋汚染の問題を詳述し、三つ目のパラグラフで主張の具体例である代替容器への切り替えを提示する構成、展開も自然である。さらに、各パラグラフをつなぐ、「一方」「そのような中」といった表現、また全体を貫く「すでに」「長い時間」「早急に」という時間を表す言葉も主張を支えている。これらのことから、「おおむね満足できる」状況（B）と評価した。

　これに対して、異なる立場の考えに対する反論が明確にされていないもの、

三つのパラグラフの論理的なつながりが十分でないもの、各パラグラフをつなぐ言葉が適切に用いられていないものなどについては、評価規準に照らして「努力を要する」状況（C）と判断した。Cと判断した生徒に対しては、Bを実現するための具体的な手立てとして、不備の部分を指摘するとともに、総論のパラグラフとの対応を確認して再考すること、また他の生徒の文章の良いところを参考にしながら推敲することなどの助言を行った。

　パラグラフ・ライティングの文章構成は、総論あるいは各パラグラフの冒頭文を読むことで文章の骨格が把握できるため、文章の構成や論理の展開を評価するのに適していると思われる。

　なお、「書くこと」の評価は一般に評価者の負担が大きくなりやすいが、【本事例におけるデジタルノート上のワークシート】のようなポートフォリオ形式の記録を使うと、文章構成や学習の過程が視覚化され、評価の負担軽減と、質の向上を図ることができる。

【本事例におけるデジタルノート上のワークシート】

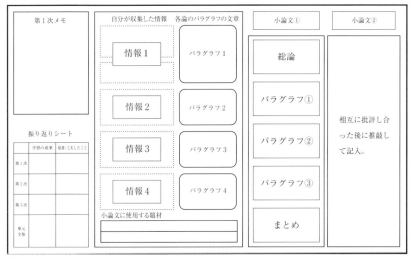

ポイント

○パラグラフ・ライティングの文章は、文章の構成や論理の展開を評価するのに適している。

○デジタルノートは紙のような物理的制限がなく、一つのワークシートの中にすべての学習活動を収めることができる。学習者・評価者双方にとって、大きなメリットがある。

(3) [主体的に学習に取り組む態度] の評価

　[主体的に学習に取り組む態度] ①の「小論文を書くことを通して、情報と情報との関係を理解し、読み手を説得できるように粘り強く情報を収集し文章の構成を工夫する中で、自らの学習を調整しようとしている」状況を、「情報と情報との関係を考えながら、読み手を説得できるように粘り強く文章の構成を工夫しようとしている」姿（「おおむね満足できる」状況（B））と捉え、第3次に評価した。

　「児童生徒の学習評価の在り方について（報告）」（平成 31 年 1 月）には、「主体的に学習に取り組む態度」の評価の基本的な考え方について、次のような記載がある。

　　　知識及び技能を獲得したり、思考力、判断力、表現力等を身に付けたりするために、自らの学習状況を把握し、学習の進め方について試行錯誤するなど自らの学習を調整しながら、学ぼうとしているかどうかという意思的な側面を評価することが重要である。

　本事例において目標とした、立場の異なる読み手を説得する文章を書くために、情報の扱い方と文章構成の方法を理解した上で表現することについて、生徒が自らの学習状況をどのように意識し、学びを深めたのかを、主に振り返りシート中の単元全体についての記述を基に分析した。また、デジタルノート上のワークシートも適宜併せて参照し、学習活動全体を通して評価を行った。

【生徒 Z の振り返りシートの記述】（単元全体の部分）

〈学習の成果〉
　パラグラフ・ライティングを意識して文章を書いたのは初めてであり、最初は難しく感じたけれど、私たちが普段目にする文章の多くが、このような形式で書かれていることに気付いた。特に、新聞やネットのニュースでは、全部を細かく読むわけではないから、最初の総論で概要が分かるのは便利であることが分かった。実際に書いてみて、情報収集と、その並べ方によって、伝わり方が変わることが実感できた。

〈学習活動の中で意識・工夫したこと〉

いちばん意識したのは情報の収集だった。練習のときの例文のように、自分の考えを伝えるのにふさわしい情報を、いろいろな角度から集められるようにネットで探した。

情報が正確なものかを確かめるために、元のデータを探してもなかなか見つからずに苦労した。

三つの情報を並べて小論文にするときには、反対の主張のパラグラフをどこに置くかで試行錯誤した。今回は最初にしたけれど、最後に置く書き方もあると思った。

友達の文章を読むと同じような情報が多かったので、自分の個性を出すためには別の角度から考える必要があると思った。

　生徒が学習活動を適切に振り返ることは、学習内容や身に付けた資質・能力を意識化し、以後の学習につなげさせる上でたいへん有効である。そのためには、上記の「成果」「意識・工夫したこと」のように、学習活動をプラスに捉えさせるよう留意する。また、意思的な側面である［主体的に学習に取り組む態度］は表に出にくいものでもあるので、生徒が自覚する「意識・工夫」を明らかにさせることは、評価を行う上でも有効である。

　【生徒Ｚの振り返りシートの記述】において、生徒Ｚは自分の考えを伝えるのに妥当な情報を収集し、文章構成にも粘り強く取り組んだと自覚しており、これは評価規準に合致している。また学習活動全体の意義を理解して今後の学習を調整しようとする思いも読み取れる。ワークシートにより単元全体における学習の様子も確認し、「おおむね満足できる」状況（Ｂ）とした。

　一方、振り返りの記入が不十分であるものや、「意識・工夫したこと」を評価規準とは関係のない活動で捉えているものなどは「努力を要する」状況（Ｃ）と判断した。Ｃと判断した生徒に対しては、Ｂを実現するための具体的な手立てとして、記入のポイントについて説明しながら学習活動を振り返らせ、再記入することを指示した。

ポイント

○ 「書くこと」についての意思的な側面を見取るためには、生徒が自身の学習活動をプラスに捉えることができるように、振り返りシートへの記入のさせ方を工夫する。

○ ［主体的に学習に取り組む態度］の評価が、主観的、恣意的なものとならないように、単元全体における学習の様子も確認して評価するよう努める。

6 実践に当たって ▪▪▪▪▪▪▪▪▪▪▪▪▪▪▪▪▪▪▪▪▪▪▪▪▪▪▪▪▪▪

　国語科でも、世界標準のライティング技術を指導する必要がある。英語の文や文章は結論が先、詳細は後という書き方だ。また一つのパラグラフには一つのトピックが基本である。日本語の文章においても、大学でのレポートや論文、新聞記事、あるいはネットニュースなど、ほとんどの文章においてそのような書き方がされていて、考え方やコミュニケーションの原則ともなっている。

　ビジネス界で通用する文章の書き方という視点ももたなければならない。急速に変化する現代の社会においてはスピードが求められる。「序論・本論・結論」「起承転結」といった文章構成が通用する社会は限定的だ。概要と結論を最初に示し、短時間で考えが伝わる文章を書く力が社会人として必須である。

　新学習指導要領で追加となった、情報の収集と扱い方についての指導も重要である。インターネットで情報を集めることは、もはや全人類にとって当たり前のことであり、大切なのは情報の信頼性や妥当性を見極める力、そして情報を整理して自分の主張を展開していく力である。主張の内容よりも集めた情報のほうが文章の価値を左右すると言ってもよい。

　細かい工夫については書ききれなかったが、各学校、各自で研究していただきたい。

参考文献
倉島保美『論理が伝わる 世界標準の「書く技術」「パラグラフ・ライティング」入門』（講談社ブルーバックス、2012年11月21日）
倉島保美『書く技術・伝える技術』（あさ出版、2019年6月24日）

〔折居　篤〕

8 B読むこと

「異文化との出会い」をテーマにした様々な文章や資料を読んで、自分の考えをレポートにまとめて交流しよう

キーワード ICTの活用、見通しと振り返りの工夫、評価方法の工夫（ワークシートやレポート）

単元名	内容のまとまり
「異文化との出会い」をテーマにした様々な文章や資料を読んで、自分の考えをレポートにまとめて交流しよう	（知識及び技能） (1)言葉の特徴や使い方に関する事項 （思考力、判断力、表現力等） 「B読むこと」

授業例

1 単元の目標

(1) 論証したり学術的な学習の基礎を学んだりするために必要な語句の量を増し、文章の中で使うことを通して、語感を磨き語彙を豊かにすることができる。　　　　　　　　　　　　　　　　　〔知識及び技能〕(1)イ

(2) 設定した題材に関連する複数の文章や資料を基に、必要な情報を関係付けて自分の考えを広げたり深めたりすることができる。

〔思考力、判断力、表現力等〕B(1)キ

(3) 言葉がもつ価値への認識を深めるとともに、生涯にわたって読書に親しみ自己を向上させ、我が国の言語文化の担い手としての自覚を深め、言葉を通して他者や社会に関わろうとする。

「学びに向かう力、人間性等」

2 本単元における言語活動

　同じテーマについて書かれた様々な資料を読んで、自分の考えをレポートにまとめて、他人と読み比べる。

（関連：〔思考力、判断力、表現力等〕B(2)エ）

3 単元の評価規準 ■■■■■■■■■■■■■■■■■■■■■■■■■■■■■

知識・技能	思考・判断・表現	主体的に学習に取り組む態度
①学術的な学習の基礎を学ぶために必要な語句の量を増し、文章の中で使うことを通して、語感を磨き語彙を豊かにしている。((1)イ)	①「読むこと」において、設定した題材に関連する複数の文章や資料を基に、必要な情報を関係付けて自分の考えを広げている。(B(1)キ)	①自分の考えをレポートにまとめて、他人と読み比べることを通して、学術的な学習の基礎を学ぶために必要な語句の量を増し、積極的に必要な情報を関係付けて自分の考えを広げられるよう、自らの学習を調整しようとしている。

4 指導と評価の計画（全6単位時間想定）■■■■■■■■■■■■■

【単元の流れ】

次	学習活動	指導上の留意点	評価規準・評価方法等
1 （1単位時間）	○単元の目標や進め方を確認し、学習の見通しをもつ。 〈主教材〉 今福龍太「ファンタジー・ワールドの誕生」『精選現代文B改訂版』（筑摩書房）。 〈参考資料〉 宮崎大輔、見田宗介、青木保等の異文化理解をテーマにした文章など。	・単元の目標や単元の流れ、参考となる資料、映像、関連するホームページのリンクについては，GoogleClassroomにて予め配信しておく。 ・第3次で「主教材の筆者が指摘する異文化に対する『差異』の視点を踏まえ、紹介した複数の資料を参考に任意の話題を選び、『観光』または『異文化理解』のいずれかのテーマで自分の考えを書く」というレポートを作成することを明示し、学習の過程で情報を集めておくように指示する。	

	○テーマ（観光を題材としたポストモダンにおける異文化理解）について書かれた主教材となる文章を読み、文中で提示されている映画の映像や関連資料をタブレット端末にて確認して、主教材の構成についてノートに整理する。	・主教材の概要を把握する段階での個人学習の際には、第2次のグループで担当する部分は決めずに、まずは各自で捉えた全体の構成をメモとして残すように指示する。	
2（3単位時間）	○六人班（二人×3ペアで1グループ）を作り、本文全体を3段落に分けてペアで担当箇所を決め、概要について図示、表など工夫してA4判の白い紙（以下、本単元では「ペーパー」と呼ぶ）にまとめる。 ○完成したペーパーをタブレット端末のカメラで撮影して、ロイロノートの提出箱（段落ごと）に提出した上で、クラウド上で共有し、他のグループの同じ担当箇所のペアと内容を説明し合って確認する。 ○最初のグループに戻って、担当箇所のペーパーを元にグループで説明し、内容について確認する。	・担当箇所をまとめる際には、〈ア〉100字程度の概要、〈イ〉概要について図示、表などに整理、〈ウ〉指定した語句について筆者の用いている意味を説明、〈エ〉教科書の脚問などの課題を示し、二人で課題について相談して、分担してペーパーにまとめさせる。 ・段落ごとにまとめたペーパーを基に、他のグループの同じ担当箇所のペアに対して説明することで、内容や本単元で鍵となる語句の概念の理解について相互に確認させる。 ・主教材の内容を確認させるとともに、第3次のレポートを書くために必要な情報を各自のノートにメモすることを指示する。	[知識・技能] ①「記述の点検」ペーパー ・ペーパー内でまとめた内容について、筆者の意図する語句の意味を理解して記入しているかを点検する。

| 3
（2単位時間） | ○第2次までに学習した内容を振り返り、「主教材の筆者が指摘する異文化に対する『差異』の視点を踏まえ、紹介した複数の資料を参考に任意の話題を選び、『観光』または『異文化理解』のいずれかのテーマで自分の考えを書く」レポートを作成する。 | ・レポートについてはGoogle Classroom にて、次の観点を記した様式を配信して、各自でタブレット端末を使ってドキュメントファイルを作成させる。
※「観光」、「異文化理解」のいずれかのテーマを選択し、【観点1】主教材の筆者の指摘から考えたこと、【観点2】主教材以外に選択した資料の考察、気付き、【観点3】これからの望ましいあり方の提言、の観点例を踏まえて記述させる。
・提出されたレポートを確認して、第2次で学習した語句の理解に基づいて記述することが不十分なものについては、Google Classroom のコメント機能を使って指摘し、推敲を促す。 | [思考・判断・表現] ①
<u>「記述の点検・分析」</u><u>レポート（文書ファイルにて作成）</u>
・教師用端末にて、作成中のレポートをリアルタイムで確認して複数の情報を適切に活用しようとしているか、点検する。
・選択した題材に関連する資料の中から、必要な情報を関係付けて筋道を立て、自分の考えを述べているかを分析する。

[知識・技能] ①
<u>「記述の点検」</u><u>レポート</u>
・第2次で理解した語句をレポートの中で適切に用いて記述しているかを点検する。 |
| | ○作成したレポートを選択テーマごとに配信し、自分と同じテーマのレポートに対するコメントをロイロノートのカードに書いて、レポートの作成者に送付する。 | ・提出されたレポートをテーマごとに印刷して「十分満足できる」状況のものからPDFにまとめて提示する。
・同じテーマのレポートを3名程度選択させ、読んで感じた新しい気付きとそのことに対する自分の考えをロイロノートのカードに記入して、それぞれレポートの作成者に送付させる。 | [主体的に学習に取り組む態度] ①
<u>「記述の分析」</u><u>ロイロノートのカード</u>
・自分のレポートと読み比べ、同じテーマで書いた他の生徒がどのように情報を関連付けて自分の考えを述べているか、新しい気付きを記述しているかを分析する。 |

5 観点別学習状況の評価の進め方 ▮▮▮▮▮▮▮▮▮▮▮▮▮

　選択科目「論理国語」の「内容」の〔思考力、判断力、表現力等〕「Ｂ読むこと」に関する指導については、「内容の取扱い」(1)イに「80〜90単位時間程度を配当するものとし、計画的に指導すること」と示されている。このことを踏まえ、本事例では、「Ｂ読むこと」に関する資質・能力を目標として掲げ、単元のまとまりの中でその育成を重点的に図る指導と評価の計画を示している。なお、本事例では、特に、「思考・判断・表現」の評価について詳細に説明する。

(1)〔知識・技能〕の評価

　〔知識・技能〕①の「学術的な学習の基礎を学ぶために必要な語句の量を増し」ている状況を、「ペーパー内でまとめた内容について、筆者の意図する語句の意味を理解して記入している」姿（「おおむね満足できる」状況（Ｂ））と捉え、第２次に評価した。また、「文章の中で使うことを通して、語感を磨き語彙を豊かにしている」状況を、「第２次で理解した語句をレポートの中で適切に用いて記述している」姿（「おおむね満足できる」状況（Ｂ））と捉え、第３次に評価した。

　豊かな思考を支えるためには、専門的な学習に必要な語句の獲得が不可欠である。本単元においては、「異文化との出会い」をテーマに様々な文章や資料を読んで、自分の考えをまとめることを求めているが、そのために必要な語彙の獲得について、単元内の第２次と第３次の言語活動においてそれぞれ評価することとした。

　具体的には、まず単元の前半にあたる第１次から第２次の学習においては、主教材の文章中に出てくる「プリミティヴ」、「コンテクスト」、「文化的コード」、「植民地主義」、「土着性」、「コロニアリズム」、「差異」などの語句について、文化人類学等において学術的に共通して用いられている意味の理解に加え、筆者がこの文章中において特定の意味として定義をして用いている語句についても、併せて確認しながら学ぶ必要があると考えた。このことについては、第

【生徒の作成したペーパーの記述】

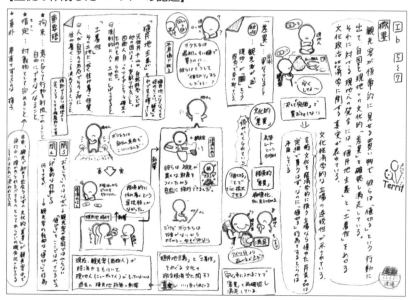

　２次において、主教材の内容をまとめる学習課題の記述を点検することでその評価を行うこととした。ペアで分担した自身の担当する課題をまとめたペーパーに記述した〈ア〉100字程度の概要、〈イ〉概要について図示、表などに整理、〈ウ〉指定した語句について筆者の用いている意味を説明する、といった課題の記述を点検することで、本単元のテーマにおける学術的な見方・考え方に必要な語句の定着を評価することとした。

　例えば、上の生徒の作成したペーパーの記述においては、主教材の文章中に用いられている語句「差異」について、本来の「異なっている」という意味を示した上で、文章中では、観光客と現地人の関係性を示す語句として筆者が用いていることを指摘して、概要をまとめる図に示している。そのほか担当部分の重要な語句についても、同様の指摘ができていることを踏まえ、「学術的な学習の基礎を学ぶために必要な語句の量を増し」てまとめていると判断し、「十分満足できる」状況（A）と評価した。

　一方、ペーパーの記述に語句の説明があっても、辞書的な意味を指摘するに留まり、文章中で筆者が「　」を付すことで特定の意味で用いているにも関わ

らず、その指摘ができていない生徒については「努力を要する」状況（C）と判断した。

　なお、評価に当たっては、［知識・技能］の評価を単元内に２回設定していることを踏まえ、第２次の評価を中心とすることとし、次に示す第３次の評価においては、特に第２次で「努力を要する」状況（C）の生徒を中心に指導することとしている。

　第３次においては、第２次までに学習した内容を振り返り、「主教材の筆者が指摘する異文化に対する『差異』の視点を踏まえ、紹介した複数の資料を参考に任意の話題を選び、『観光』または『異文化理解』のいずれかのテーマで自分の考えを書く」レポートを課している。このレポートの記述を基に、［知識・技能］①の後半部分「文章の中で使うことを通して、語感を磨き語彙を豊かにしている」状況の評価を行うこととした。

　レポートの記述において第２次までに理解した語句を、自分の考えを述べるために適切に使うことができているかどうかを点検することで、本単元で学習した分野の、学術的な学習の基礎を学ぶために必要な語句を、レポートの中で適切に使っているかどうかを確認した。

　右の生徒のレポートでは、主教材の筆者が定義した「差異」の意味を理解した上で、他の筆者の文章中のテーマに結び付けて記述している。異文化理解における「差異」が意味する「優劣」の意味を指摘した上で、自身の「恵まれている」環境にも当てはめて、自分の考えを述べている。獲得した語句によって、新たに提示された情報を精査し、その共通点を見出して筋道を立てることに活用できている点を、語句の獲得において質的な深まりがあったと判断し、「十分満足できる」状況（A）とした。

　「努力を要する」状況（C）と判断した例としては、同じ語句を使

【生徒のレポートの記述】

　宮崎の文章で述べられていたように、幸せの定義は人によって様々だ。西欧人がわざわざジャングルに行って確認しに行く「差異」も所詮、彼らの物差しで測った優劣でしかない。私の思う「恵まれている」にも同様のことが言える。

　発展途上国の人の中には、私たちの生活を豊かだと羨む人もいるかもしれないし、学業や仕事に追われ、お金や地位に囚われ、生き急ぐ私たちは不幸だと思う人もいるかもしれない。発展途上国の人を見下して、自分のアイデンティティを確立しようとするのは、そういう意味でも間違っていると思う。

てはいるものの、本単元のテーマにおいて学術的に意味するレベルで用いることができていなかったり、用いようとはしているものの、文脈において十分にその意味を表すことができていなかったりしたものが挙げられる。レポートの記述から語句の獲得が不十分と判断した生徒については、主教材の筆者が用いた定義を踏まえた語句の意味について再度確認させ、自分の考えの論旨や文脈にふさわしい用い方をしているか、再検討するように促した。

 ポイント 　語彙として獲得するためには、言葉の意味の理解だけに止まらず、内容をまとめるために使ったり、自分の考えを表すために使ったりすることで、語感を磨くことが必要である。

(2) ［思考・判断・表現］の評価

　［思考・判断・表現］①の「『読むこと』において、設定した題材に関連する複数の文章や資料を基に、必要な情報を関係付けて自分の考えを広げている」状況を、「作成中のレポートをリアルタイムで確認して複数の情報を適切に活用しようとしている」姿、及び「選択した題材に関連する資料の中から、必要な情報を関係付けて筋道を立て、自分の考えを述べている」姿（「おおむね満足できる」状況（B））と捉え、第３次に一体的に評価した。ここでは、ICT端末の機能を使うことにより、完成したレポートの記述だけでなく、記述中の情報を取捨選択する姿もリアルタイムに見取ることで、蓄積した情報をどのように関係付けて思考しているかについても、捉えることをねらった。

【ICT端末に配信した様式の例】

課題A（異文化理解）　課題B（観光）（←自分の選択した課題を残してもう一方を削除）
「　タイトル　」

　　　　　　　　　　　　　　　　　　　　　　２年〇組〇番　氏名〇〇〇〇
１　今福の指摘から異文化理解（または観光）について私が考えたこと
２　選択した資料からの考察、気付き
３　異文化理解（または観光）について私の考え、これからの望ましい在り方の提言
（←今回の項目１、２、３は構成（観点）の例示です。この構成（観点）を参考に自身で工夫してパラグラフ（段落）を設定しても構いません。）

参考文献
（←授業者が示した資料以外に書籍、新聞、ネットなどの情報を参照した場合は明記すること。）

本単元における［思考・判断・表現］の評価においては、生徒が主体的に学習に取り組む態度を育成するために、単元の学習過程の中で獲得する概念を用いて、自分で問いを立ててレポートにまとめることを求めている。その際に、提示された複数の参考資料をきっかけに、それまでの学習経験や身に付けてきた能力などを生かして、自分の考えを広げることができているかがポイントとなる。

『高等学校学習指導要領（平成30年告示）解説国語編』（P.170）では、「関連する複数の文章や資料を基にとは、題材を考察するための手立てである」とした上で、「設定した題材に関する情報を収集、整理し、それについて分析、考察を行って分かったことや考えたことをまとめるなどの学習を取り入れること」が示されている。単元の言語活動は、このことを踏まえて設定したものである。

また本実践の特徴として、ICT端末を活用することで、次の2点において従来とは異なる導きが可能となっている。1点目は、授業者が動画や写真、関係するインターネットサイトなどの多様な関連する情報を提供することが可能となり、題材をより深く理解するための多様

な視点を生徒がもちやすい点、2点目は Google Classroom にてドキュメントの様式を配信して生徒がレポートを作成することにより、一人一人の記述している状況を教師用端末でリアルタイムで確認することができる点である。

特に2点目のレポートの構成を生徒が考える過程を確認することが可能となったことで、レポートの全体構成を作成する際に、どのような情報を関係付けようとしているか、机間巡視よりも詳細に把握することができる。そこで［思考・判断・表現］の評価においては、レポート作成の過程と提出されたレポートを一体的に評価することとした。

例えば、次の生徒のレポートでは、作成途中の記述では、他の資料の内容や筆者の考えには言及されているものの、第3次までに学習してきた題材に関す

る概念や、主教材の筆者の主張と関連付けて自分の考えを整理するまでには至っていなかった。そこで、生徒のノートにメモされていた「観光」について、第２次までにまとめられた情報と関連付けて整理することを助言したところ、提出されたレポートでは「観光」との関連に加え、「近代化」、「時間」という他の資料にある概念との共通点を指摘して自分の考えを広げることができた。これらのことから、評価規準を満たしていると判断し、「おおむね満足できる」状況（B）と判断した。

【生徒のレポートの記述】

（作成途中のレポートの一部）

　私は資料２の見田宗介「鏡の中の現代社会」を選択した。この文章は、異文化理解について書かれており、単に異文化を分かろうとするのではなく、近代化し秒単位で物事が進んでいく多忙な日々に何か新しいヒントを得て発展過程の中で失いかけていたことに気付き、理想とする生き方を想像させることを可能にするということを筆者は述べていた。

（授業者の指摘後に上記に続けて記述されたもの）

　「観光」においても同じことが言える。自分の生活と異国での生活習慣とを比較して相違点を発見し、今後の生活に活かせることができれば理想的である。見田が数回述べている「目には見えないものを失った」とは我々が生きていく上での核心を喪失したということだろう。近代化が発展していく中で、近代化の遅れている民族や部落に違和感を感じるのは時間枠に囚われながら生活し、常に向上していかなければならないという意識が脳に埋め込まれているからであろう。

　一方、自分が設定した題材についての考察が、単なる選択した資料の要約の羅列に止まったり、本単元で学習してきた題材に関わる学術的な学習の基礎を学ぶために必要な語句の示す概念との共通点を指摘しきれていなかったりする生徒については、「努力を要する状況」（C）と判断した。Cと評価した生徒に対しては、自分と同じテーマを選んだ他の生徒のレポートを読んでコメントをさせる際に、「十分満足できる」状況（A）の生徒のレポートを読むように指示することで、自らのレポートと比較させて振り返りを行い、次回以降の学習の充実につなげるように助言した。

ポイント

　ICT端末を活用することで、生徒が複数の文章や資料をレポートにまとめる際に、どのように関係付けて文章を書くのか、その過程を指導することができる。

（3）［主体的に学習に取り組む態度］の評価

　［主体的に学習に取り組む態度］①の「自分の考えをレポートにまとめて、他人と読み比べることを通して、学術的な学習の基礎を学ぶために必要な語句の量を増し、積極的に必要な情報を関係付けて自分の考えを広げられるよう、自らの学習を調整しようとしている」状況を、「自分のレポートと読み比べ、同じテーマで書いた他の生徒がどのように情報を関連付けて自分の考えを述べているか、新しい気付きを記述している」姿（「おおむね満足できる」状況（B））と捉え、第3次に評価した。

　さらに本単元の学習を通して、学習前と後でどのような変容が起こったか、自己の学びの振り返りを求めてシートに記述させた。生徒の振り返りからは、学習の過程の中で、新たな気付きが生まれることに対する驚きが見て取れる。自分の考えを広げたり深めたりするために、単元の中に見通しをもった言語活動を多層的に配置して、その都度、生徒間で交流させることで、主体的な学びが育成されると考えられるのである。

【生徒の振り返りシートの記述】

・西欧人が自らの優越感のために支配地の文化を破壊していること。また、日本も立場的には同じであることに衝撃を受けた。現代において異文化理解をしていくために、固有の文化の尊重は大切な要素だと、レポートを書いていて感じた。
・タブレット端末を使って授業中にクラスの人のペーパーを共有したり、レポートを書いたりすることが印象的だった。自分のペースで資料をじっくり見ることができ、教科書以外のたくさんの資料を参考にして自分の考えを伝えるうちに、身近なテーマでも様々な捉え方の視点が生まれることが新鮮で、改めて観光について考えさせられた。

6　実践に当たって ▮▮▮▮▮▮▮▮▮▮▮▮▮▮▮▮▮▮▮▮▮▮▮▮▮▮▮▮▮▮

　授業者は本実践以外においても、日常的に生徒の主体的な取組を喚起することをねらいとした授業実践を続けている。特に生徒一人一人に課題を示して発表させる言語活動の際には、記述する内容を詳細にリードする、いわゆる枠囲みを予め示したようなワークシートは使用していない。

　全ての単元において、多様な資料を用いて自分でまとめる言語活動や、自分でまとめたものを発表して生徒間でその内容を検証する言語活動が授業の活動の中心となるが、まとめる際に指示することは、観点や項目の指示のみに止め

ている。授業者がワンペーパープレゼンテーション（OPP）と呼ぶ1枚のA4判の白い紙を配付し、その1枚の紙に、担当する課題をいかに分かりやすくまとめるかを生徒が工夫して考えることをねらいとした学習活動を継続して行っており、付けたい力を目標に示した学習課題を単元ごとに設定している。

　本実践では、ICT端末を活用することで、これまでの国語科の授業では、見取ることが難しかった情報を整理して記述する過程を評価する例を示したが、全ての書く行為においてICT端末を用いたほうがよいということでは決してない。単元の目標と、生徒の学習履歴を踏まえた上で、「ICT端末でできること」と、「リアルでできること」の使い分けを明確にすることが重要である。

　例えば、情報を整理する際に、付箋を使うほうがよいのか、Google Jamboardやロイロノートを使うほうがよいのか、授業者はそのメリットを比較して選択することが必要である。ICT端末を使うメリットは、多人数での即時・同時共有や保持性などである。クラス全体で情報を共有することや、前時の授業で行った情報共有を次の時間にそのままの状態で再生できることなどは、これまでのリアルの授業環境では難しかっただろう。一方で、四人のグループ内で情報を共有して検討する場面などでは、あえてICT端末を使うことの意義はそう多くはないのではないだろうか。

　本単元では、［知識・技能］、［思考・判断・表現］とも、第2次、第3次において、繰り返し評価の機会を設定することとした。ペア学習やグループ学習においては、一人が全ての課題に取り組むのではなく、自身の担当する部分を考える行為と、クラスメイトが担当する部分を聞きながら理解を深める行為とが、繰り返し行われることがポイントである。同じテーマが繰り返し共有される過程で、多くの情報が精査されて個々の生徒の腑に落ちることが重要である。

　また、適切な評価のタイミングを考える上で、教師側の負担についても留意することが重要である。本単元の実践においては、［知識・技能］、［思考・判断・表現］とも複数の評価の機会を設けているが、同じ評価の観点の表出の違いを異なる言語活動の場面で見取っている。単元の中でインプットとアウトプットを繰り返す学習場面を設定することで、学習者が同じ概念について様々な刺激を受けることができ、そのことがより深い理解へと繋がっていくのである。

〔渡邉本樹〕

第4節 文学国語
【選択科目】 標準単位数：4単位

深く共感したり豊かに想像したりして、書いたり読んだりする力の育成を重視した科目

<table>
<tr><td rowspan="3">（知識及び技能）</td><td>言葉の特徴や使い方に関する事項</td></tr>
<tr><td>・情景の豊かさや心情の機微を表す語句
・文学的な文章やそれに関する文章の種類や特徴
・文学的な文章における文体の特徴や修辞などの表現の技法</td></tr>
<tr><td>情報の扱い方に関する事項
—
我が国の言語文化に関する事項
・人間、社会、自然などに対するものの見方、感じ方、考え方を豊かにする読書の意義と効用</td></tr>
</table>

（知識及び技能）

言葉の特徴や使い方に関する事項

・情景の豊かさや心情の機微を表す語句
・文学的な文章やそれに関する文章の種類や特徴
・文学的な文章における文体の特徴や修辞などの表現の技法

情報の扱い方に関する事項

—

我が国の言語文化に関する事項

・人間、社会、自然などに対するものの見方、感じ方、考え方を豊かにする読書の意義と効用

（思考力、判断力、表現力等）

話すこと・聞くこと

—

書くこと〔30〜40単位時間程度〕

・文学や映画の作品、それらについての評論文を参考にするなどして、文体の特徴や修辞の働きなどを考慮し、読み手を引き付ける文章になるよう工夫しながら、小説や詩歌を創作する学習　など

言語活動例 ▶ ・小説や詩歌などの創作と批評　・文体や表現技法の書き換え
　　　　　　・古典などの翻案作品の創作　・グループでの作品制作　など

読むこと〔100〜110単位時間程度〕

・小説や詩歌、随筆などを読んで、文体の特徴や効果について考察したり、作品の内容や形式について評価して書評を書いたり、自分の解釈や見解を基に議論したりする学習　など

言語活動例 ▶ ・自分の解釈に基づく議論　・小説の脚本などへの書き換え
　　　　　　・演劇や映画の作品と原作との比較
　　　　　　・アンソロジーの作成と発表　など

《教材》・近代以降の文学的な文章
　　　　・翻訳の文章＊
　　　　・古典における文学的な文章＊
　　　　・近代以降の文語文＊
　　　　・近代以降の演劇や映画の作品＊
　　　　・近代以降の文学などについての評論文など＊

《教材》は、「内容の取扱い」に示されている教材の取扱いの抜粋である。
＊は、必要に応じて用いることができる、と示されているものである。

A書くこと
お気に入りのアートからストーリーを書こう

キーワード　「主体的に学習に取り組む態度」の評価、
評価方法の工夫（ワークシート）、ICT の活用

単元名	内容のまとまり
お気に入りのアートからストーリーを書こう	〔知識及び技能〕 (1)言葉の特徴や使い方に関する事項 〔思考力、判断力、表現力等〕 「A書くこと」

授業例

1 単元の目標

(1) 文学的な文章における文体の特徴や修辞などの表現の技法について、体系的に理解し使うことができる。

〔知識及び技能〕(1)エ

(2) 文体の特徴や修辞の働きなどを考慮して、読み手を引き付ける独創的な文章になるよう工夫することができる。

〔思考力、判断力、表現力等〕A(1)ウ

(3) 言葉がもつ価値への認識を深めるとともに、生涯にわたって読書に親しみ自己を向上させ、我が国の言語文化の担い手としての自覚を深め、言葉を通して他者や社会に関わろうとする。

「学びに向かう力、人間性等」

2 本単元における言語活動

絵画作品をもとに自由に発想して、小説を創作し、批評し合う活動。

（関連：〔思考力、判断力、表現力等〕A(2)ア）

3 単元の評価規準 ▪▪▪▪▪▪▪▪▪▪▪▪▪▪▪▪▪▪▪▪▪▪▪▪▪▪▪▪

知識・技能	思考・判断・表現	主体的に学習に取り組む態度
①文学的な文章における文体の特徴や修辞などの表現の技法について、体系的に理解し使っている。((1)エ)	①「書くこと」において、文体の特徴や修辞の働きなどを考慮して、読み手を引き付ける独創的な文章になるよう工夫している。（A(1)ウ）	①表現の技法という観点から作品を相互に批評することを通して、独創的な文章になるよう粘り強く工夫する中で、自らの学習を調整しようとしている。

4 指導と評価の計画 （全5単位時間想定） ▪▪▪▪▪▪▪▪▪▪▪▪▪▪

【単元の流れ】

次	学習活動	指導上の留意点	評価規準・評価方法等
1	○ 単元の目標や進め方を確認し、学習の見通しをもつ。 ○ 文学作品における「表現の工夫」にはどのようなものがあるかを共有した上で、既習の小説教材から「効果的だと感じた表現の工夫」を探し、その効果について話し合う。	・活動の内容とねらいを明確に示す。 ・文学作品の世界は、物語の内容だけでなく、工夫された表現によっても作り出されていることへの気付きを促す。 ・「表現の工夫」についての知識を具体的な例で理解させ、自分の作品に取り入れられるようにする。	[知識・技能] ① 「記述の点検」<u>ワークシート</u> ・実際の小説教材で、表現上の工夫とその効果を確認しているかを点検する。
2	○提示された絵画から好きな作品を選び、描かれたものをきっかけにして独自のイメージを膨らませ、ワークシートにメモする。 ○ショートストーリー執筆メモを作成する。	・物語の「内容」を考えさせるために、選んだ絵画作品のイメージを膨らませるための視点を示す。 ・舞台や登場人物、出来事だけでなく、取り入れたい表現の工	

	○ICT端末でショートストーリーを執筆する。	夫をそのねらいを記入できるようにしておく。 ・机間指導を行い、書き始められない生徒にはワークシートのメモを確認しながら、書きたいと思っている作品のイメージを具体化する支援をする。	[思考・判断・表現]① 「記述の分析」<u>ワークシート・作品</u> ・文体や修辞の働きを考慮して、ショートストーリーを創作したかを分析する。
	○執筆を振り返る。	・考えていた表現の工夫ができたか、ねらいは成功したか、自己評価するよう促す。	
3	○同じ絵画作品を選んだ人同士で作品を共有し、短編集をつくる。 ○編集会議として、作品の並べ方を考える。	・同じ絵画作品を選んだ人の作品を一つのファイルにまとめるよう指示する。 ・短編集を共同作品と捉えることで、相互に助言しやすい雰囲気をつくる。 ・テーマごとに小見出しを付けたり、キャプションを付けてストーリー性を持たせたりする工夫が考えられることを、実際のアンソロジーを紹介しながら示唆する。	
	○相互に作家と編集者になったつもりで、うまくいかなかったことを相談したり、良かったところを共有したり助言し合ったりする。	・二〜三人の小集団をつくるよう指示し、作家と編集者の役割を替えて助言し合う。	[主体的に学習に取り組む態度]① 「行動の観察」「記述の点検」 ・表現の技法という観点から作品を相互に批評し、読み手を引き付ける表現を粘り強く工夫する中で、自らの学習を調整しようとしているかを観察する。
4	○助言を受けて推敲した作品を集めて「短編集」を完成させ、クラスで共有する。 ○単元の振り返りをする。	・最終的な「短編集」はペンネームでの共有とする。	

5 観点別学習状況の評価の進め方 ▪▪▪▪▪▪▪▪▪▪▪▪▪▪▪

　選択科目「文学国語」は、主として「思考力、判断力、表現力等」の感性・情緒の側面の力を育成する科目として、深く共感したり豊かに想像したりして、書いたり読んだりする資質・能力の育成を重視して新設された。〔思考力、判断力、表現力等〕の「A書くこと」に関する指導については、30～40 単位時間程度を配当するものとしている。このことを踏まえ、本事例では、「A書くこと」に関する資質・能力を目標として掲げ、単元のまとまりの中でその育成を重点的に図る指導と評価の計画を示している。なお、本事例では、特に、「主体的に学習に取り組む態度」の評価について詳細に説明する。

(1) 〔知識・技能〕の評価

　〔知識・技能〕①の「文学的な文章における文体の特徴や修辞などの表現の技法について、体系的に理解し使っている」状況を、「既習の小説教材から文体の特徴や修辞などの表現の技法を探し、その効果を確かめている」姿（「おおむね満足できる」状況（B））と捉え、第1次に評価した。

　一般に表現の工夫には、文体（常体・敬体のほか、口語体、漢文体など。登場人物の口調（役割語）も含む）や修辞法（比喩、倒置法、対句、反復、省略、押韻、強調など）のほか、言葉の選び方や表記（仮名と漢字、改行、句読点や記号の用い方）などがあることを確認した上で、既習の小説教材から具体的な表現の工夫を挙げ、どのような効果があるかをグループで確認させた。既習の教材を用いたのは、全員が内容を理解しているため、表現と効果について議論しやすいためである。話合いの途中で、自分で気付かなかった他者の気付きがあればメモするよう促す。（「Google Jamboard」などの ICT ソフトを用いて、用意したファイルに共同編集してもよい。）

　生徒Aは、既習教材の『羅生門』から「作者が登場して難しい漢字やサンチマンタリスムという言葉を使っている」ことや「老婆の喋り方」を、『夢十夜』から「自分の言葉はかぎかっこで抜かないことで、相手の言葉を強調している！」「途中の描写が丁寧できれいなので、『夢十夜』という題名であること

を忘れてしまいそう」「最後に答え合わせする感じ」を表現の工夫として挙げた。このことは、一部表現上の特徴のみ、効果のみをメモしている部分があるが、机間指導やクラスでの意見の共有の際に「どのような老婆の喋り方によって、どんな効果が生まれたのか」「最後に答え合わせする感じとはどういうことか」といった発問をすることによって、「登場人物の口調が小説の舞台となる世界や登場人物のイメージを作っている」「女の容貌に用いられた赤と白の色の対比が、最後に百合が咲く伏線になっている」といった表現上の工夫と効果を確かめることができた。これらのことから、評価規準を満たしていると判断し、「おおむね満足できる」状況（B）と評価した。

　一方、既習教材から「表現上の工夫」を挙げられない生徒については、「努力を要する」状況（C）と判断した。Cと評価した生徒については、Bを実現するための具体的な手立てとして、考えの共有の際に共感した「表現上の工夫」を確認した上で、自分の作品に、例えばその工夫を応用して取り入れることも可能であることを助言した。

　　　「泳ぎ方を知っていても泳げるようにはならない」のと同様、知識として「表現の工夫」を知っていることと自分で使えることとは別である。刈谷剛彦[*1]は「考えるということは、目の前のひとつひとつ具体的なことがらを手がかりにしながらも、それにとらわれることなく、少しでも一般的なかたちでものごとを理解していくこと」、つまり「具体的な個別のことがらと、一般的なことがらとの往復運動のなかで、考えるという営みは行われる」という。一般的な「表現の工夫」の概念を具体的な小説で確認し、個別の効果を一般化したり、具体的な小説の工夫を自分の作品に応用してどのような効果をねらうのかを考えさせたりして、具体と抽象を往還しながら「表現の工夫」についての理解が深まるように心掛けた。

(2)［思考・判断・表現］の評価

　［思考・判断・表現］①の「『書くこと』において、文体の特徴や修辞の働きなどを考慮して、読み手を引き付ける独創的な文章になるよう工夫している」状況を、「情景描写、文体や修辞などの表現が読み手に与える効果を考えながら工夫して書いている」姿（「おおむね満足できる」状況（B））と捉え、第2

次に評価した。作品と併せてワークシートを評価対象とし、生徒の表現上の工夫やねらいを評価規準に照らして確認した。

　例えば、生徒Tは「付喪神図」（伊藤若冲）から、「夜参り」という作品を執筆した。生徒Tは既習の小説『羅生門』の表現上の工夫として「長い情景描写。背景の説明は『なぜかというと〜』と補足し、読者が作品の世界をイメージしやすくしている」とメモし、自分の作品では「読者には、今・目の前の状況から判断して、心優しい付喪神たちへの恐ろしい妖怪という『誤解』を解いてほしい」というねらいをもって、「効果音（声・風の音・鳴き声など）で不気味さをイメージしやすくしたり、心情を細かく描くことで読者を登場人物に感情移入させやすくしたりしたい」と記述した。実際の作品では、主人公の「男」と付喪神たちの出会いのシーンを以下のように描写した。

> カランコロン。カランコロン。
> 　男は何か遠くから微弱な音がする事に気づいたらしい。音のする方を見たけれどどうにも人影は見えない。
> 　カタカタ。カランコロン。カタカタカタ。カランコロン。
> 　音は次第に複雑になっていく。どうやら、こちらに近づいているようだ。男は静かに音の鳴る方向を向き、立ち尽くしていた。音は近づいてくる。男は震える唇を開きにわかに声を出した。
> 「誰だ。」
> 　音は止まった。しばし沈黙が続き、静かに風が木を揺らした。

　「壊れた茶釜たちが近づいて来ることに、『男』が気付いた」という内容を、「微弱な音」が「複雑に」なりながら「近づいて」来るのに気付いた「男」が、「震える唇」を開き、にわかに声をだした瞬間音は止んで「沈黙」となり、風の音がするというように、行動や説明を含めた「音の描写」を組み合わせて、工夫して用いていることから、評価規準を満たしていると判断し、「おおむね満足できる」状況（B）と評価した。

　一方、作品が書き始められない生徒は「努力を要する」状況（C）と判断した。Cと評価した生徒については、Bを実現するための具体的な手立てとして、作成したメモを見ながら物語のイメージを聞き出し、具体的な始まりの一文を助言した。また、執筆はしているが、自分の「表現上の工夫」についてワークシートに記入できない生徒も「努力を要する」状況（C）と判断した。この場

第2章
9
文学国語

【ワークシート例】[2]

	0	1	2	3	4	5
【活動】 元になる絵画作品を決めたら、次の表に示した視点を参考にして、その作品で表現されていることを、あなた独自の言葉で表してみよう。全部の欄を埋めなくてもよい。	想像力を働かせる（フレームアウトの先には何がある？）	出来事を考える（何が起こっているのかな？）	自分の見方で見る（他の人には見えないものを感じよう）	何を言っているのか想像する（勝手に会話を作っちゃおう）	絵の中に入ってみる（聞こえるもの、感じる風、におい…）	何が問われているのか考える（この作品を通して何を考えた？）

合は、指導者や級友がその生徒の作品を読んで、良いと思った表現について「なぜこの言葉を選んだのか」「どういうねらいでこの表現をしたのか」などの質問をし、自分の表現について自覚的に振り返らせた。

執筆までの段階を、各自で着実に踏めるよう、ワークシートを工夫した。第1次で「既習の小説に見える表現上の工夫」を、本次にて「書きたい内容の言語化」、「取り入れたい表現の工夫とそのねらい」を書き込めるようにし、最後にショートストーリーの構成メモを作ることとした。

(3) ［主体的に学習に取り組む態度］の評価

［主体的に学習に取り組む態度］①の「表現の技法という観点から作品を相互に批評することを通して、独創的な文章になるよう粘り強く工夫する中で、自らの学習を調整しようとしている」状況を、「級友と作品を相互に批評し、助言し合いながら読み手を引き付ける表現を粘り強く工夫し、自らの作品を推

敲しようとしている」姿（「おおむね満足できる」状況（B））と捉え、第3次の行動を観察するとともに、振り返りシートの記述の点検とを併せて第4次に総合的に評価した。

　例えば「付喪神図」を基にして「百鬼夜行江戸物語」という作品を書いた生徒Sは、書き始める前のメモに「楽器の音を入れることで、読者を物語に引き込む。<u>落語チックな感じにすることで楽しんでもらいたい</u>」と記入し、書き終えた後に「工夫したこと」として、「笛の音色・太鼓の音という美しいものが恐ろしい世界と現実とのスイッチになっていて、読者に雰囲気が変わったことを伝えた」「妖怪たちの会話をもっとおどろおどろしくしたかったけど、いまいちできなかった」と記述した一方、「落語チックな感じ」についてはコメントしていなかった。作品の中では、語り手の口調に「落語チック」な江戸弁が感じられる。相互評価で、「短編集の中に変わった文体の作品があるとおもしろい」「『江戸物語』というタイトルに口調が合っている」という文体についての評価があった一方、「なぜ落語チックにしたかったのか」「この江戸弁の『いけすかねぇ』と言っている語り手が、最後『妖』にびっくりして腰を抜かすというオチにしたらよいのではないか」「この楽器の音は誰が鳴らしているのか、何かの伏線になるのか」という構成や内容についての指摘・助言があった。

【生徒Sの作品の一部】

時は江戸の夜、誰もが<u>シーン</u>と<u>寝静まっちまった</u>。それなのに遠くから 　　　ピーヒャララ、ピーヒョロロ やかましく笛だの太鼓だのお祭り騒ぎで何かが近づいてくる。 <u>よーく考えりゃあ夜なのに誰もいないってのもまたおかしい。</u> 普通は夜でも起きて<u>なにかをしてるって</u>人が一人や二人いるはずだ、だが誰もいない。 それに加えてこの謎の音だ。ここにいて怖がらない者がいないわけはない。 　　　ピーヒャララ、ピーヒョロロ 　　　ドンドンドドドン <u>「おや、今夜はひとっこひとりいないじゃないか」「残念だなぁ」「残念だねぇ」</u> <u>「それにしてもこの前のはおもしろかったなあ」</u> 「そうだねえ」「そうだよお」 　　　ピーヒャララ、ピーヒョロロ 人ではない何かがここにいる。 妖だ。

指摘や助言を受けて、生徒Sは次の作品（一部抜粋）を推敲した。

推敲後は以下のとおりである。

【生徒Sの作品の一部（推敲後）】

時は江戸、草木も眠る丑三つ時、誰もがシーンと寝静まって、<u>こんな時間に起きてるなんて物好きはおばけと俺くらいのもんだよ。…やだよ、お化けなんて。…まあ、お化けなんているはずもないけどね。出て来たら、見世物小屋に売り飛ばしてやるよ、ハハハ。</u>

　　ぴいひゃらら、ぴいひょろろ

　なんだい？　こんな時間に祭の練習かい？　ご丁寧に、どんどん、太鼓みたいなのも加わって、…あれ、だんだん近づいて来るよ？　親父が起き出して「うるせえ、何時だと思ってやがんだ！」なあんて、怒鳴りつけなきゃいけど。熟睡してるところを起こすと機嫌悪くなっちゃって、後がめんどくさいからね。…ちょ、弱ったなぁ、どんどん来るよ。

　　ぴいぴいひゃらら、ぴいひょろろ、　どんどんどどどん、ぴいひょろろ

　生徒Sが「落語チック」だと考えている江戸弁の口調を詳述し、軽い口調の中に強がってはいるが「お化け」が怖い語り手の人物像をイメージさせ、「読者を楽しませる」という当初の目的を意識した表現に改めている。また、カタカナで繰り返していたお囃子の音を、ひらがなの記述でリズムも少し変えて表記することで、「妖」が近づいてきた雰囲気をより強くしている。以上のことから、評価規準を満たしていると判断し、「おおむね満足できる」状況（B）と評価した。

　一方、相互評価の助言を受けて推敲しない生徒については、その理由を確認し、「努力を要する」状況（C）と判断した。Cと評価した生徒が「助言を受けて、どのように推敲すればよいかわからない」という場合には、Bを実現するための具体的な手立てとして、助言者の生徒に具体的な表現を提案させた。また、「助言に納得しない」場合、本人の表現の工夫とねらいを確認し、工夫によるねらいが実現されていないと判断した上で、具体的な推敲後の表現を提案した。一方、Cと評価した生徒の工夫に一定の効果が認められる場合には、それらのやりとりを「粘り強く工夫し、自らの作品を推敲している」姿と判断し、「おおむね満足できる」状況（B）と評価を改めた。

　また、以下に示す生徒の振り返りシートのコメントからは、自らの学習を振り返り、自覚的に工夫できた点や、読み返してみて自覚した表現上の工夫、あるいは実際に書いてみるとうまくいかなかった点を言語化していることが見て

取れる。このことから、評価規準を満たしていると判断し、「おおむね満足できる」状況（B）と評価した。一方、具体的な表現の工夫を言語化できていない生徒については、「努力を要する」状況（C）と評価した。Cと評価した生徒については、作品を共有した生徒からその生徒の作品についてのコメントを聞き、自らの表現を客観的に振り返り、次の学習に繋げられるよう助言した。

【生徒の振り返りシートの記述】

・考えていた表現の工夫はできた？…情景描写ができていない。／伝えたいことをそのまま書かないようにした。／話し方を変えて（登場人物が）悪そうに見せられたと思う。
・その他、工夫したこと…書いたら読む、書いたら読むを繰り返して、文が変じゃないか、繰り返し確認した。／なるべく各段のリズムを意識した（長すぎず短すぎず）。／インパクトのある始め方をすること。
・うまくいかなかったから相談したいこと…比喩表現が結構難しい。／オノマトペが難しい。／シーンのつなぎ方。
・感想…意識的に表現の工夫をすることで、読んでいて飽きない文にはなったと思う。／説明をさりげなく入れるのが難しい。／初めの入りが難しかったが、少しずつ書いているとだんだん勝手に手が進んでいく感じだった。／人に見せるのが恥ずかしい。自分だけで楽しみたい。けれど他の人の作品は見てみたい。

ポイント

　国語科の授業においてICTは、「文章の執筆」と「考えの共有」の場面で活用されるときに、圧倒的な有用性が実感されるのではないだろうか。「文章の執筆」では、構成を入れ替えたり修正したりする際の物理的な作業が激減する。そのため今後は、自分の書いたものを読み返し、推敲して完成させるという指導を一層充実させたい。また、イラストや写真をあしらいながら、文集を作成するといった活動は、飛躍的に文集の完成度が上がると思われる。

　一方、「考えの共有」においてもICTを活用すれば、共有のための時間や授業者の準備にかかる労力を削減することができる。ただし、瞬時に考えを共有することができるからこそ、個々の活動が流されてしまわないよう、教室内の現実空間で共有した内容を言語化する機会を設けるように意識したい。また、同時に同じ空間に身体を置いていることの意義を考え、ICTをどのような場面で活用するのがよいか、オフラインの活動のほうが効果的なのはどのようなことかを見極められるようにしたい。

6 実践に当たって ▐▐▐▐▐▐▐▐▐▐▐▐▐▐▐▐▐▐▐▐▐▐▐▐▐▐▐▐

　新設された選択科目「文学国語」では「文体の特徴や修辞の働きなどを考慮して、読み手を引き付ける独創的な文章になるよう工夫する」などの指導事項が示され、「自由に発想したり評論を参考にしたりして、小説や詩歌などを創作し、批評し合う」という言語活動例が示された。このことに対して、個人的には「楽しい展開ができそう」と歓迎する気持ちと、「多くの生徒は作家になるわけでもないのに、何のために創作するのか？」「作家でも編集者でもない私が、生徒の創作について適切に指導したり評価したりできるのだろうか」という戸惑いや不安の気持ちがわいた。文学作品を「書くこと」は、センスや才能をもった一部の人だけに許される大それた活動のような気がしていたのである。また、筆者はこれまでの授業でも、古典作品や現代短歌を翻案したり俳句を詠んだりする、創作的な言語活動を行ってきたが、前者はより深く「読むこと」を、後者は季語をはじめとする「言葉」に注目することを目標とした授業であり、「書くこと」そのものを指導したり評価したりしていたわけではない。「創作する」授業ではこれまでの授業をどのように変えていけばよいのか、そもそもなんのために授業で全員に「創作」することを求めるのか。そのことを明確にしておかなければ、創作することが自己目的化しかねない。

　学習指導要領には「書くこと」の指導事項が、「題材の設定、情報の収集、内容の検討」「構成の検討」「考えの形成、記述」「推敲、共有」の段階に分けて示されている。授業では、年間の活動の中でこれらを一つ一つ指導・評価して行けばよいのだから、今回の実践であれば、指導事項は「考えの形成、記述」となり、特に「文体や修辞を工夫すること」を目標として、生徒に示せばよいのである。つまり、「作家や編集者」のように、完成した作品を目指して指導したり評価したりするのではなく、今回はこの点のみにフォーカスし、ストーリーの内容や展開・構成は、別の機会に指導・評価すればよい。

　次に、なぜ全員の生徒に「創作」を求めるのかということについて、生徒と一緒に自分が翻案したり俳句を詠んだりするようになって気付いたことと絡めて考えたい。第一の気付きは、曲がりなりにも自分が「書き手」になったことで、書き手（作者）の表現上の工夫や意図に敏感になったことである。それま

で何気なく、消費するように読んでいた文学作品の比喩や言葉の選び方に対して、「私にはこの言い方はできない」「このセンス、さすが！」と感動することが増えた。もう一つの気付きは、「今度この言葉を俳句に使いたい」と新たに知った言葉をメモしたり、「この景色をなんと喩えたらよいのか」と思いながら写真を撮ったりする機会が増えたことである。これらのことから、創作の授業は、「読む」だけでは分からなかった、言葉や文学作品の新たな魅力に気付き、学習者の言葉に関する感性をより豊かにすることができると考える。

「文学国語」は、「思考力・判断力・表現力」の感性・情緒の側面の力を育成する科目であるが、「書くこと」と「読むこと」は両輪で指導されて初めてその効果が上がる。思ったように書けないという体験や、自分にはない他者の発想に触れる経験こそが、深く読むことにつながることもある。そのためにも、必ずしも完成した作品の良否ではなく、指導事項を明確にした指導と、その目標に即した評価が重要だ。

蛇足であるが、子どものころ身体を思うように扱えなかった私は、体育の授業が恥ずかしくて嫌いだったが、大人になって初めて、自分は身体を動かすことが好きだったのだということに気付いた。昔の体育の授業のように、「できないから嫌い」という生徒を生まないようにするためにも、指導と評価のポイントを明確に示し、生徒が「できる」と思える段階を踏んだ指導を心掛けたい。

参考

＊1　『知的複眼思考法　誰でも持っている創造力のスイッチ』（刈谷剛彦　講談社＋α文庫、2002年5月10日）「第3章　問いの立てかたと展開のしかた　3　概念レベルで考える」より

＊2　光村図書 https://www.mitsumura-tosho.co.jp/kyokasho/c_bijutsu/kansho/index.html 「中学美術　美術鑑賞を楽しむ6つの手がかり」（2021年9月21日閲覧）

なお、本稿は神奈川県立多摩高等学校の教科横断的授業の際に、国語科の芦原徹・藤田菜々子、芸術科（美術）の立川公子教諭と協同で展開した実践を基に執筆した。特に絵画を基にしたイメージの膨らませ方については、立川教諭の協力と助言を得た。

〔石原徳子〕

10 B 読むこと
登場人物の立場に立って、物語のその後を創作しよう

「思考・判断・表現」の評価
評価方法の工夫（ワークシートやレポート）

単元名	内容のまとまり
登場人物の立場に立って、物語の その後を創作しよう	**〔知識及び技能〕** (1)言葉の特徴や使い方に関する事項 **〔思考力、判断力、表現力等〕** 「B読むこと」

授業例

1 単元の目標

(1) 情景の豊かさや心情の機微を表す語句の量を増し、文章の中で使うことを通して、語感を磨き語彙を豊かにすることができる。

〔知識及び技能〕(1)イ

(2) 作品の内容や解釈を踏まえ、人間、社会、自然などに対するものの見方、感じ方、考え方を深めることができる。

〔思考力、判断力、表現力等〕B(1)カ

(3) 言葉がもつ価値への認識を深めるとともに、生涯にわたって読書に親しみ自己を向上させ、我が国の言語文化の担い手としての自覚を深め、言葉を通して他者や社会に関わろうとする。

「学びに向かう力、人間性等」

2 本単元における言語活動

　小説の登場人物が置かれた状況や場面ごとの心情を読み取り、物語のその後を創作する。

（関連：〔思考力、判断力、表現力等〕B(2)ウ）

3 単元の評価規準 ▐▐▐▐▐▐▐▐▐▐▐▐▐▐▐▐▐▐▐▐▐▐▐▐▐▐▐▐▐

知識・技能	思考・判断・表現	主体的に学習に取り組む態度
①情景の豊かさや心情の機微を表す語句の量を増し、文の中で使うことを通して、語感を磨き語彙を豊かにしている。（(1)イ）	①「読むこと」において、作品の内容や解釈を踏まえ、人間、社会、自然などに対するものの見方、感じ方、考え方を深めている。（B(1)カ）	①物語のその後の創作を通して、作品の内容や解釈を踏まえ、進んで、人間、社会、自然などに対するものの見方、感じ方、考え方を深める中で、自らの学習を調整しようとしている。

4 指導と評価の計画 （全6単位時間想定） ▐▐▐▐▐▐▐▐▐▐▐▐▐▐

【単元の流れ】

次	学習活動	指導上の留意点	評価規準・評価方法等
1	○単元の目標や進め方を確認し、学習の見通しをもつ。	・小説の登場人物が置かれた状況や場面ごとの心情はどのようなところから読み取ることができるのか、「言語文化」等の授業を通して学んだことを確認する。（必要に応じてペアワークなどによって各自が注意している、文学的な文章を読む際の「目の付け所」を共有する。） ・本単元は物語に描かれていないその後の創作という言語活動を通して、登場人物が置かれた状況や性格等、人物像の分析や心情の機微を緻密に読み取ることが目的であることを意識	

	○中島敦「山月記」を通読し、物語の場面や登場人物の置かれた状況や心情が読み取れる表現について考える。	させる。 ・本文に書き込みをさせながら分析的に本文を読むように促す。	
	○「言葉集めをしよう」という課題に取り組む。（物語における場面の情景や登場人物の心情を巧みに表現していると考えた語句や表現を探し、意味や表現の効果を考え、選んだ語句や表現を用いて自分で文をつくる。）	・必要に応じて国語辞典の使用を促す。ただし、例文は辞書のものではなく、自作のものとさせる。 ・語句や表現の意味だけでなく、その語句や表現を用いたことによる効果についても考えさせる。	[知識・技能] ① 「記述の点検」ワークシート ・選んだ語句や表現の特色を踏まえ、その効果について考えるとともに、例文の中で選んだ語句や表現を適切に使えているか、点検する。
2	○本文を内容のまとまりにしたがって意味段落に分ける。 ○各自の取組を生徒同士で共有する。	・意味段落の分け方には絶対的な正解はないが、時系列や情景描写などに留意してまとまりを考えさせる。	
	○「人物・心理分析をしよう」という課題に取り組む。（意味段落ごとに登場人物の人物像や心理状態、人間関係を分析する。）	・本文の記述を根拠にして分析させる。	
	○各自の取組を生徒同士で共有する。	・自分と同じ本文箇所を根拠にした生徒が自分とは異なる分析をしていた場合は、各自の分析の視点を話し合い、分析の相違について考えさせる。 ・生徒との共有によって得た新たな観点は色ペンを使ってワークシートに書き込ませる。	
	○「物語のその後」の創作を行う。 次の3点から任意の1点を選択し、物語	・登場人物の人物像や心理状態、人間関係の分析を踏まえて物語のその後を考えさ	[思考・判断・表現] ① 「記述の点検」ワークシート ・創作した物語のその

	のその後を創作する。 （分量はＢ４版１枚程度） Ａ．李徴と袁傪が別れた後、人間性を失う直前に李徴が袁傪に手紙を書きます。あなたが李徴だったらどのような手紙を書きますか。 Ｂ．あなたが袁傪だったら、いまだ虢略にいる李徴の妻に李徴のことをどのように伝えますか。 Ｃ．あなたが李徴の妻だったら、数年後に物心ついた子どもに夫である李徴のことをどのように伝えますか。	せる。 ・作品で用いられている様々な表現の工夫（レトリック）にも注目させて、創作に生かせることを示唆する。	後が、本文から読み取ることができる登場人物の置かれた状況や人物像、心理状態に基づいたものであるか、点検する。
3	○創作した「その後」について、同じ課題を選んだ生徒同士でグループを作り、それぞれの取組を共有する。 ○各グループで「いちばん共感が得られる作品」を決め、全体で共有する。 ○ワークシートの「グループ学習や全体での共有を通じて気付いたこと」、振り返りシートの「単元全体の振り返り」欄に振り返りを記入する。	・同じ課題を選んだ生徒同士三〜四人で一つのグループを作らせる。 ・それぞれの創作について、質問したり、意見交流したりするように促す。 ・グループの代表作を選ぶ際は、なぜその作品にしたのかという選考基準を明確にするよう指示する。 ・毎時間の振り返りシートの記述を踏まえて、自分の学びがどのように変わったのかということを考えさせる。	[思考・判断・表現] ① 「記述の点検」振り返りシート ・物語のその後の創作や他者との共有を通じて作品の理解を深め、自分のものの見方、感じ方、考え方を深めているか、点検する。 [主体的に学習に取り組む態度] ① 「記述の点検」振り返りシート ・単元を通じて積極的に作品と関わり、自分のものの見方、感じ方、考え方を深めようとしているか、点検する。

5 観点別学習状況の評価の進め方 ▊▊▊▊▊▊▊▊▊▊▊▊

　選択科目「文学国語」の「内容」の〔思考力、判断力、表現力等〕「B読むこと」に関する指導については、「内容の取扱い」(1)イに「100〜110単位時間程度を配当するものとし、計画的に指導すること」と示されている。このことを踏まえ、本事例では、「B読むこと」に関する資質・能力を目標として掲げ、単元のまとまりの中でその育成を重点的に図る指導と評価の計画を示している。なお、本事例では、特に、「思考・判断・表現」の評価について詳細に説明する。

(1)〔知識・技能〕の評価

　〔知識・技能〕①の「情景の豊かさや心情の機微を表す語句の量を増し、文の中で使うことを通して、語感を磨き語彙を豊かにしている」状況を、「『言葉集めをしよう』のワークシートに、場面の情景や登場人物の心情を巧みに表現していると考えた語句や表現を抜き出し、表現の効果や抜き出した語を用いた例文などについて、適切に記入している」姿（「おおむね満足できる」状況（B））と捉え、第1次に評価した。

　「情景の豊かさや心情の機微を表す語句」について、『高等学校学習指導要領（平成30年告示）解説国語編』（P.182）では、「読み手が文章の一場面を、様々な景物を想起して奥行きをもって捉えたり、人物の心の微妙な動きや変化について、実

資料1【ワークシート例】

☆言葉集めをしよう・・・物語における場面の情景や登場人物の心情を巧みに表現していると考えた語句や表現を三つ探し、意味や表現の効果を考えるとともに、選んだ語句や表現を用いて自分で文を作ってみよう。

			頁 行
			語句・表現
			意味と表現の効果
			文　例

感を伴って理解できたりするように表現すること」と示されている。小説など、文学的な文章を教材にした授業において、意味の難しい語句を辞書で調べることは大切なことであるが、その語句が物語で用いられていることの効果を理解したり、生徒自身がそれらの語句を自らが書く文章の中で適切に使用できたりしていることが重要である。本事例では、「物語における場面の情景や登場人物の心情を巧みに表現していると考えた語句や表現を三つ探し、意味や表現の効果を考えるとともに、選んだ語句や表現を用いて自分で文を作ってみよう。」という課題を生徒に提示し、表現の効果や文例を適切に書いているかどうかをみた。（**資料**1）

　例えば、「卓逸」を取り上げて、表現の効果を「李徴のつくる詩が他者よりも頭一つ抜きんでていることが『逸』に表れていて、また『意趣』という言葉とつなげて『意趣卓逸』とすることで、すぐ前にある『格調高雅』とのリズムもよくなっている。」と記述した上で、「料理に関する数々の賞を受賞したこのホテルの料理長は、卓逸した料理人と言える。」という文例や、「歯牙にもかけない」を取り上げて、表現の効果を「『相手にしないで無視すること』を、李徴が姿を変えることになる『虎』にまつわる『歯牙』という語句を用いて暗示的に表現している。」と記述した上で、「彼は世間の評判などは歯牙にもかけないで、自分の信じる道に向かって努力している。」という文例を書くなど、本文における効果についてその内容や表現の特徴などに絡めて記述し、かつ取り上げた言葉を用いて適切に文例を書いている生徒については、評価規準を満たしていると判断した。第1次の「言葉集めをしよう」の活動では、「物語における場面の情景や登場人物の心情を巧みに表現していると考えた語句や表現を三つ探」すことを求めているが、取り上げた語句三つのうち一つまたは二つの語句について、適切に表現の効果や文例を書いている場合は、「おおむね満足できる」状況（B）と評価した。また、取り上げた語句三つのうち、全ての語句について、適切に表現の効果や文例を書いている場合は、「十分満足できる」状況（A）と評価した。

　一方、一つも語句を取り上げることができない生徒や、例えば、「非凡」を取り上げて、表現の効果を「平凡でないことを表している。」「普通とは異なることを熟語にしている。」など、単に語句の意味にとどまっている記述しかし

ていない生徒や、文例として「彼女は非凡な女性だ。」「彼は非凡な人と周囲から理解されている。」のように、語句の意味を正確に理解していると判断しかねる文例しか記述していない生徒については、「努力を要する」状況（C）と判断した。Cと評価した生徒に対しては、Bを実現するための具体的な手立てとして、辞書で語句の意味を調べるとともに、文章の中で類義語に置き換えた場合とその語句を用いた場合とではどのように印象が異なるのか、ということについて考えさせるとともに、文例を作成する際には、その語句が用いられる状況を読み手が想像できるように、具体的な場面を想定して書くよう助言した。

- 「情景の豊かさや心情の機微を表す語句」を本文における効果とともに指摘させ、その語句が用いられる状況が読み手としてイメージできるかどうかという観点で生徒自作の文例を評価する。
- 複数（今回は三つ）の語句を取り上げさせ、的確に記述できている語句の個数によって、BかAかを評価する。

(2)［思考・判断・表現］の評価

　［思考・判断・表現］①の「『読むこと』」において、「作品の内容や解釈を踏まえ、人間、社会、自然などに対するものの見方、感じ方、考え方を深めている」状況を、「作品から読み取った登場人物の置かれた状況や人物像、心理状態に基づいて物語のその後を創作し、他者との共有を通して自分のものの見方、感じ方、考え方を深めている」姿（「おおむね満足できる」状況（B））と捉え、第２次に行った評価を踏まえ、第３次に総括的に評価することとした。

　本単元での評価規準は必履修科目「言語文化」における「読むこと」の指導事項「オ　作品の内容や解釈を踏まえ、自分のものの見方、感じ方、考え方を深め、我が国の言語文化について自分の考えをもつこと。」（B(1)オ）を踏まえて、さらに「人間、社会、自然など人生の諸事についての自らのものの見方、感じ方を深める」（『高等学校学習指導要領（平成30年告示）解説国語編』（P.199））という目標を達成することを期している。

　この目標を達成するためには、まず「作品の内容を理解し、本文の記述を手掛かりとした解釈」が必要であることは言うまでもない。そのため、第２次の

前半において、「意味段落ごとに登場人物の人物像や心理状態、人物相互の人間関係について本文の記述を根拠にして分析しよう。」という課題を生徒に提示し、物語のその後を創作するために必要な登場人物に関する情報を整理・分析する活動を試みた。（資料2）

登場人物の分析を踏まえて、第2次の後半において、本単元の主たる言語活動である「物語のその後」の創作を行った。その際、生徒には以下の三つの課題を与え、このうち任意の1題を選択して創作させることとした。なお、ワークシートは罫紙の形式とし、600字程度の分量である。

資料2【ワークシート例】

☆人物・心理分析をしよう・・・意味段落ごとに登場人物の人物像や心理状態、人物相互の人間関係について本文の記述を根拠にして分析しよう。

※「観点」欄の略記号：李徴は「R」、袁傪は「E」、両者の人間関係については「人」と記すこと。

※「根拠となる記述」欄については、はじめとおわりの五字を記すこと。「○○○○○～●●●●●」のように、はじ

段落／頁／行／観点	根拠となる記述	分析した人物像や心理状態

A．李徴と袁傪が別れた後、人間性を失う直前に李徴が袁傪に手紙を書きます。あなたが李徴だったらどのような手紙を書きますか。

B．あなたが袁傪だったら、いまだ虢略にいる李徴の妻に李徴のことをどのように伝えますか。

C．あなたが李徴の妻だったら、数年後に物心ついた子どもに夫である李徴のことをどのように伝えますか。

この第2次の取組の後に、同じ課題を選択した生徒同士でグループをいくつか作り、グループ内での共有を通して代表作品を選ばせた後にクラス全体で共有し、単元全体のまとめを行った。評価に当たっては、第2次で生徒が創作した「物語のその後」の分析と第3次において、単元全体を振り返って生徒がまとめた振り返りシートの記述の分析を行い、複数の評価方法を組み合わせることで総括的に「思考・判断・表現」の観点を評価できるよう工夫した。

例えば、課題Aを選択した生徒Oは【創作した物語のその後】の中で「人前で涙を流したことなどあの日のはんに思い当たらない」「その過ちに気付いた

ことで俺は人間を取り戻したのかもしれない」「俺は人の姿と人の心をもって君と語り合ってみたかったと強く思う」など、本文から読み取ることができる李徴の人物像や袁傪との関係性について理解しているとうかがえる記述をしている（下線部）。これらから評価規準の一部（「作品の内容や解釈を踏まえ」）を満たしていると判断し、「おおむね満足できる」状況（B）と評価する候補とした。

【生徒Oが創作した物語のその後】

> 袁傪、先日は私の人生最後の話し相手になってくれたことに感謝する。あの後、私は残り少ない人間の心をもった時間でこの手紙を書こうと決めた。自分の生涯を他者に語ったことで気付いたことがある。私は結局、人間ではなかったのだ。もちろん人間の体をもっていた。しかし、その中にある心は人間のそれとは程遠いものであった。
>
> かつての俺は自らの感情を押し殺し、本来の自分を外に出そうとはしなかった。**人前で涙を流したことなどあの日のほかに思い当たらない。**人間の姿をしていても、こんな塞ぎ切った心をもっていては人とは呼べないだろう。俺には虎の姿のほうが合っていたのかもしれない。だが虎となった理由を考えるうちに、自分がしてきた過ちに気付くことができた。もしかしたら**その過ちに気付いたことで俺は人間を取り戻したのかもしれない。**あんなにも自分の胸の内を誰かに語ったのは初めてだ。それでも俺は虎になる運命なのだ。人の心をもった俺に人の姿でいることは許されない。そういう運命なのだ。
>
> 袁傪、君は人の姿をした猛獣と友になったのだろうか。倨傲で尊大な李徴という男と友になったのだろうか。いずれにせよ、こんな俺と友になってくれたのは君しかいない。**俺は人の姿と人の心をもって君と語り合ってみたかったと強く思う。**今までありがとう。

さらに第３次において取り組んだ【振り返りシートの記述】から、生徒Oは、李徴が自分と向き合い、袁傪との対話を通して人間らしさを取り戻したこと、さらには作品を自分自身に引き寄せて「生きる」ということについて考えたことが分かる（下線部）。

願わくば、自分自身が「生きる」ということをどのようなものとして捉え直したのか、具体的な記述があればなお良いが、これらから評価規準の一部（「人間、社会、自然などに対するものの見方、感じ方、考え方を深めている」）を満たしていると判断し、第２次の評価と合わせることで評価規準の全てを満たしていると総括的に判断し、「おおむね満足できる」状況（B）と評価した。

【生徒Oの振り返りシートの記述】

> 人前で慟哭するようなことはなかった人間時代を過ごした李徴が**虎となり、友人に人生の後悔を打ち明けることで人間らしさを手に入れる**ということが皮肉的で、李徴の深い悲しみをよく表

していると思った。人間であるうちに自分の弱さと向き合うことはできなかったのか。この作品を通じて「生きる」ということについて考えさせられた。後悔しない人生を過ごしたい。

ポイント
・物語のその後を創作するという言語活動を通して、生徒自身が分析した作品の内容や解釈を評価する。
・単元全体を振り返って自分の考えを表現する機会をつくることで、作品を通してものの見方、感じ方、考え方を深めているか、ということを評価する。

(3)［主体的に学習に取り組む態度］の評価

　［主体的に学習に取り組む態度］①の「物語のその後の創作を通して、作品の内容や解釈を踏まえ、進んで、人間、社会、自然などに対するものの見方、感じ方、考え方を深める中で、自らの学習を調整しようとしている」状況を、「各自が創作した物語のその後を共有したり、読み取った作品の内容を自分に引き付けたりして、文学的な文章と向き合おうとしている」姿（「おおむね満足できる」状況（B））と捉え、第3次に評価した。

　生徒には毎時間の終わりに5分程度の時間を設けて、振り返りシートを書かせている。この振り返りシートでは、「この時間で学習（理解）したこと」、「授業中考えたこと・疑問に思ったこと」、「他者の学びの役に立ったと思う自分の意見や支援」の三つの欄と、単元末に単元全体の振り返りをまとめる欄を設けている。［主体的に学習に取り組む態度］の評価に当たっては、このうち、「授業中考えたこと・疑問に思ったこと」、「他者の学びの役に立ったと思う自分の意見や支援」と単元末の振り返りの欄の記述を用いた。

　例えば、生徒Iは、小説を読む上で、語彙力を身に付けることや表現の多様性に注目することについて言及し、他者に対しても小説の内容理解に必要な支援をしている。さらに、単元全体の振り返りにおいて、「小説は生き方を教えてくれる重要な教材だ」と意味づけをして、「自身の生き方を見つめ直していきたい」と結んでいる。これらから、評価規準を満たしていると判断し、「おおむね満足できる」状況（B）と評価した。

【生徒Ⅰの振り返りシートの記述の一部】

授業中考えたこと・疑問に思ったこと	他者の学びの役に立ったと思う自分の意見や支援
作品で使われている言葉を自分の知っている言葉に置き換えて考えること、**何よりも語彙力を身に付けることが小説を読む上で重要だと思った。**	人物の言動だけでなく、月や暁角の音色など情景を表す言葉からも心情が読み取れることを伝えた。
「臆病」な「自尊心」とか「尊大」な「羞恥心」とか、一見反対に見える言葉をつなげるとそれぞれの言葉の意味が強調されると気付いた。**表現の多様性を感じたのでこれから注目していきたい。**	本文中の「瓦」と「玉」が何の例えになっているのか自分の考えをメンバーに伝えた。

単元全体の振り返り
この学習の前までは、小説は登場人物の気持ちを考えることだけが大切だと思っていたが、**登場人物が置かれている状況を自分に置き換えることで自分の生活を見直すことができると分かった。**小説は生き方を教えてくれる重要な教材だと思う。これを踏まえて自身の生き方を見つめ直していきたい。

ポイント
・授業で学んだことや考えたことを振り返る時間を毎時間設けて、その時々の考えを言語化させる。
・単元全体を振り返り、授業を通してどのようなことを考えたか、自分の考えがどんなふうに変容したのか表現する機会をつくることで、作品を通してものの見方、感じ方、考え方を深めようとしているか、ということを評価する。

6　実践に当たって ▮▮▮▮▮▮▮▮▮▮▮▮▮▮▮▮▮▮▮▮▮▮▮▮▮▮▮▮▮▮

　授業づくりをする上で二つのことに触れておきたい。

　一つ目は、「等しい指導と評価」である。観点別評価に当たっては、学年や学校の中で、生徒たちに対して同じ教材、同じ観点で指導するということが重要である。小規模校でない限り、一つの学年を複数の教員で指導することになるが、このとき、取り扱う題材（本単元であれば「山月記」）が同じだとしても、使用するワークシートや授業の進め方が教員によって異なっていては、等しく評価することはできない。私の所属校においても複数の教員で一つの学年を指導しているが、単元ごとに指導の手順や評価の観点を記した指導案とワークシートを共有して、どのクラスにおいても同じ指導を同じワークシートで

行っている。それぞれの単元において指導案を作成することで負担は増えるが、単元ごとに、受け持つ教員が指導案や教材づくりを分担することでかえって教材研究にかけられる時間は増えている。また、単元の指導を始める前に担当者間で打合せをすることで科内の風通しもよくなる。カリキュラム・マネジメントや働き方改革の観点からも、科内一丸となって指導に向き合う体制づくりが求められる。

　二つ目は、文学的な文章、特に小説の指導における私の思いである。小説を題材として扱う単元には学習指導要領の指導事項や身に付けさせたい力に準拠した目標があるが、その目標に加えて小説を題材とするすべての授業を通じて身に付けさせたい力が私にはある。それは「物語る力」である。

　人生においては、自分が思うようにいかないことがある。むしろ思うようにいかないことのほうが多いかもしれない。時には全く予想もしていない出来事に直面することもあるだろう。そうした時に、その出来事に何かしらの意味を付与して自分の中に落とし込む力、この力が「物語る力」であると私は定義している。小説に登場する人々（時には擬人化された動物などもあるが）は物語の中で様々な出来事に直面し、喜び、悲しみ、懊悩する。小説を読んだとき、私たちは小説の主人公の生きざまを見届け、小説の人物に自分を重ねることで、様々な人生を追体験することができる。私はこの「物語る力」を付けさせるには小説がもっともふさわしい教材であると思う。

　ある生徒は、本単元の終わりにまとめた振り返りシートにこんなことを書いている。「李徴の心情や内面を深いところまでのぞいた。人の考え方や捉え方を、小説を通じて奥深く見るのはとてもおもしろい。自分の考え方も影響を受けて変化していると思う。もっと考え方や捉え方を磨いて、使える語句が増えて、伝えたいことをもっと詳しく豊かに伝えられるようになりたい。」

　小説の学習を通じて「物語る力」を身に付けた生徒たちが、力強く人生を歩んでくれることを願ってやまない。

〔遠藤祐也〕

「実用 VS 教養」の図式は正しいか

　高校国語の新学習指導要領に対する「文学軽視批判」報道においては、実用重視にシフトすることを懸念する主張が複数みられた。

　あくまでも数多くの報道を個人的に整理した印象であるが、その多くは、「現代の国語」や「論理国語」を、契約書などの実用的な文章を中心に取り扱う科目とみなし、小説などの文学的な文章を指導する時間が圧迫される懸念があると主張するものであった。さらに、学年によっては、高校生がいわゆる定番小説教材を読めなくなり、人の気持ちを理解できない生徒を生んでしまうのではないかという主張もあった。もちろん、実際に教科書を見れば、先の2科目が実用的な文章ばかりの科目ではないことは一目瞭然だし、文学的な文章を指導する時間が圧迫されるとする主張については、第1章第1節の5で取り上げたところであるが、今後議論されてもよいかもしれない。また、定番小説教材は大切だが、その学習の有無がすぐさま人の気持ちを理解できない生徒を生むか否かを左右するかどうかは分からない。高校国語の授業は重要だが、高校生の人格や教養は、学校教育においては、そもそも教育課程を構成する多くの教科・科目等の学習の総体でその育成が目指される。

　ところで、「実用」の一方では、なぜか「教養」が対置されることが多い。そういう意味では、「文学軽視批判」は教養軽視の批判とほぼ同義のように思われる。しかし、「実用」と「教養」はそもそも対義語なのだろうか。「実用」を「実際に役に立つもの」とし、対義語と捉えれば、「教養」は役立たないものとみなされるだろう。しかし、そもそも「教養」は役立たないものなのだろうか。また、一方の「実用」は豊穣さを欠いた単なるスキルの塊なのだろうか。

　「役に立つ」とはどういうことかという定義を検討する必要性もありそうだが、ここには、二項対立の陥穽がある。個人的な考えであるが、「教養」は実際の場で適切に表現されてこそその豊かな輝きを発する。一方、「実用」も相応の内実を伴わなければ単なるスキルと堕すのであって、まさに「教養」に裏打ちされてこそ、その効果を最大限発揮することができるのである。両者はいわば車の両輪であり、いずれが高尚であるかなどの優劣論はよくある二項対立の罠である。学習指導要領の内容には〔知識及び技能〕があるが、ここには、国語の資質・能力としての様々な知識が含まれており、その一部は「教養」と呼ばれてもよいものだろう。また、「技能」という文言からはむしろ「実用」をイメージさせる資質・能力も含まれているかもしれない。「現代の国語」や「論理国語」の中にも「教養」が見いだせるのではないか、授業づくりの中で考えてみたい。　　　　　　　〔大滝一登〕

第5節 国語表現
【選択科目】 標準単位数：4単位

実社会において必要となる、他者との多様な関わりの中で伝え合う力の育成を重視した科目

（知識及び技能）	**言葉の特徴や使い方に関する事項**	
	・伝え合う目的や場面、相手、手段に応じた適切な表現や言葉遣い ・自分の思いや考えを多彩に表現するために必要な語句 ・実用的な文章などの種類や特徴、構成や展開の仕方　など	
	情報の扱い方に関する事項	
	―	
	我が国の言語文化に関する事項	
	・自分の思いや考えを伝える際の言語表現を豊かにする読書の意義と効用	
（思考力、判断力、表現力等）	**話すこと・聞くこと〔40～50単位時間程度〕**	
	・相手の同意や共感が得られるよう、表現を工夫してスピーチをしたり、他者のスピーチを、論点を明確にして自分の考えと比較しながら聞き、自分の考えを深めたりする学習　など 　言語活動例 ▶ ・スピーチ、連絡、依頼等とその批評 　　　　　　　・インタビュー、報道等のまとめと発表 　　　　　　　・調査結果のまとめと説明　など	
	《教材》・音声や画像の資料など＊	
	書くこと〔90～100単位時間程度〕	
	・読み手の同意や共感が得られるよう、適切な根拠や具体例を効果的に用いたり、文章と図表や画像などを関係付けたりしながら、企画書や報告書などを作成する学習　など 　言語活動例 ▶ ・文章の種類を選んで書く 　　　　　　　・実務的な手紙やメールを書く 　　　　　　　・意見提案書を書く　など	
	読むこと	
	―	

《教材》は、「内容の取扱い」に示されている教材の取扱いの抜粋である。
＊は、必要に応じて用いることができる、と示されているものである。

11 A 話すこと・聞くこと
身近な題材を工夫して説明しよう

キーワード
「思考・判断・表現」の評価
評価方法の工夫（行動の分析）

単元名	内容のまとまり
身近な題材を工夫して説明しよう	**〔知識及び技能〕** (1)言葉の特徴や使い方に関する事項 **〔思考力、判断力、表現力等〕** 「A話すこと・聞くこと」

授業例

1 単元の目標

(1) 話し言葉と書き言葉の特徴や役割、表現の特色について理解を深め、伝え合う目的や場面、相手、手段に応じた適切な表現や言葉遣いを理解し、使い分けることができる。

〔知識及び技能〕(1)イ

(2) 自分の思いや考えが伝わるよう、具体例を効果的に配置するなど、話の構成や展開を工夫することができる。

〔思考力、判断力、表現力等〕A(1)ウ

(3) 言葉がもつ価値への認識を深めるとともに、生涯にわたって読書に親しみ自己を向上させ、我が国の言語文化の担い手としての自覚を深め、言葉を通して他者や社会に関わろうとする。

「学びに向かう力、人間性等」

2 本単元における言語活動

設定した題材について調べたことを、聴衆に対して説明する活動。

（関連：〔思考力、判断力、表現力等〕A(2)オ）

3 単元の評価規準 ▮▮▮▮▮▮▮▮▮▮▮▮▮▮▮▮▮▮▮▮▮▮▮▮▮▮▮▮▮

知識・技能	思考・判断・表現	主体的に学習に取り組む態度
①話し言葉の特徴や役割、表現の特色について理解を深め、伝え合う目的や場面、相手、手段に応じた適切な表現や言葉遣いを理解し、使い分けている。((1)イ)	①「話すこと・聞くこと」において、自分の思いや考えが伝わるよう、具体例を効果的に配置するなど、話の構成や展開を工夫している。(A(1)ウ)	①聴衆に対する説明を通して、話し言葉の特徴を理解し、自分の思いが伝わるよう、話の構成や展開を粘り強く工夫する中で、自らの学習を調整しようとしている。

4 指導と評価の計画（全5単位時間想定）▮▮▮▮▮▮▮▮▮▮▮▮▮▮

【単元の流れ】

次	学習活動	指導上の留意点	評価規準・評価方法等
1	○単元の目標や進め方を確認し、学習の見通しをもつ。 ○自分の思いや考えを、相手に効果的かつ的確に伝える工夫の中から、特に「話の構成と展開」に着目する。	・話し言葉と書き言葉の違いや話し言葉の特徴について確認するとともに、自分の思いや考えを相手に効果的かつ的確に伝えるための工夫について考えさせる。 ・自分の思いや考えを、相手に効果的かつ的確に伝える工夫の中から「話の構成と展開」を取り上げ、具体的な工夫の仕方について全体で確認する。その際、工夫の仕方を形式的にまねるだけの学習にならないよう、留意する。	
	「話の構成と展開」の工夫例 1．素材をまとめるに当たって 　(1)素材のまとまり…同じ内容や事柄は一つのまとまりに。 　(ロ)素材同士の関係　対比する内容や原因と結果などを考える。		

（3）素材を取り上げる順番…素材同士の関係を踏まえ、順番を決める。
2．話の構成と展開
（1）「はじめ・なか・おわり」
（2）「頭括型」「尾括型」「双括型」
（3）「追歩式」「散叙式」　　　　　　　　　　　　　　　　　　　など

	○「10月に行われる学校説明会で、中学3年生を対象に、2分間で、学校の魅力を説明する」というテーマを紹介する。	・あらかじめ対象者や発表の場、発表の時間を明らかにすることで、中学3年生の視点や10月に行われる学校説明会という場を意識した内容を心がけさせる。また、対象者や発表の場、発表の時間によっても「話の構成と展開」の工夫の仕方が変わることを意識させる。	
	○テーマに基づいて、構成書を作成する。	・ここでは、話し言葉の特徴を踏まえる観点から発表原稿は作成せず、構成書の内容に基づいて発表する内容の順序とポイントを整理する形で記入させる。	
	○振り返りシートを記入する。	・必要に応じて、ICT機器等を活用した発表資料の使用も可とする。	
2	○四・五人のグループを作って発表し、相互評価を行う。	・各グループの発表は、ICT機器等で記録し、確認できるようにする。 ・相互評価は、漠然としたものにならないよう、「相互評価表」を活用し、規準に則って評価できるようにする。	[知識・技能] ①「記述の点検」相互評価表 ・話し言葉の特徴や役割、表現の特色を踏まえ、伝え合う目的や場面、相手、手段に応じた適切な表現や言葉遣いを理解し評価しているかを点検する。
	○発表の内容や相互評価を基に、構成書を添削する。	・発表の内容や相互評価を基に話の内容を見直し、構成書を添削する。その際、自分の思いや考えを、	[知識・技能] ①「記述の点検」構成書 ・話し言葉の特徴や役割、表現の特色を踏まえ、伝え合う目的

		相手に効果的かつ的確に伝えるための「話の構成と展開」を工夫することを再確認する。	や場面、相手、手段に応じた適切な表現や言葉遣いを理解しているかを点検する。
	○振り返りシートを記入する。		
3	○クラス全体で発表を行う。 ○振り返りシートを記入する。	・クラス全員の前で一人ずつ発表を行う。また、聞き手となる生徒は「相互評価表」を記入することで、規準を意識しながら話を聞くことができるよう留意する。 ・全体発表の模様はICT機器等で記録する。	[思考・判断・表現] ① 「行動の分析」発表の様子 ・ICT機器等の記録を踏まえ、主として発表の行動を分析する。 ・自分の思いや考えが伝わるよう、具体例を効果的に配置するなど、話の構成や展開を工夫しているかを分析する。
4	○これまでの振り返りシートの内容を踏まえ、まとめることで、自分の思いや考えを、相手に効果的かつ的確に伝える「話の構成と展開」を確認する。 ○単元の学習で得た気付きを、グループやクラス全体で共有し、今後の学習に生かしていく。	・自分自身の振り返りや聞き手からの「相互評価表」の内容を基に、単元の目標である、自分の思いや考えを、相手に効果的かつ的確に伝えるために工夫した「話の構成と展開」が、実際にどのような理解が得られたかを確認するよう留意する。	[主体的に学習に取り組む態度] ① 「記述の分析」振り返りシート ・発表を通して、話し言葉の特徴を理解し、自分の思いが伝わるよう、話の構成や展開を工夫してわが校の魅力を紹介する中で、自らの学習を調整しようとしているかを分析する。

（本授業例における評価の実際）

5 観点別学習状況の評価の進め方 ▮▮▮▮▮▮▮▮▮▮▮▮▮▮▮

　選択科目「国語表現」の「内容」の〔思考力、判断力、表現力等〕「A話すこと・聞くこと」に関する指導については、「内容の取扱い」(1)アに「40〜50

単位時間程度を配当するものとし、計画的に指導すること」と示されている。本単元では、こうした記述を踏まえて、「A話すこと・聞くこと」に関する資質・能力を目標として掲げ、単元のまとまりの中で重点的に「A話すこと・聞くこと」に関する資質・能力の育成を重点的に図る指導と評価の計画を示している。なかでも、本事例においては特に、「思考・判断・表現」の評価について詳細に説明する。

(1) [知識・技能] の評価

　[知識・技能] ①の「話し言葉の特徴や役割、表現の特色について理解を深め、伝え合う目的や場面、相手、手段に応じた適切な表現や言葉遣いを理解し、使い分けている」状況を、「相互評価表に、話し言葉の特徴や役割、表現の特色を踏まえ、伝え合う目的や場面、相手、手段に応じた適切な表現や言葉遣いを理解し評価している」姿（「おおむね満足できる」状況（B））「構成書に、話し言葉の特徴や役割、表現の特色を踏まえ、伝え合う目的や場面、相手、手段に応じた適切な表現や言葉遣いを理解している」姿（「おおむね満足できる」状況（B））と捉え、第2次に評価した。

　本単元は「中学生にわが校の魅力を工夫して説明しよう」とし、「10月に行われる学校説明会で」「中学3年生に」「わが校の魅力を」「2分間で」伝えるという場面を設定している。これは、「話し言葉と書き言葉の特徴や役割、表現の特色について理解を深め、伝え合う目的や場面、相手、手段に応じた適切な表現や言葉遣いを理解し、使い分けること。」（〔知識及び技能〕(1)イ）を踏まえたものである。『高等学校学習指導要領（平成30年告示）解説国語編』(P.214) には、上記に関連して「伝え合う目的や場面、相手、手段に応じた適切な表現や言葉遣いを理解し、使い分けるとは、実社会の様々な場面に対応した使い分け方を身に付けることである。実社会における具体的な交流の場においては、相手や目的などの違いに応じて円滑に伝え合うために、敬語をはじめとして、相手に配慮した適切な表現や言葉遣いを使い分けることが求められる。」とある。

　生徒たちは「現代の国語」において、「話し言葉と書き言葉の特徴や役割、表現の特色を踏まえ、正確さ、分かりやすさ、適切さ、敬意と親しさなどに配

慮した表現や言葉遣いについて理解し、使うこと」（「現代の国語」〔知識及び技能〕(1)イ）を学習してきた。本単元では、「10月に行われる学校説明会で」「中学３年生に」「わが校の魅力を」「２分間で」伝えるという具体的な場面を設定することで、伝え合う目的や場面、相手、手段に応じた適切な表現や言葉遣いを理解し、使い分けることを強く意識できるようにした。

　例えば、生徒Aは、構成書に次のような工夫を記していた。

【生徒Aの構成書の記述】

> ・中学３年生は高校の状況がよく分からないから、いきなり購買の説明をしても分からないので、校舎の概要から簡単に説明したほうがいい。
> ・多くの中学校は給食だと思う。中学生も説明会で緊張していると思うので、「皆さんは給食で嫌いなメニューが出たらどうしますか？」から呼び掛けて話を始めたい。

　これは、「伝え合う目的や場面、相手、手段に応じた適切な表現や言葉遣いを理解しているか」といった観点を意識していることが分かるため、評価規準を満たしていると判断し、「おおむね満足できる」状況（B）と評価した。

　また、生徒Bは、相互評価表に次のように記した。

【生徒Bの相互評価表の記述】

> Cさんは、中学３年生に対する説明ということで対等な口調で話していたが、学校説明会には保護者も出席する。保護者がいることを考えれば、もう少し丁寧な口調で話をするほうがいいと思う。

　生徒Bの記述も、「伝え合う目的や場面、相手、手段に応じた適切な表現や言葉遣いを理解しているか」といった観点を意識していることが分かるため、評価規準を満たしていると判断し、「おおむね満足できる」状況（B）と評価した。

　一方、「話し言葉の特徴や役割、表現の特色について理解を深め、伝え合う目的や場面、相手、手段に応じた適切な表現や言葉遣いを理解し、使い分けている」に留意して構成書の検討や相互評価表の記入ができていない生徒については、「努力を要する」状況（C）と判断した。Cと評価した生徒に対しては、Bを実現するための具体的な手立てとして、「話し言葉の特徴や役割、表現の特色」「伝え合う目的や場面、相手、手段に応じた適切な表現や言葉遣い」に

ついて確認した上で、「10月に行われる学校説明会で」「中学３年生に」「わが校の魅力を」「２分間で」伝えるという場面に当てはめて再考するよう手立てを行った。

（２）［思考・判断・表現］の評価

　［思考・判断・表現］①の「『話すこと・聞くこと』において、自分の思いや考えが伝わるよう、具体例を効果的に配置するなど、話の構成や展開を工夫している」状況を、「自分の思いや考えが伝わるよう、具体例を効果的に配置するなど、話の構成や展開を工夫している」姿（「おおむね満足できる」状況（Ｂ））と捉え、第３次に評価した。なお、評価に当たっては、ICT端末等に記録された発表の様子を分析し、その実現状況を評価することにした。

　本単元において、生徒は、構成書に基づいて四・五人のグループを対象に行った発表（２次）とグループ発表での相互評価を踏まえて添削した構成書に基づいてクラス全体を対象に行った発表（３・４次）の、２回の発表を行っている。このことで、それぞれの発表における評価だけではなく、２回の発表内容を比較することで生徒の〔思考力、判断力、表現力等〕の深化も評価できるようにした。

　また、本単元では、「10月に行われる学校説明会で」「中学３年生に」「わが校の魅力を」「２分間で」伝えるという具体的な場面を設定している。このことで、具体的なイメージや理由、根拠をもって話の構成や展開を工夫することや具体例を効果的に配置できるようにした。

　「おおむね満足できる」状況（Ｂ）にある「話の構成や展開を工夫」することについて、『高等学校学習指導要領（平成30年告示）解説国語編』（P.222）では「自分の主張の合理性を明確にするために、話の構成や展開について確かめるだけではなく、話の全体を俯瞰して、相手を意識した論理の展開を工夫することである。具体的には、自らの主張の根拠となる事柄を箇条に分けて示したり、考えをまとめるに至った過程をたどりながら説明したり、結論を簡潔に

まとめて話したりするなどの工夫をすることである。」とある。また、「具体例を効果的に配置する」ことについては、「相手（聞き手）に話の内容に関心をもってもらい、共感を得られるようにするために、伝達すべき内容がよく伝わるよう、具体例を配置することである。具体例を効果的に配置することによって、聞き手の注目を引き付けることができ、臨場感のある問題として共に考えてもらい、具体的な行動を起こさせる道をも開くことになる。」としている。

例えば、生徒Dは、グループにおいて次のように話を始めた。

【生徒Dの話の内容】

> 　私は、○○高校の魅力について３点にわたって説明したいと思います。１点目は「部活動が活発なこと」、２点目は「様々な地域から生徒が集っていること」、３点目は「文教地区に学校があること」です。
> 　初めに「部活動が活発なこと」について説明します。○○高校では生徒のほとんどが部活動に所属しています。運動部と文化部の兼部も許可されており、複数の部活動に所属している人もいます。……

生徒Dは話の冒頭で、高校の魅力を３点挙げた上で、１点ごとに話しを進めている。これは、「自分の思いや考えが伝わるよう、話の構成や展開を工夫しているか」といった観点を意識していることが分かるため、評価規準を満たしていると判断し、「おおむね満足できる」状況（B）と評価した。

また、生徒Eは、クラス全体を対象に次のように話をした。

【生徒Eの話の内容】

> 　……私が「○○高校にはいい先輩がたくさんいる」と話をするのには理由があります。
> 　私は現在、陸上部に所属しているのですが、入部当初に部活動と勉強との両立に悩んだことがありました。その時、ある先輩は自分自身の体験を話してくれ、「今は大変かもしれないけど、ここを頑張れば大変だと思っていたことが大変じゃなくなるよ。私も△△さんのことを応援しているよ。」と励ましてくれました。また、ある先輩は、隙間の時間を使った具体的な勉強の仕方や、自分の授業ノートを貸してくれました。
> 　こうした先輩の励ましのおかげで部活動と勉強を両立できるようになりました。そのことで「○○高校にはいい先輩がたくさんいる」と心から思ったのです。……

生徒Eは、「いい先輩がたくさんいる」ことを伝えるために、部活動と勉強との両立に悩んだときの先輩との関わりを具体的に話している。また、体験を伝える前に「私が『○○高校にはいい先輩がたくさんいる』と話をするのには理由があります。」と倒置的に話をすることで、聞き手を話に引き込むよう工

夫がなされている。これは、「自分の思いや考えが伝わるよう、具体例を効果的に配置するなど工夫している」ことが分かるため、評価規準を満たしていると判断し、「おおむね満足できる」状況（B）と評価した。

　更に、生徒Fは、グループにおける話とクラス全体を対象とした話に、次の変化がみられた。

【生徒Fの話の内容】

〈グループにおける話〉
　私が考える〇〇高校の一番の魅力は「挨拶をする生徒の姿」です。この挨拶は〇〇高校の先輩から後輩へと伝えられた伝統で、廊下などで出会った人と挨拶を交わすことでお互いが気持ちよくなります。……

〈クラス全体を対象とした話〉
　「皆さん、こんにちは！」皆さんは今日、〇〇高校に来て感じたことはありませんか。ヒントは私の話の最初にあります。もう一度、言いますね。「こんにちは！」そうです。生徒の元気な挨拶です。私は、先輩から後輩へと伝えられた伝統である「挨拶をする生徒の姿」が〇〇高校の一番の魅力だと思っています。……

　生徒Fはグループでの話の後、構成書を添削した際、話の冒頭に高校を訪問した中学３年生が体験したであろう話をすることによって、聞き手の注目を引きつけ、臨場感のある問題として考えさせていた。これは、「自分の思いや考えが伝わるよう、具体例を効果的に配置するなど工夫しているか」といった観点を意識していることが分かるため、評価規準を満たしていると判断し、「おおむね満足できる」状況（B）と評価した。

　一方、「自分の思いや考えが伝わるよう、具体例を効果的に配置するなど、話の構成や展開の工夫」に留意して話ができていない生徒については、「努力を要する」状況（C）と判断した。Cと評価した生徒に対しては、Bを実現するための具体的な手立てとして、「話の構成や展開の工夫」について確認した上で、「10月に行われる学校説明会で」「中学３年生に」「わが校の魅力を」伝えるという場面と、そのために有効な「話の構成や展開」とは何かを再考するように助言した。

ポイント　2回行う生徒の話を評価に生かす。
話を比較することで、生徒の〔思考力、判断力、表現力等〕の深化も評価
する。

(3) ［主体的に学習に取り組む態度］の評価

　［主体的に学習に取り組む態度］①の「聴衆に対する説明を通して、話し言葉の特徴を理解し、自分の思いが伝わるよう、話の構成や展開を工夫する中で、自らの学習を調整しようとしている」状況を、「話し言葉の特徴を理解し、自分の思いが伝わるよう、話の構成や展開を工夫してわが校の魅力を紹介する中で、自らの学習を調整しようとしている」姿（「おおむね満足できる」状況（B））と捉え、第4次に評価した。

　［主体的に学習に取り組む態度］に基づく評価について、「児童生徒の学習評価の在り方について（報告）」（P.11）（平成31年1月）では「『主体的に学習に取り組む態度』に係る各教科の評価の観点の趣旨に照らし、①知識及び技能を獲得したり、思考力、判断力、表現力等を身に付けたりすることに向けた粘り強い取組を行おうとする側面と、②①の粘り強い取組を行う中で、自らの学習を調整しようとする側面、という二つの側面を評価することが求められる。」と記している。

　本単元では毎時の「振り返りシート」の記述や、記述の変化を通して、生徒が粘り強い取組を行おうとする側面と自らの学習を調整しようとする側面とを評価することにした。

　例えば、生徒Gは、振り返りシートに次のように記した。

【生徒Gの振り返りシートの記述】

〈第1次における「今日の授業の振り返り」〉
　話の構成と展開は何となく理解できたが、学校説明会で中学3年生に学校の魅力を伝えるための工夫と聞いても、両方の話を結び付けて考えるのが難しかった。具体的なイメージがわからなかった。

〈第2次における「今日の授業の振り返り」〉
　グループで発表を行い、皆で改善点を話し合っていくうちに、学校説明会で中学3年生に学校の魅力を伝える工夫と話の構成と展開が結び付けられるようになってきた。自分の話も皆の意見や自分の考えを取り入れて、さらに良くなった気がする。

　生徒Gは、粘り強い取組を行おうとする態度や自らの学習を調整しようとしている態度を毎時間の授業で持ち続けたことで、知識及び技能の習得や、思考力、判断力、表現力等の育成に結び付いたことが読み取れた。これは、「発表を通して、話し言葉の特徴を理解し、自分の思いが伝わるよう、話の構成や展開を工夫してわが校の魅力を紹介する中で、自らの学習を調整しようとしているか」といった観点を意識していることが分かるため、評価規準を満たしていると判断し、「おおむね満足できる」状況（B）と評価した。

　一方、「発表を通して、話し言葉の特徴を理解し、自分の思いが伝わるよう、話の構成や展開を工夫してわが校の魅力を紹介する中で、自らの学習を調整しようとしているか」が不明確な生徒については、「努力を要する」状況（C）と判断した。Cと評価した生徒に対しては、Bを実現するための具体的な手立てとして、「振り返りシート」の内容と自身の学習の実現状況を確認した上で、本単元の学習を再度、振り返り、次回以降の学習の充実につながるよう助言した。

6　実践に当たって ■■■■■■■■■■■■■■■■■■■■■■■■■■

　高校で日々生徒と接している教員の多くが「話すこと・聞くこと」を指導することの大切さを実感していると思う。反面、これまで「国語表現」は「書くこと」に重点を置く教科と考えられ、その副次的な学習内容として「話すこと・聞くこと」が取り上げられることが多かった。しかし、平成30年に公示された学習指導要領による新科目「国語表現」では、「話すこと・聞くこと」に関する指導については、40〜50単位時間、「書くこと」に関する指導については、90〜100単位時間を配当するもの、となり、配当時間が明示されるようになった。このことで、今後は「話すこと・聞くこと」の知識及び技能や、思考力、判断力、表現力等の育成そのものを目標とした授業が行われなければな

らなくなった。

　このことは、時代の趨勢とも関連している。国際化やAIの急速な発展など生徒を取り巻く環境の変化を考えれば、「学習指導要領」の「国語表現」の目標にある「実社会における他者との多様な関わりの中で伝え合う力を高め、自分の思いや考えを広げたり深めたりすること」が更に必要となり、「話すこと・聞くこと」の授業の重要性は必然的に増してくるものと思われる。こうしたことを鑑み、本単元の実践を行った。

　これまで「話すこと・聞くこと」について評価をする際の課題として、「話すこと・聞くこと」は作品などの成果物が残りにくく、何をもって評価すればいいのかが分かりにくい点があった。しかし、ICT機器等の発達により、現在では比較的簡単に「話すこと・聞くこと」そのものの成果物を保存し、再生することが可能となった。本単元の実践においても、ICT機器等を活用することで、生徒の話を評価するだけではなく、生徒と一緒に映像等を確認することで学習内容を深めることができたなどの効果が見られた。

　また、本単元は「評価規準をふまえた授業づくり」を念頭に置いた実践でもあるため、「話すこと」と「聞くこと」の両方について評価を行っているが、これまで「話すこと・聞くこと」の授業を行ったことがなく、両方の評価が大変であると思われた場合は、「話すこと」「聞くこと」のどちらかに重点を置いた実践を行うことからお勧めしたい。なかでも「聞くこと」の評価は、「実社会における他者との多様な関わりの中で伝え合う力を高め、自分の思いや考えを広げたり深めたりすること」において重要であるにも関わらず、これまで重視されてこなかったように思われる。

　他者との多様なコミュニケーションが求められる現代社会にあって、今こそ私たち国語科の教員が「話すこと・聞くこと」の授業と評価に正面から取り組む必要があると実感している。

〔仲野敏樹〕

12 B 書くこと
ブログに掲載するエッセイを書こう

キーワード 「思考・判断・表現」の評価
評価方法の工夫（準備シート、ペーパーテスト）

単元名	内容のまとまり
ブログに掲載するエッセイを書こう	**（知識及び技能）** (1)言葉の特徴や使い方に関する事項 **（思考力、判断力、表現力等）** 「B書くこと」

授業例

1 単元の目標

(1) 話し言葉と書き言葉の特徴や役割、表現の特色について理解を深め、伝え合う目的や場面、相手、手段に応じた適切な表現や言葉遣いを理解し、使い分けることができる。　　　　　　　〔知識及び技能〕(1)イ

(2) 読み手の共感が得られるよう、適切な具体例を効果的に配置するなど、文章の構成や展開を工夫することができる。

〔思考力、判断力、表現力等〕(1)ウ

(3) 言葉がもつ価値への認識を深めるとともに、生涯にわたって読書に親しみ自己を向上させ、我が国の言語文化の担い手としての自覚を深め、言葉を通して他者や社会に関わろうとする。

「学びに向かう力、人間性等」

2 本単元における言語活動

　社会的な話題や自己の将来などを題材に、自分の思いや考えについて、文章の種類を選んで書く。

（関連：〔思考力、判断力、表現力等〕B(2)ア）

3 単元の評価規準 ▮▮▮▮▮▮▮▮▮▮▮▮▮▮▮▮▮▮▮▮▮▮▮▮▮▮▮▮▮▮

知識・技能	思考・判断・表現	主体的に学習に取り組む態度
①話し言葉と書き言葉の特徴や役割、表現の特色について理解を深め、伝え合う目的や場面、相手、手段に応じた適切な表現や言葉遣いを理解し、使い分けている。((1)イ)	①「書くこと」において、読み手の共感が得られるよう、適切な具体例を効果的に配置するなど、文章の構成や展開を工夫している。((1)ウ)	①自分の思いや考えについてのエッセイを書くことを通して、話し言葉と書き言葉の特徴や役割、表現の特色について理解し、読み手の共感が得られるよう、適切な具体例を効果的に配置するなど、文章の構成や展開を粘り強く工夫する中で、自らの学習を調整しようとしている。

4 指導と評価の計画 （全4単位時間想定） ▮▮▮▮▮▮▮▮▮▮▮▮▮▮▮

【単元の流れ】

次	学習活動	指導上の留意点	評価規準・評価方法等
1	○単元の目標や進め方を確認し、読者を惹きつけるエッセイを書くという、学習の見通しをもつ。 ○ソーシャルメディアの文章を読み比べ、それぞれの目的や場面、相手、手段によって、表現が異なることを確認し、気付いたことをノートにまとめる。	・ブログへの掲載を想定し、多くの読者を惹きつけるエッセイを書くことを説明して、学習に見通しをもたせる。 ・Webページのデザインや掲載されている画像ではなく、文章について考えることに留意させる。 ・エッセイが主になっているブログの文章とSNSの文章とを示し、表現に違いがあることを確認する。（タブレットを用いて、指定したページを各自で閲覧する。） ・自らの経験を踏ま	[知識・技能] ① 「記述の点検」ノート ・ソーシャルメディアにおける、言葉の特徴や役割、表現の特色について理解し、伝える目的や場面、相手、手段に応じた適切な表現を理解しているかを点検する。

219

		・て、読み比べて気付いたことについてまとめさせる。 ・同じソーシャルメディアの文章でも、その表現媒体の使用目的によって、言葉や表現が使い分けられていることを気付かせる。 ・「エッセイ　ブログ」や「作家　ブログ」等、検索ワードを示す。 ・タイトルの工夫、記事の内容構成などの読者の心情に訴える工夫、取り上げられている具体例の興味深さ、効果的な言葉遣いなどについて、ワークシートにまとめさせる。	
	○各自で、エッセイが主になっているブログを閲覧し、自分が惹かれたブログの文章について、どこに惹かれたかを具体的にあげ、惹かれた理由をワークシートにまとめる。 ○ワークシートの内容について発表し、全体で共有する。		
2	○自分が伝えたいことを伝え、読者を惹きつける文章を書くために、どのような工夫をするのかを準備シートにまとめる。 ○構成メモに基づいて、500字程度のエッセイを書く。	・前次の学習を踏まえ、タイトル、文章構成、書き出し、具体例、結論について、それぞれの工夫点をまとめさせる。	[思考・判断・表現]① 「記述の分析」準備シート　エッセイ ・適切な具体例を効果的に配置するなど、読者を惹きつける文章にするため、構成や展開を工夫しているかを点検し、分析する。
3	○グループで互いのエッセイを読み合い、興味を惹かれた点、改善点などについて指摘し合い、読者を惹きつける文章を書くために必要なことは何かを話し合う。 ○グループで話し合ったことを発表し、全体で共有する。 ○本単元の学習の振り返りを、「振り返りシート」にまとめる。	・グループ活動では、タイトル、文章構成、書き出し、具体例、結論について工夫がされていた点、改善が必要な点を互いに指摘し合い、読者を惹きつける文章を書くために必要なことについて整理をする。	[主体的に学習に取り組む態度]① 「記述の分析」振り返りシート ・読み手の共感が得られるよう、適切な具体例を効果的に配置するなど、文章の構成や展開を工夫し、読者が惹かれるエッセイを書こうと粘り強く工夫する中で、自らの学習を調整しようとしていたかを点検し分析する。

5 観点別学習状況の評価の進め方 ■■■■■■■■■■■■■

　選択科目「国語表現」の「内容」の〔思考力、判断力、表現力等〕「B書くこと」に関する指導については、「内容の取扱い」(1)イに「90〜100 単位時間程度を配当するものとし、計画的に指導すること」と示されている。このことを踏まえ、本事例では、「B書くこと」に関する資質・能力を目標として掲げ、単元のまとまりの中でその育成を重点的に図る指導と評価の計画を示している。なお、本事例では、特に、「思考・判断・表現」の評価について詳細に説明する。

(1)〔知識・技能〕の評価

　〔知識・技能〕①の「話し言葉と書き言葉の特徴や役割、表現の特色について理解を深め、伝え合う目的や場面、相手、手段に応じた適切な表現や言葉遣いを理解し、使い分けている」状況を、「ソーシャルメディアにおける、言葉の特徴や役割、表現の特色について理解し、伝える目的や場面、相手、手段に応じた適切な表現を理解している」姿（「おおむね満足できる」状況（B））と捉え、第1次に評価した。

　『高等学校学習指導要領（平成 30 年告示）解説国語編』（P.214）では、「実社会に目を向けると、話し言葉と書き言葉の接近と融合が進んでおり、その傾向は更に加速していくものと考えられる。例えば、SNS（ソーシャル・ネットワーキング・サービス）で使われる言葉は『書き言葉』であるが、相手の反応や状況に即時的に対応して表現される点では『話し言葉』の特徴ももつ。こうした表現媒体の特徴にも対応し、言葉を使い分けることが重要である」と示されている。これを踏まえ、エッセイが主になっているブログの文章と SNS の文章を読み比べ、それぞれの表現媒体の特徴と表現の特徴について整理し、気付いたことをノートにまとめさせた。

　例えば、生徒Aは、それぞれのコミュニケーションについて、発信のみか双方向性があるかに着目し、それを踏まえて表現を比べたときに、ブログは「引用や具体例があり、書き手の意見を丁寧に伝えようとする表現」がされている

こと、SNSは「自分の意見を伝えるよりも、リアクションの速さやインパクトを重視した表現」がされていることに気が付き、ブログは発信を主とした表現媒体であるため、自分の意見を丁寧に伝えるための表現がされていることに加え、それを伝える相手が不特定多数であるため、具体的な体験や引用などを含んだ、読者の興味を惹く文章となっていると考えた。一方SNSは、双方向のコミュニケーションのための表現媒体であるため、文章というよりは、相手の反応を重視した会話のようであると考え、その考えを自らの経験に重ねることで、実感を伴って理解を深めている。これらから、評価規準を満たしてると判断し、「おおむね満足できる」状況（B）と評価した。

【生徒Aのノートの記述】

	ブログ	SNS
表現媒体の特徴	自分の考えや社会的な出来事に対する意見などを、不特定多数に発信。	コミュニケーションを楽しむ。いろいろな人から評価をもらったりして交流ができる。
表現の特徴	長めの文章で、引用や具体例があり、書き手の意見を丁寧に伝えようとする表現。	短い文章や単語で書かれている。自分の意見を伝えるよりも、リアクションの速さやインパクトを重視した表現。
気付いたこと	ブログは、相互のコミュニケーションを重視したものではないので、自分の意見が丁寧な文章で書かれている。でも、紙に書く日記と違って不特定多数の人に読んでもらうことを目的としているので、おもしろい体験を書いたり、本の引用がしてあったりと、読者の興味を惹く工夫した文章になっている。 　SNSは、相互のコミュニケーションを重視しているので、短い文章でインパクトのある言葉が選ばれている。自分の思いを伝えるというより、言葉のやりとりを楽しんでいるように思う。私もSNSを利用して友達と交流したりするが、わざと流行りの言葉を使ったり、意味のない言葉を繰り返し使ったりするときがある。その時は、自分の思いを伝えるというより、相手の反応を気にして言葉を選んでいることに、改めて気付いた。	

　一方、生徒Bは、それぞれのコミュニケーションについて、発信のみか双方向性があるかに着目をしたが、「ブログは発信のみを目的としてるため、文章が長くて読み難い。」、「SNSは相互の交流を目的としているため、文章が短くておもしろい。」とまとめたことから、それぞれの文章の特徴を表現媒体の伝える目的や場面、相手、手段と関連付けて理解ができていないため、「努力を

要する」状況（C）と判断した。Cと評価した生徒に対しては、Bを実現する
ための具体的な手立てとして、それぞれの文章の表現の特徴について、再度ま
とめた上で、「話し言葉」は、即時的に内容を伝える役割をもち、双方向性を
もつという特徴があること、「書き言葉」は、書き手が十分に考え推敲するこ
とができるなどの特徴があることを踏まえて、考えるように助言した。

> ノートの記述においては、「伝える目的や場面、相手、手段に応じた適
> 切な表現を理解しているか」を点検するため、SNSやブログの表現媒体
> の特徴とそれぞれの文章の特徴の理解の記述を別々に評価するのではなく、
> 表現媒体の特徴とそれに使用される文章の特徴を関連付けて理解できてい
> るかどうかを評価する。

(2)［思考・判断・表現］の評価

　［思考・判断・表現］①の「『書くこと』において、読み手の共感が得られる
よう、適切な具体例を効果的に配置するなど、文章の構成や展開を工夫してい
る」状況を、「適切な具体例を効果的に配置するなど、読者を惹きつける文章
にするため、構成や展開を工夫している」姿（「おおむね満足できる」状況
（B））と捉え、第2次に評価した。

　『高等学校学習指導要領（平成30年告示）解説国語編』（P.234）では、「読
み手の共感が得られるとは、論理の展開だけでなく、心情に訴える工夫によっ
て、思いを共有できる状態になることである。」、「適切な具体例を効果的に配
置するとは、読み手を具体的に想定し、読み手の心情に訴えることができるか
どうかを判断規準として、伝え合う場の条件にふさわしい具体例を選ぶことで
ある。」と示されている。これらを踏まえ、ここでは、第1次で学んだ、伝え
る目的や場面、相手、手段に応じた適切な表現を考えながら、ブログに掲載す
ることを想定したエッセイを書くため、工夫する点についてまとめさせ、それ
を基に500字程度のエッセイを書かせることを通して評価した。

　エッセイは、自分の見聞・体験・感想などを自由な形式で記した文章である
が、本事例では、ブログに掲載することを想定することで、不特定多数の読者
を惹きつける文章を書くことを目標としている。そのため、第1次で、ブログ

という表現媒体で使われる言葉の特徴や役割、表現の特徴などを理解し、実際のブログの文章において、それらがどのように活用されると興味を惹く文章になるかを学ぶこととしている。準備シートを作成して、エッセイを書くことにおいて、第1次で学んだことを活用し、それが概念的な知識となるような言語活動とすることに留意する。

　例えば、生徒Cは、「ブログでは、最初に興味を惹かないと、読者は途中で読むのを止めてしまうので、展開の早い簡潔な文章」とすることを工夫点としてあげ、エッセイにおいても、無駄な説明や気持ちの描写を入れない文章とし、話がテンポよく展開していく構成で書きあげており、伝える目的や場面、相手、手段に応じた適切な表現を理解して活用している。また、「通常の文章よりも書き手の体験などに共感する読者が多いと考えられるので、自分の体験をリアルに表現し、共感の得られる内容とする」ことを考え、エッセイにおいて、交換日記の内容をそのまま引用することで、読者も書き手の気持ちを追体験できるような文章にしており、適切な具体例を効果的に配置し、読者を惹きつける文章になるよう工夫している。これらのことより、評価規準を満たしていると判断し、「おおむね満足できる」状況（B）と評価した。

　一方、工夫するところにおいて、「自分の思いを正確に伝えるよう、思ったことを自由に書く。」や、「自分の体験談を正直に書く。」など、読者の存在を意識できていないもの、準備シートの工夫点がエッセイの文章に反映されていないものなどについては、「努力を要する状況」（C）と判断した。Cと評価した生徒に対しては、Bを実現するための具体的な手立てとして、第1次で学習した「ソーシャルメディアにおける、言葉の特徴や役割、表現の特色について理解し、伝える目的や場面、相手、手段に応じた適切な表現」がどのようなものだったか、ノートを見返して復習すると同時に、自分が興味を惹かれたブログの文章をよく読んで、その工夫について再考して、エッセイを推敲するよう助言した。

　［思考・判断・表現］①の評価については、この単元の終了後に、授業での学習活動を踏まえた上で、ペーパーテストを行って評価することも考えられる。

【生徒Cの準備シート】

エッセイを書こう　【準備シート】
話題　「直筆の良さ」
タイトル　「交換日記」
具体例(体験)　「母と幼稚園の先生の交換日記」
文章の構成
①意見　②具体例(体験)　③意見

文章において工夫するところ

手書きで文章を書くことが少なくなった現在、ブログで手書きの文章のことを述べる意外性で興味を惹く。また、ブログでは、通常の文章よりも、書き手の体験などに共感する読者が多いと考えられるので、自分の体験の内容をリアルに表現し、共感を得られる内容とする。ブログでは、最初に興味を惹かないと、読者は途中で読むのを止めてしまうので、展開の早い簡潔な文章とし、最後は読んで良かったと思えるものにする。

【生徒Cのエッセイの一部】

手書きの文章のあたたかさ、それは、今は亡き母のぬくもりを伝えてくれる。
先日、たんすの奥から1冊のノートが見つかった。それは交換日記だった。
　4月10日　保育園から帰ってきた○○が嬉しそうに、おやつの話をしてくれました。とても美味しかったらしく、今度家でも作ろうと思います。ありがとうございました。
　(△△先生)昨日のおやつは、イチゴのクッキーでした。喜んでもらえて良かったです。
〔略〕
少し右上がりの母の文字は、時間を超えて私をあたたく包み込み、幼い頃に母を呼ぶために泣いたように、私は声を上げて泣いた。
ものごころがついたときからSNSがあった私たちの世代には、手書きの文章は馴染みのうすいものだ。でも、将来来子どもを持つことがあれば、私は手書きの日記をつけようと思う。母がそうしてくれたように、一文字、一文字に最上級の愛情を込めて。

【ペーパーテストの問い】

問　「ブログの文章の書き方」というテーマで、授業で学んだことを盛り込み、エッセイを××字程度で書きなさい。

　例えば、生徒Dは、【生徒Dのペーパーテストの答案の一部】のように、ソーシャルメディアの文章を読み比べることによって分かったことを、表現媒体の特徴と関連させて理解している。また、ブログの文章について、「日常生活の中の小さな驚きや笑いに共感が集まることが多いので、体験談などは、読者がもっと読みたいと思う内容を、事実が鮮明に伝わる文章で書くのがよい。」と、具体例や体験談などを工夫して文章に盛り込むことで興味を惹く文章になることを述べ、「文章にも、適材適所がある。何を、どのような手段で伝える

のか、またどんな人に伝えたいのか。そのことを意識しながら、言葉を選んで書くことだ。」と、伝える目的や場面、相手、手段に応じた適切な表現があることを、自分の言葉で述べている。これらのことから、評価規準を満たしていると判断し、「おおむね満足できる」状況（B）と評価した。

【生徒Dのペーパーテストの答案の一部】

> ブログとSNSの文章を読み比べて気付いたことがある。ブログは、エッセイ本を読むのと同じような文章で、SNSは、会話を文字にしたような文章で書かれている。それは、**ブログが発信することが中心なのに対して、SNSは他者との交流を目的としているから**だと思う。自分でもブログに掲載する文章は、ゆっくり考えながら書いていた。一方Facebookなどでは、"いいね"が欲しくて、流行りの言葉を使ったり、掲載する写真を選ぶことに必死になり、文章を工夫することはしていなかった。〔略〕
> ブログを始めると多くの人に読んでほしいと思うものだ。それには読者の興味を惹く文章を書かなければならない。そのメインとなるのが具体的な例や体験談である。学校で話題になっていること、笑える失敗談など、特に一般人が書くブログには、日常生活の中の小さな驚きや笑いに共感が集まることが多いので、体験談などは、読者がもっと読みたいと思う内容を、事実が鮮明に伝わる文章で書くのがよい。SNSで使うような仲間内だけで通用する言葉などを使うと、それを理解できない読者が離れていくので、注意が必要だ。〔略〕
> 文章にも、適材適所がある。何を、どのような手段で伝えるのか、またどんな人に伝えたいのか。そのことを意識しながら、言葉を選んで書くことだ。

一方、授業の感想に終始し、「ブログの文章の書き方」に言及していないもの、「ブログの文章の書き方」について書いているが、学習した内容と関連付けができていないものなどについては、「努力を要する」状況（C）と判断した。Cと評価した生徒に対しては、Bを実現するための具体的な手立てとして、授業のノートの内容、準備シートの内容を確認させ、テストで自分が記述した内容が設問の趣旨に沿っているかなどについて再考するよう助言した。

1　生徒が書いたエッセイの文章の良し悪しのみで評価をするのではなく、準備シートを参考にしながら、第1次で学習したこと（〔知識及び技能〕）を踏まえて、「読み手の共感が得られるよう、適切な具体例を効果的に配置するなど、文章の構成や展開を工夫している」かどうかを評価する。また、文章中の主述のねじれ、誤字や接続詞の使用の誤り等の文法の間違いについては、学習活動の評価には入れず、その都度生徒に指導をして改善を促す。単元の学習評価は、あくまで単元の評価規準に基づいて評価を行うこととする。

2　今回のペーパーテストの事例においては、事実的な知識の習得の確認と、授業で身に付けたこと（〔思考力、判断力、表現力等〕）を活用できるかどうかを評価する問題とした。細かい採点基準を作成し、評価を点数化することも想定できるが、本事例では、ペーパーテストの結果も、単元の中に複数ある評価場面の一つとして考えていることから、点数ではなくＡ、Ｂ、Ｃ評価とすることとしている。

(3)〔主体的に学習に取り組む態度〕の評価

〔主体的に学習に取り組む態度〕①の「自分の思いや考えについてのエッセイを書くことを通して、話し言葉と書き言葉の特徴や役割、表現の特色について理解し、読み手の共感が得られるよう、適切な具体例を効果的に配置するなど、文章の構成や展開を粘り強く工夫する中で、自らの学習を調整しようとしている」状況を、「読み手の共感が得られるよう、適切な具体例を効果的に配置するなど、文章の構成や展開を工夫し、読者が惹かれるエッセイを書こうと粘り強く工夫する中で、自らの学習を調整しようとしている」姿（「おおむね満足できる」状況（Ｂ））と捉え、第３次に振り返りシートで評価した。

本単元では、毎時間、自らの学習の振り返りを行い、振り返りシートに、学習の成果と課題について記述させた。また、単元の最後には、単元全体の学びに見通しをもって取り組めたかどうか等に留意して、「全体の振り返り」を記述させた。

例えば、生徒Ｅは、第１時限の振り返りで、それぞれの文章が表現媒体の特徴に合ったものだと理解したことを成果にあげ、理解したことをどのように活用していくのかを次の学びの課題としてしている。そして、全体のまとめで「『分からない』ことを次の授業の課題としたことで、『準備シート』を書くときに、前の授業を意識しながら書くことができたので、表現媒体の特徴に合わせた工夫を、エッセイを書くときの工夫として考えることができたと思う。」と、第１時限での学びを活用するための課題意識をもったことが、次の学びにつながっていったことを指摘している。また、「エッセイの出来は自分の満足のいくものではなかったが、色々考えながら苦労して書いた文章なので、グループのみんなからもらった意見を参考にして書き直し、実際にブログにあげ

てみたいと思っている。」と記述していることから、試行錯誤を繰り返して、よりよいエッセイにしようと取り組んでいたこと、この学習活動をおもしろいと感じ、自分自身で発展させていこうとする姿勢が形成されていることが分かる。このことから、評価規準を満たしていると判断し、「おおむね満足できる」状況（B）と評価した。

【生徒Eの振り返りシートの記述】

	学習の成果	学習の課題
第1時限	ブログとSNSの違いについて知ることができた。また、ブログが発信中心の表現媒体であるため、言葉遣いや表現を工夫しなければ、自分の意見がうまく伝わらないことが分かった。	それぞれの表現媒体の特徴によって、言葉遣いや表現を工夫しなければいけないことは分かったが、**それを実際の文章の中にどのようにして取り入れていくのか、具体的な方法を知ることが課題だ。**
第2時限	エッセイは自分の好きなことを書く文章なので、簡単に書けると考えていたが、読者の興味を惹く文章は、独りよがりの文章ではいけないということが分かった。私は特に**言葉遣いに工夫をして、柔らかい表現であっても、話し言葉のように、くだけた文章にならないようにエッセイを書いた。**	準備シートの「工夫するところ」を考えることで、前の授業で学習した表現媒体の特徴に合わせた工夫を、文章の中に取り入れていくようにしたが、実際に文章を書いてみると、それがうまくいっているか分からなくなった。自分の書いたものを読み返し、工夫した文章になっているかもう一度考えなければならないと思う。
第3時限	お互いのエッセイについて、良い点、改善する点を指摘し合うことによって、自分では気付けなかったことに気付くことができた。	体験談を書いた文章で、自分が感じていたおもしろさが読み手に伝わっておらず、口頭で説明をした。表現を工夫して、おもしろさを表現できる文章が書けるよう練習を重ねたい。
単元全体	最初、ブログとSNSの違いについて知ったときは「なるほど」と思ったが、それがエッセイを書くことにどのようにつながるのかが分からず、どういう工夫をすればよいか分からなかった。でも、その**「分からない」ことを次の授業の課題とした**ことで、「準備シート」を書くときに、前の授業を意識しながら書くことができたので、表現媒体の特徴に合わせた工夫を、エッセイを書くときの工夫として考えることができたと思う。エッセイの出来は自分の満足のいくものではなかったが、色々考えながら苦労して書いた文章なので、グループのみんなからもらった意見を参考にして書き直し、実際にブログにあげてみたいと思っている。	

一方、授業の感想や学習の記録にとどまり、自らの学習を振り返ることができていないもの、課題があると感じていながら、その課題を解決しようとせず、学習をよりよく進めるために工夫しようとする姿勢が見えないものについては、

「努力を要する」状況（C）と判断した。Cと評価した生徒に対しては、Bを実現するための具体的な手立てとして、ノートや準備シートを見直し、この単元で学んだことを整理して、自らの学習状況を確認させ、理解が及んでいないところ等を明確にすることで、毎時間課題意識をもって学習に取り組む重要さを考えるよう助言した。

> 「振り返りシート」の評価については、「振り返りシート」の記述に「努力した」「試行錯誤をして取り組んだ」、「積極的に考えた」というような、粘り強さを感じさせる言葉があることで良い評価とするのではなく、「振り返りシート」の記述にある学習態度で授業に臨んでいたか、記述にあるような行動が授業中に見られたかなど、授業中の生徒の観察との整合性を考えながら評価する。

6 実践に当たって

　ソーシャルメディアの広がりにより、今の生徒は、従前の生徒と比べて、文章を書く機会が多い。それゆえに、ソーシャルメディアにおける文章について学習することは、大変重要であり、「実社会における他者との多様な関わりの中で伝え合う力を高め、自分の思いや考えを広げたり深めたりすることができるようにする」という「国語表現」の重視する内容に相応しいものであると考える。「正しい言葉遣い」や「正確に伝える文章」などを理解した上で、自ら相応しいと考えて自由な表現をするのと、深く考えずに自由な表現をするのは、大きな違いだ。そこで、本事例では、どんな表現でも許容されると考えられているソーシャルメディアにおいても、その表現媒体に相応しい言葉と表現があることを、生徒に理解させることとしている。また、身に付けた力はすぐに活用させたいため、どのような事を学び、その知識をどのように活用するかに重点を置き、褒めること、助言を行うこと等生徒へのフィードバックを早く行うことを心がけた。本事例の発展として、情報科と連携し、実際にブログを開設することなども想定できる。

〔上月さやこ〕

「話すこと・聞くこと」「書くこと」の
指導へのチャレンジを

　今次改訂に向けて中央教育審議会から示された高校国語の課題として、「教材への依存度が高く、主体的な言語活動が軽視され、依然として講義調の伝達型授業に偏っている傾向」が指摘されたことは周知のことであるが、加えて、「話合いや論述などの『話すこと・聞くこと』、『書くこと』の領域の学習が十分行われていないこと」が指摘されたことは示唆的である。というのも、これらの領域の指導が活発な教室であれば、主体的な言語活動が軽視されるとは考えにくく、結果として、講義調の伝達型授業に偏ることもないだろうと推察されるからである。

　「話すこと・聞くこと」「書くこと」の指導の歴史は古い。昭和35年告示学習指導要領には、すでに「(聞くこと，話すこと)」として指導事項が示されている。にもかかわらず、指導が十分行われにくいのは、それなりのハードルがあるからかもしれない。「話すこと・聞くこと」の指導は記録に残しにくく、活動も収拾がつかなくなる懸念がある。「書くこと」の指導は記録には残るが、学習評価のことを考えると、生徒の頑張りに十分応えてあげることが難しい。多くの教師はこのように考えているのではないだろうか。かなり昔にはなるが、かつての筆者もそう考えていた者の一人である。

　しかし、主体的・対話的で深い学びの実現に向けた授業改善が進み、これらの領域の指導の充実に向けてチャレンジする先生方が増えてきている。先述のような懸念はあれど、講義調の授業に比べて、概して教室のムードは明るく、生徒は表現することの楽しさと難しさとを実感できるだろう。そうした生徒の「学びの姿」に魅了された教師たちによって、冒頭の課題が改善に向かうことを期待したい。これからのますます複雑化し予測しにくい未来社会において、アウトプットに関する資質・能力は重要性を増してくることは明らかだが、それに加え、教育に携わる私たちに何よりも元気を与えてくれるのは、生徒たちが自らの力を高めようと、前向きに頑張っている「学びの姿」であろう。

　国語科には、そのような姿を目の当たりにできる「話すこと・聞くこと」「書くこと」という領域が設けられている。苦労はあるが、チャレンジしないのは損ではないだろうか。

〔大滝一登〕

第6節 古典探究

【選択科目】　標準単位数：4単位

生涯にわたって古典に親しむことができるよう、我が国の伝統的な言語文化への理解を深める科目

〔知識及び技能〕	**言葉の特徴や使い方に関する事項** ・古典を読むために必要な語句　など **情報の扱い方に関する事項** ― **我が国の言語文化に関する事項** ・我が国の文化の特質や、我が国の文化と中国など外国の文化との関係 ・古典が現代の言葉の成り立ちにもたらした影響 ・先人のものの見方、感じ方、考え方に親しみ、自分のものの見方、感じ方、考え方を豊かにする読書の意義と効用　など
〔思考力、判断力、表現力等〕	**話すこと・聞くこと** ― **書くこと** ― **読むこと〔1領域のため、授業時数が示されていない〕** ・古典としての古文及び漢文を読んで、古典特有の表現に注意して内容を的確に捉えたり、作品の成立した背景や他の作品などとの関係を踏まえながら解釈を深めたりする学習 ・関心をもった事柄について、関連する複数の古典の作品や資料などを読んで、自分のものの見方、感じ方、考え方や、我が国の言語文化についての自分の考えを深める学習　など `言語活動例` ▶ 複数の古典作品の読み比べ 　　　　　　　・和歌や俳諧、漢詩の創作や文語作文 　　　　　　　・朗読　　・古典語と現代語との比較　など 《教材》・古典としての古文 　　　　・古典としての漢文（日本漢文を含める） 　　　　・古典における論理的な文章 　　　　・近代以降の文語文＊ 　　　　・近代以降の漢詩文＊ 　　　　・近代以降の古典についての評論文など＊

《教材》は、「内容の取扱い」に示されている教材の取扱いの抜粋である。
　　＊は、必要に応じて用いることができる、と示されているものである。

13 A 読むこと
愛を描いた作品について、時代背景を踏まえて分析しよう

 「思考・判断・表現」の評価

単元名	内容のまとまり
愛を描いた作品について、時代背景を踏まえて分析しよう	〔知識及び技能〕 (1)言葉の特徴や使い方に関する事項 〔思考力、判断力、表現力等〕 「A読むこと」

授業例

1 単元の目標

(1) 古典の作品や文章の種類とその特徴について理解を深めることができる。

〔知識及び技能〕(1)イ

(2) 作品の成立した背景や他の作品などとの関係を踏まえながら古典などを読み、その内容の解釈を深め、作品の価値について考察することができる。

〔思考力、判断力、表現力等〕A(1)エ

(3) 関心をもった事柄に関連する様々な古典の作品や文章などを基に、自分のものの見方、感じ方、考え方を深めることができる。

〔思考力、判断力、表現力等〕A(1)キ

(4) 言葉がもつ価値への認識を深めるとともに、生涯にわたって古典に親しみ自己を向上させ、我が国の言語文化の担い手としての自覚を深め、言葉を通して他者や社会に関わろうとする。

「学びに向かう力、人間性等」

2 本単元における言語活動

同じ題材を取り上げた複数の古典の作品や文章を読み比べ、思想や感情など

の共通点や相違点について論述したり発表したりする。

（関連：〔思考力、判断力、表現力等〕　A(2)イ）

3　単元の評価規準 ∎∎∎∎∎∎∎∎∎∎∎∎∎∎∎∎∎∎∎∎∎∎∎∎∎∎∎

知識・技能	思考・判断・表現	主体的に学習に取り組む態度
①古典作品の文章の種類や特徴について理解を深めている。（(1)イ）	①「読むこと」において、作品の成立した背景を踏まえて、作品を相互に比較し内容の解釈を深め、作品の価値を考察している。（A(1)エ） ②「読むこと」において、関心をもった事柄に関連する様々な古典の作品や文章などを基に、自分のものの見方、感じ方、考え方を深めている。（A(1)キ）	①愛を描いた作品について、時代背景を踏まえて分析することを通して、関心をもった事柄に関連する様々な古典の作品や文章などを基に、進んで自分のものの見方、感じ方、考え方を深める中で、自らの学習を調整しようとしている。

4　指導と評価の計画（全12単位時間想定）∎∎∎∎∎∎∎∎∎∎∎∎∎∎∎

【単元の流れ】

次	学習活動	指導上の留意点	評価規準・評価方法等
1	○印象に残っている恋愛作品を紹介し合う。 ○単元の目標や進め方を確認し、学習の見通しをもつ。	・本単元開始に当たり、古典作品と現代とのつながりを意識させる。 ・本単元では、男女の恋愛をテーマにした複数の作品の読み比べを通して作品について考察したり、自ら作品を選び成立した背景や内容の解釈を行う。	

	テーマ1 「なぜ女は盗まれたのか」（同一ジャンルの読み比べ） ○A〜Cの歌物語を順番に読み、登場人物の行動と結末の違いについて確認する。	・テーマ1では、A『伊勢物語』第12段「武蔵野」、B『大和物語』154段「ゆふつけ鳥」、C『大和』155段「山の井」の3作品を扱う。 ・学習者の習熟状況に合わせて、ペアで取り組ませたり、語注や傍注を付したりして、古典に対する意欲を高めるよう工夫する。例えば、A〜Cの難易度順に提示し、Aを配布し読み終わったら、授業者のチェックを受け、Bの本文を受け取る。同様にして、Cの本文のあらすじまで読み取るなどして、学習者の活動状況やつまづきを授業者が確認できるようにする。	
	○作品内の和歌の内容と機能について考える。 ○作品が成立した社会背景について考察する。	・A〜Cの作品の和歌を基に、女の男に対する気持ちを読み取る。 ・男が女を盗む類似の話が複数伝承された社会背景についての考察を促す。	[知識・技能] ①「記述の点検」ワークシート ・歌物語における、和歌と地の文との関係性を理解しているかをワークシートの記述によって点検する。
2	テーマ2 「なぜ女は選べなかったのか」（ジャンル別読み比べ①） ○A『大和物語』「生田川」を読み、物語の展開を読み解く。	・テーマ2では、A『大和物語』147段「生田川」（前半部）と、菟原処女の伝承を記したB『万葉集』（巻9 1809〜1811番高橋虫麻呂）の2作品を扱う。 ・『大和物語』「生田川」の内容の展開を読み取る。第1次同様に、傍注を記したり学習者の習熟状況に合わせてペアやグ	[知識・技能] ①「記述の点検」ワークシート ・『万葉集』の特徴を理解しているかをワークシートの記述によって点検する。

	○B『万葉集』を音読し、リズムを味わう。	・『万葉集』の長歌と反歌二首を取り上げ、授業者が音読を行い、長歌がもつ特有のリズムや修辞のあり方に気付かせる。	
	○B『万葉集』の展開を読み取り、A『大和物語』に登場する女の心情と行動の真意を読み解く。	・長歌は傍注を積極的に用い、物語の展開や内容の違いを味わわせる。また二人の男の間に挟まれた女の心情と反歌に表れた女の真意を読み取らせる。	
	○A・Bの作品で描かれる女の行動について、本文の表現内容や当時の習慣や社会的背景を基に、考察する。	・A・B作品に見られる呼称の違い、「夢」や「埋葬」などの当時の風習に関する描写に注目させる。	
3	テーマ3 「物語はどのように語り継がれたのか」（ジャンル別読み比べ②）	・テーマ3では、「葦刈」を題材にしたジャンル、成立年代の異なる同一題材の作品、A『大和物語』第148段、B『今昔物語集』巻30「身貧男去妻成摂津守妻語」及びC『謡曲集』「葦刈」の三つを取り上げる。	
	○A『大和物語』とB『今昔物語集』を読み比べ、違いを指摘し、ワークシートにまとめる。	・A『大和物語』、B『今昔物語集』の比較の際は、細かな描写や展開に注目させる。また、どちらか一方は原文を用い、文語のきまりや語句の意味、用法の理解に基づいた読解を促す。	
	○C『謡曲集』の表現の特徴を踏まえ、「葦刈」の人物造型、物語展開をワークシー	・C『謡曲集』を扱う前に、映像教材を用いて、能、狂言の特徴を紹介する。また	

	トにまとめる。	扱う本文箇所は主に結末部を抜粋する。適宜現代語訳を用いて人物造型や物語の展開をつかみやすくなるよう考慮する。	
	○結末を中心に3作品を比較し、表現や人物造型の違いについて当時の社会的背景や思想を基に考察する。	・比較のポイントとして、①成立年代、②ジャンルの特徴、③和歌の役割、などに絞ると取り組みやすい。また参考図書やインターネット等で当時の社会について調査させる。	[思考・判断・表現] ①「記述の確認」ワークシート ・作品の描写の違いについて、当時の社会的背景を比較しながら考察しているかを、ワークシートの記述によって確認する。
4	研究テーマ 「愛」を描いた作品を紹介し、物語の設定や内容を、当時の文化、社会的背景から分析する。	・これまでのテーマに基づく三つの学習から、当時の様々な背景に基づく物語比較の方法を学び、物語が当時の社会的背景や思想、文化と密接に関わる点について理解を深めてきた。これらの学習活動を通じて得た比較分析の視点を基に、作品を一つ取り上げ、分析を行う。 ・対象の作品は、国、時代やジャンルなど範囲を限定したり、授業者が用意した作品群の中から選択する形にしたりするなど、学習者の実態に即した形にする。 ・分析したものを、レポート等としてまとめる。	[思考・判断・表現] ②「記述の確認」レポート ・人の愛と離別について描いた物語をテーマにした作品について、社会的背景を踏まえて考察しているかを、レポート等の記述によって確認する。 [主体的に学習に取り組む態度] ①「記述の分析」振り返りシート ・作品に描かれた内容や展開について話し合ったり、背景を踏まえて分析したりすることを通して、進んで考察を深めているかを、毎時の振り返りシートの記述によって分析する。

5 観点別学習状況の評価の進め方 ▎▎▎▎▎▎▎▎▎▎▎▎▎▎

　「古典探究」は、共通必履修科目「言語文化」によって育成された資質能力のうち、「伝統的な言語文化に関する理解」をより深めるために設置された選択科目である。古典作品を読むことを通じて、我が国の伝統的な言語文化に対する理解を深め、自分の思いや考えを広げたり深めたりすることを目指している。本事例では、「言語文化」とのつながりと理解を深めるための教材に配慮した上で、「A読むこと」に関する資質・能力を目標として掲げ、単元のまとまりの中でその育成を重点的に図る指導と評価の計画を示している。なお本事例では、特に、「思考・判断・表現」の評価について詳細に説明する。

(1)〔知識・技能〕の評価

　〔知識・技能〕①の「古典作品の文章の種類や特徴について理解を深めている」状況を、第１次、第２次で評価を行った。第１次では、「歌物語における、和歌と地の文との関係性を理解して記述している」姿、第２次では、「『万葉集』の特徴を踏まえて内容を読み取っている」姿（「おおむね満足できる」状況（B））と捉え、評価した。

　『高等学校学習指導要領（平成30年告示）解説国語編』（P.251）において、古典作品の文章の特徴を「作品や文章の種類がそれぞれ備えている音韻やリズム（五七調、七五調、五言、七言など）、構成や展開の仕方」と示し、その具体例として「歌物語には、和歌にまつわる物語、章段による構成、会話と地の文」などと指摘している。これらの古典作品の特徴への理解を深めることが、「構成や展開の仕方などを的確に捉える」ことや、「書き手の考えや目的、意図を捉えて内容を解釈すること」にも役立つ。これらの学習活動が本科目の目標の(3)にある「言葉がもつ価値への認識」や「我が国の言語文化の担い手としての自覚」を深めることにつながる。

　さて本単元においては、歌物語を軸として多様な種類の文章に触れられるように教材選定を工夫し、文章の特徴に応じた学習活動を取り入れ、評価を行った。

第1次では、「男が女を盗む」内容が描かれる3作品を、女の男への想いや結末の違いを中心に比較する活動を行った。各作品の心情や結末の理解は、和歌の読解によって達成できる。第2次では、『大和物語』「生田川」で描かれる女性の心情を探るために、『万葉集』との比較を行い、『万葉集』の長歌の形式を踏まえ、歌の表現を理解することで第1次と同様に、心情について考察を深めることができる。

　第1次ではA『伊勢物語』12段「武蔵野はけふはな焼きそ若草のつまもこもれり我もこもれり」、B『大和物語』154段「たがみそぎゆふつけどりか唐衣立田の山におりはえてなく」、C『大和物語』155段「あさかやまかげさへみゆる山の井のあさくは人を思ふものかは」の和歌について、①「和歌の解釈」と、解釈を踏まえた上での②「心情理解」をワークシートに記述させ、その記述の点検を行った。ワークシートでは三つの作品における③「男女の関係（両想いか、片思いか）」を記述する欄も設け、和歌の解釈や物語の展開を踏まえて二人の関係と変化を簡潔に記述させた。これらの記述の状況の、主として②③を中心に点検を行った。

　第2次も同様に、A『大和物語』の女の詠歌とB『万葉集』の反歌二首について、①「解釈」、②「心情の読み取り」、③「女が二人の男のどちらを好きだったか」、の3点を中心にした記述を促した。B『万葉集』の長歌で主に五音部分が修辞、七音によって物語が展開し、ストーリーが読み取れ、反歌二首によって長歌に指摘された女の心情を補足している。このように作品の特徴の理解によって、物語の的確な読み取りが可能になる。

登場人物の関係性の的確な記述によって、「歌物語」『万葉集』の作品の特徴に即した内容理解の姿が評価できる。

(2) ［思考・判断・表現］の評価

　［思考・判断・表現］の「A読むこと」の、キ「関心をもった事柄に関連する様々な古典の作品や文章などを基に、自分のものの見方、感じ方、考え方を深めること。」や、ク「古典の作品や文章を多面的・多角的な視点から評価することを通して、我が国の言語文化について自分の考えを広げたり深めたりす

ること。」にみられるように、本科目は古典を基にした探究的な指導事項を設
けている点が特徴といえる。

そのため本単元においても、毎次探究課題を設定するとともに、第4次にお
いて自ら探究活動が行えるように工夫した。

まず［思考・判断・表現］①の「『読むこと』において、作品の成立した背
景を踏まえて、作品を相互に比較し内容の解釈を深め、作品の価値を考察して
いる」状況を、「作品の描写の違いについて、当時の社会的背景を比較しなが
ら考察している」姿（「おおむね満足できる」状況（Ｂ））と捉え、第3次に評
価した。

『高等学校学習指導要領（平成30年告示）解説国語編』（P.261）では、「他の
作品」について、「同じ時代に書かれた他の作品や、同じ題材やテーマをもつ
異なる時代に書かれた他の作品のこと」とし、「成立の背景に着目することで、
作品の内容の解釈を深めることが可能になる」とする。また古典作品が「他の
作品を踏まえて成立することも多い」とその特徴をしており、古典作品を理解
する一方法として、同一ジャンルでの同一題材比較や、同一題材の異なる時代、
ジャンルの作品同士の比較に焦点をあて、本単元を設計した。

本単元では、第1次から第3次について、生徒にも比較的なじみやすいジャ
ンルである歌物語の『大和物語』を軸に、読み比べる学習活動を設定している。
今回取り上げた教材は『大和物語』の後半部分に収録されている説話的物語章
段からで、これらは『大和物語』が成立した平安時代中期時点で、すでに古く
から伝承されていた物語群である。そしてこれらの章段の多くは、物語の内容
を少しずつ変容させながら近代を経て、現代に至るまで、引用されたり、二次
創作されている。これらの作品に触れることで、当時の社会や文化への興味や
考察を深めるだけでなく、我が国の言語文化のもつダイナミズムを感じてもら
いたい。

今回はＡ『大和物語』が初出の「葦刈」物語、その約200年後に成立したＢ
『今昔物語集』、さらに200年後に成立したＣ『謡曲集』の3作品を、文章の特
徴を通じて比較することで作品の理解を深め、この題材がどのように読み継が
れたのかについて考察した場面を、評価した。

手順は【ワークシートの例】のとおりである。実際は記述欄をかなり多めに

【「思考・判断・表現」の指導事項に基づく本単元の構成】

次	テーマ	主たる作品	比較する教材	内容／ジャンル	キーワード
第1次	なぜ女は「盗まれ」たのか	『大和物語』「山の井」	『伊勢物語』『大和物語』	男が女を盗む話型／歌物語	結婚制度 身分社会／ジェンダー
第2次	なぜ女は選べなかったのか	『大和物語』「生田川」	『万葉集』巻9	菟原処女の伝承／歌物語、長歌	夢、葬送儀礼、身分社会、地縁、ジェンダー
第3次	物語はどのように語り継がれたのか	『大和物語』「葦刈」	『今昔物語集』『謡曲集』	葦刈／歌物語、仏教説話、謡曲（能）	宗教、婚姻制度、身分社会、伝統芸能

【ワークシートの例】

・物語はどのように語り継がれたのか―「葦刈」を例に

課題 三つの作品のストーリーの違いを明らかにした上で、なぜそのような違いが生じたのか、作品が成立した当時の時代背景を踏まえながら、自分なりに考察しなさい。

作業1　A『大和物語』を読み、感想を書く。

_____

_____

_____

作業2　A『大和物語』とB『今昔物語集』を比較し、違いを三つ挙げる。

作業3　作業2を基に、A『大和物語』とB『今昔物語集』にはどのような特徴があるか、調べたことを基に分析する。

_____

_____

_____

作業4　C『謡曲集』を読み、A、Bとの違いを簡潔に記述する。

作業5　A、B、Cの作品の違いを基に、同一の物語の変遷について、自分なりに考察する。

_____

_____

_____

【生徒Aの記述（作業5：作品の考察）】

> 　私はこの「葦刈」という話を読んだときに、なぜ「葦」にしたのか不思議に思った。極端な話、「草刈り」でも話は進められる。しかしCの謡曲をじっくり読んだとき、私は「葦」という言葉遊びに気付いた。
> 　まず「悪しかりけり」や「悪しからじ」というセリフが「葦」との掛詞になっている。生活の悪化と元の夫の職業を結び付けることで、その大変さがよく伝わる。また従者が「葦」の読み方には「よし・あし」の両方あると語るシーンがある。葦には「善悪」の両方が込められているのだ。ところでこの話において、葦刈というつらい仕事を男が強いられていることから、「葦」は「男」と重ねて読める。よしあしがあったとしても、同じ人間。今は枯れた葦を刈っている「悪し」暮らしの男だが、春に向けて新しい芽が生えていくように、「葦（よし）」として男は新しい幸せな人生を妻と送っていくという意味として転換し、「葦」の要素を含ませた夫婦和合の物語になったのではないか。

とっており、考察内容が十分に記述できるようにしている。

　ABCの作品には、ジャンルによる描写の特長がみられる。内容面では場面設定は同じだが、和歌の詠み手や結末に違いがみられる。これら描写や展開の違いについて作品の特徴を基に考察している姿を「おおむね満足できる」状況（B）と捉えた。また生徒Aの記述には、初読時に生じた疑問に対し、作品を読み進める中で考察の手がかりを発見し、C「謡曲」における結末の変化を「葦」の両義性によって解釈を試みている。このように語に注目した読み比べを通じて解釈を深め作品に価値を見出している姿を「大いに満足できる」状況（A）として評価した。

　また本単元では言語活動を、「同じ題材を取り上げた複数の古典の作品や文章を読み比べ、思想や感情などの共通点や相違点について論述したり発表したりする」と設定している。

　今回、第3次で示した場面に限らず、第1次、第2次でもテーマごとの読み比べ活動を行い、ペアやグループで討議を行い、比較を通して考察を深める場面を設けている。学習者の実態や教材の難易度に応じて評価する場面を、第3次に限らず、場合によっては第1次や第2次で行うのも可能であろう。

　［思考・判断・表現］②について、「『読むこと』において、関心をもった事柄に関連する様々な古典の作品や文章などを基に、自分のものの見方、感じ方、考え方を深めている」状況を、「人の愛と離別について描いた物語をテーマにした作品について、社会的背景を踏まえて考察している」姿（「おおむね満足できる」状況（B））と捉え、第4次で評価した。

第1次から第3次までに行った活動を踏まえた上で、「愛」を描いた作品を分析する課題を設定した。何気なく触れている創作された物語は、同時代の文化的社会的な背景から切り離しにくい。物語の中に潜む文化、社会制度や習慣を捉えようとすることで、物語の意義についても深めることができよう。

　レポート等の課題への評価は、ルーブリックを用いた評価を行い、事前に評価規準を示すことで、学習者との目線合わせを行う。なおルーブリックによる評価の観点は、①「作品の選定」、②「社会的背景を踏まえた分析の深さ」などとし、実際の評価の場面では「読むこと」の領域での評価であることを意識したい。

(3)［主体的に学習に取り組む態度］の評価

　［主体的に学習に取り組む態度］①の「愛を描いた作品について、時代背景を踏まえて分析することを通して、関心をもった事柄に関連する様々な古典の作品や文章などを基に、進んで自分のものの見方、感じ方、考え方を深める中で、自らの学習を調整しようとしている」状況を、「作品に描かれた内容や展開について話し合ったり、背景を踏まえて分析したりすることを通して、進んで考察を深めている」姿（「おおむね満足できる」状況（B））と捉え、第4次に評価した。

　本事例における［知識・技能］の評価及び［思考・判断・表現］の評価については、既述のとおり、文章の種類の特徴を理解した上で、物語の展開や内容の理解を深めたり、作品の比較を通じて作品の背景とのつながりについての考察を行った。これら知識及び技能の獲得の段階や、思考力、判断力、表現力等を身に付けたりすることに向けて、自らの学習状況の変化の過程を振り返り、自己の学びの深まりを、毎次の授業終了時に「気付いたこと、感じたこと、考えたこと」として記録する時間をとった。さらに単元の最後に「振り返り」を見て、単元全体の学習と自らの学びの過程と変容を記述し、それらを基に分析し評価を行った。

　振り返りシートについては、『「指導と評価の一体化」のための学習評価に関する参考資料　高等学校国語（令和3年8月）』（P.92）を参照したい。

学習者が自らの学びを総括し調整に役立つような、毎次ごとの学習の気付きや感想を記録に残す。それらを次の単元の学び方につなげられるようにする。

6 実践に当たって

　本事例を用いた実際の授業では、探究テーマ「私たちはどのように人と出会い、愛し合い、そして別れるのか」を設定し、人と人の出会いと別れを物語の背景に存在する、人々の暮らしや社会制度、思想に目を向けながら、古典作品の価値に気付くことをねらいにした。その時は「生田川」の後に、漢文2作品（「復活」「離魂記」）を取り上げてい

【生徒の実践例】

る。『大和物語』「山の井」、「生田川」と読んできたときに、複数の生徒からの「日本の古典だけでなく中国の恋愛物語も読みたい」と要望があったからだ。この古文と漢文の読み比べによって、日本と中国の古典作品における愛の描写と背景にある思想の違いについて考察を行ったのだが、生徒たちの多くはこの比較によって思想が物語に強く影響を及ぼすことを理解していた。

　そもそも探究型学習を取り入れたきっかけは、年度当初の古典に関するアンケートの結果に衝撃を受けたことによる。高校2年生86名のうち、68％の生徒が「古典が嫌い」で、さらに75％の生徒が「古典が苦手」だと答えていた。そこでまずは古典作品に興味をもってもらおう。なるべく難しさを感じることのない、それでいて少しでも読んでみたいと思える作品を素材にしよう。それには敬語表現があまり複雑ではなく、単発で読める作品サイズのもので、ストーリーに共感できるものがいい。そしてできるだけ古い作品に触れたい。最も古い和歌や物語を扱うことは学習の動機づけにもなり、それらの作品を軸に

連綿と続くこの国の物語の歴史を感じ取ってもらいたいと考えた。

　本事例の「思考・判断・表現」②で述べた探究学習に関して、対象クラスでは1枚のシートにまとめる活動を行った。その際対象の作品も古典作品に限定せず、古典から現代までの「愛に関する物語」とし、課題への取り組みやすさを考慮した。さらに読書に親しむ態度の育成につなげることを念頭に、提出された課題はクラス内でシェアを終えた後、分析対象の図書とともに学校図書館内に展示コーナーを設け、読書活動の一助とした。

　実際に2時間設定で行った際の課題である。

課題	「愛」をテーマにした作品を一つ選び、その作品を紹介し、なぜこのようなストーリーになったかを当時の文化社会背景を基に分析する。
条件	《必ず明記する事項》①「作品・作者名」、②「時代（場面）設定」、③「出会い」、④「愛するに至ったきっかけ」、⑤「結末」、⑥「社会的背景の分析」、⑦イラストまたは写真。

　評価については、条件部⑥の社会的背景を基に物語を分析しているかを評価した。

　なお、今回の事例で扱った『大和物語』内の作品は、例えば森鷗外が「生田川」の戯曲を、谷崎潤一郎は「葦刈」をリメイクしていたりと、それぞれの時代に合わせた形で内容を変容させながら、近現代まで語り継がれている。上代中古から中世、そして近世、近代へと受け継がれる物語の魅力とは何か。時空を超えて語り継がれる古典作品の魅力を生徒たちが自ら味わい、古典を学ぶ楽しさを感じてもらいたい。

〔沖　奈保子〕

第3章
大学入学共通テストについて

大学入学共通テストと授業を考える

大学入学共通テストと授業を考える

1 | 大学入学共通テストをどう捉えるか

　大学入試センターのホームページで公表されている「大学入学者選抜に係る大学入学共通テスト問題作成方針」では、問題作成の基本的な考え方として、以下の方針（抜粋）が示されている。

○　大学入試センター試験における問題評価・改善の蓄積を生かしつつ、共通テストで問いたい力を明確にした問題作成

　これまで問題の評価・改善を重ねてきた大学入試センター試験における良問の蓄積を受け継ぎつつ、高等学校教育を通じて大学教育の入口段階までにどのような力を身に付けていることを求めるのかをより明確にしながら問題を作成する。

○　高等学校教育の成果として身に付けた、大学教育の基礎力となる知識・技能や思考力、判断力、表現力等を問う問題作成

　平成21年告示高等学校学習指導要領（以下「高等学校学習指導要領」という。）において育成することを目指す資質・能力を踏まえ、知識の理解の質を問う問題や、思考力、判断力、表現力等を発揮して解くことが求められる問題を重視する。

　また、問題作成のねらいとして問いたい力が、高等学校教育の指導のねらいとする力や大学教育の入口段階で共通に求められる力を踏まえたものとなるよう、出題教科・科目において問いたい思考力、判断力、表現力等を明確にした上で問題を作成する。

○　「どのように学ぶか」を踏まえた問題の場面設定

　高等学校における「主体的・対話的で深い学び」の実現に向けた授業

> 改善のメッセージ性も考慮し、授業において生徒が学習する場面や、社会生活や日常生活の中から課題を発見し解決方法を構想する場面、資料やデータ等を基に考察する場面など、学習の過程を意識した問題の場面設定を重視する。

とあり、共通テストのもつ性質がセンター試験のもつそれと袂を分かつものではないこと、高等学校学習指導要領で示された学習内容との整合性、「主体的・対話的で深い学び」の実現に向けた授業改善との関連等を示している。

また、国語科としての問題作成の方針には、

> 言語を手掛かりとしながら、文章から得られた情報を多面的・多角的な視点から解釈したり、目的や場面等に応じて文章を書いたりする力などを求める。近代以降の文章（論理的な文章、文学的な文章、実用的な文章）、古典（古文、漢文）といった題材を対象とし、言語活動の過程を重視する。問題の作成に当たっては、大問ごとに一つの題材で問題を作成するだけでなく、異なる種類や分野の文章などを組み合わせた、複数の題材による問題を含めて検討する。

とあり、試験範囲である「国語総合」という高等学校学習指導要領で示された共通必履習科目における指導事項との整合性もうかがうことができる。

31年続いたセンター試験から共通テストに変わり、どのようなテキストが出題されるのか、あるいは出題形式はどうなるのかといった情報は確かに重要ではあるが、そもそも共通テストに込められた理念がどのようなものなのかについても高校教員は理解を深めていただきたい。加えて、問題作成方針からも教員が学習指導要領を踏まえ、日々の国語の授業を通して育成を図っている資質・能力と共通テストで問われている力が異なるものではないことの示唆が得られるのではないだろうか。

2 | 大学入学共通テストで問われた力

　先述したような問題作成方針に則り、2020年１月に実施された第１回共通テストについて、高校教員はどのように見たのだろうか。第１日程（１月16日実施）の国語の問題と共に試験実施後に大学入試センターのホームページで公表された「大学入学共通テスト問題評価・分析委員会報告書」（以下、「評価・分析報告書」）の高等学校教科担当教員の意見・評価を紹介したい。

　はじめに「評価・分析報告書」の中で、検討を加える観点については、次のように記されている。

　　高等学校「国語」教科担当としての立場から、本年度の試験問題を検討した。検討を加える観点として次の点を設定した。
　　・問題内容は適切であったか。
　　・知識の理解の質を問う問題や思考力・判断力・表現力等を発揮して解くことが求められる問題の出題も含め、バランスのとれた問題であったか。
　　・指導要領に定める範囲内での出題であったか。
　　・出題内容に極端な偏りはなく適切であったか。
　　・試験時間に照らして適切な分量であったか。
　　・設問数・文字数などは適切な量であったか。
　　・問題の難易度は適切であったか。
　　・学習の過程を意識した問題の場面設定がなされた問題が含まれており、教科・科目の本質に照らし適切であったか。
　　・設問形式や配点は適切であったか。
　　・文章表現・用語は適正であったか。

とあり、各大問における多面的な評価が述べられている。

　紙面の都合上全ての内容を示すことはできないが、いくつかの問題に焦点を当て紹介する。

では第1問。香川雅信の『江戸の妖怪革命』からの出題である。素材文に対する評価は、

　　フィクションとしての「妖怪」が、どのような歴史的背景のもとで生まれたのかを通史的に論じた文章である。妖怪に対する認識の変容が時系列で整理されており、論の展開がわかりやすく、また抽象的な概念も多く用いられているため、論理的思考力や文章読解力を確認する上で適切な素材文であった。

とあり、高校教員の立場からも共通テストにおける素材文としての妥当性について評価がなされた。では、さらに設問に関する評価がどのようなものであったか。評価・分析報告書の内容を以下に示す（問題は250〜251ページ）。

　　問5（ⅰ）　本文の内容をノートにまとめるNさんの活動の追体験を通して、文章を要約する力、またそれぞれの段落が文章全体においてどのような役割をもつのかをとらえる力を問うている。
　　　　（ⅱ）　妖怪がどのような存在であったかということについて、本文で述べられている近世から近代にかけての変化を的確に読み取り要約する力を問うている。
　　　　（ⅲ）　別添の資料である『歯車』の一節に描かれている「ドッペルゲンガー」と、本文で述べられている近代の「私」とを関連させて考察する思考力を問うている。

とあり、本文の内容読解に留まらない多様な力が問われたという印象をもっていることがうかがえる。

問5　⑴の文章を授業で読んだ後、Nさんは、内容をより理解するために【ノート１】～【ノート３】を作成した。本文の内容とNさんの学習の過程を踏まえて、(i)～(iii)の問いに答えよ。

(i)　Nさんは、本文の[1]～[18]を【ノート１】のように見出しをつけて整理した。空欄　I　・　II　に入る語句の組合せとして最も適当なものを、後の①～④のうちから一つ選べ。解答番号は[9]。

【ノート１】
● 問題設定([1]～[5])
　[2]～[3]　　　I
　[4]～[5]　　　II
● 方法論([6]～[9])
　[7]～[9]　アナクロニズムの説明
● 日本の妖怪観の変容([10]～[18])
　[10][11]　　　中世の妖怪
　[12][13]～[14]　近世の妖怪
　[15][16]～[17]　近代の妖怪

①　I　妖怪はいかなる歴史的背景のもとで娯楽の対象となったのかという問い
　　II　意味論的な危機から生み出される妖怪
②　I　妖怪はいかなる歴史的背景のもとで娯楽の対象となったのかという問い
　　II　妖怪娯楽の具体的な事例の紹介
③　I　娯楽の対象となった妖怪の説明
　　II　いかなる歴史的背景のもとで、どのように妖怪認識が変容したのかという問い
④　I　妖怪に対する認識の歴史的変化
　　II　いかなる歴史的背景のもとで、どのように妖怪認識が変容したのかという問い

(ii)　Nさんは、本文で述べられている近世から近代への変化を【ノート２】のようにまとめた。空欄　III　・　IV　に入る語句として最も適当なものを、後の各群の①～④のうちから、それぞれ一つずつ選べ。解答番号は[10]・[11]。

【ノート２】
　近世と近代の妖怪観の違いの背景には、「表象」と「人間」との関係の変容があった。
　近世とは、人間にとって作り出された　III　が現れた。しかし、近代に入ると、　IV　が認識されるようになったことで、近代の妖怪は近世の妖怪にはなかったリアリティを持った存在として現れるようになった。

III　に入る語句　[10]
①　恐怖を感じさせる形象としての妖怪
②　神霊からの言葉を伝える記号としての妖怪
③　視覚的なキャラクターとしての妖怪
④　人をたぶらかすフィクショナルな存在としての妖怪

IV　に入る語句　[11]
①　合理的な思考をする人間
②　「私」という自立した人間
③　万物の霊長としての人間
④　不可解な内面をもつ人間

(iii) 【ノート2】を作成したNさんは、近代の妖怪観の背景に興味をもった。そこで出典の江戸の妖怪革命を読み、【ノート3】を作成した。空欄 Ⅴ に入る最も適当なものを、後の ① 〜 ⑤ のうちから一つ選べ。解答番号は 12 。

【ノート3】

本文の 17 には、近代において「私」が私にとって「不気味なもの」となったということが書かれていた。このことに関係して、本書第四章には、欧米でも日本でも近代になってドッペルゲンガーや自己分裂を主題とした小説が数多く発表されたとあり、芥川龍之介の小説「歯車」（一九二七年発表）の次の一節が例として引用されていた。

　第二の僕——独逸人の所謂 Doppelgaenger は仕合せにも僕自身を見たりはしなかった。しかし亜米利加の映画俳優になったK君の夫人は第二の僕を帝劇の廊下に見かけていた。（僕は突然K君の夫人に「先達はつい御挨拶もしませんで」と言われ、当惑したことを覚えている。）それからもう故人になった或翻訳家もやはり銀座のある煙草屋に第二の僕を見かけていた。死はあるいは僕よりも第二の僕に来るのかも知れなかった。

考察　ドッペルゲンガー（Doppelgaenger）とは、ドイツ語で「二重に行く者」すなわち「分身」の意味であり、もう一人の自分を「見てしまう」怪異のことである。また、「ドッペルゲンガーを見た者は死ぬと言い伝えられている」と説明されていた。 Ⅴ に書かれていた「私という近代に特有の思想」とは、こうした自己意識を踏まえた指摘だったことがわかった。

① 「歯車」の僕は、自分の知らないところで別の僕が行動していることを知った。僕はまだ自分でドッペルゲンガーを見たわけではないと安心し、別の僕の行動によって自分が周囲から承認されているのだと語った。これは、「私」が他人の認識のなかで生かされているという神秘的な存在であることの例にあたる。

② 「歯車」の僕は、自分には当たりがない場所で別の僕が目撃されていることを知った。僕は自分でドッペルゲンガーを見たわけではないのでひとまず安心しながらも、もう一人の自分に死が訪れるのではないかと考えていた。これは、「私」が自分自身を統御できない不安定な存在であることの例にあたる。

③ 「歯車」の僕は、身に覚えのないうちに、会いたいと思っていた人の前で別の僕が姿を現わしていたと知った。僕は自分でドッペルゲンガーを見たわけではないが、別の僕が自分に代わって思いをかなえてくれたことに驚いた。これは、「私」が未知なる可能性を秘めた存在であることの例にあたる。

④ 「歯車」の僕は、自分がいたはずのする場所で別の僕がいたことを知った。僕は自分でドッペルゲンガーを見たわけではないと自分を落ち着かせながらも、自分が分身に奪い取られるかもしれないという不安を感じた。これは、「私」が「私」という身にコントロールされてしまう不気味な存在であることの例にあたる。

⑤ 「歯車」の僕は、自分がいるはずのする時も場所で僕を見かけたと言われ、僕はそのうち自分でドッペルゲンガーを見たわけではないので死ぬことはないと安心しているが、他人にそう言われることに困惑していた。これは、「私」が自分で自分を制御できない部分を抱えた存在であることの例にあたる。

第2問では、素材文について、

　　タイトルにもある「羽織と時計」を中心として、W君の好意に感謝を
　しつつも重い圧迫を感じてしまう「私」の心情を描いた文章である。大正
　時代に発表された文章ではあるが、人物の内面についての記述が丁寧に描
　写されており、心情の変化の把握を中心とした文学的な文章を読み取る力
　を確認する上で適切な素材文であった。

との評価が評価・分析報告書でなされた。評価・分析報告書の内容を以下に示
す（問題は次ページ）。

　　問6（ⅰ）　本文の批評にあたる資料を示し、その批評文が言わんとして
　　　　　　　　いることを的確に読み取る力を問うており、作品を多角的に解
　　　　　　　　釈する姿勢を求めている。
　　　　（ⅱ）批評文の評者とは異なる視点から本文の表現について評価す
　　　　　　　　る力を問うており、他の文章を比較し論じる姿勢を求めている。

とあり、第1〜2問において問いたい力を踏まえたそれぞれの文章の構成や表
現の特色が活かされた問題であったという評価がなされた。

【令和３年度共通テスト　第２問（１月16日実施）】

問6　次に示す【資料】は、りの文章（加能作次郎「羽織と時計」）が発表された当時、新聞紙上に掲載された批評（評者は宮島新三郎。原文の仮名遣いを改めてある）の一部である。これを踏まえた上で、後の(i)・(ii)の問いに答えよ。

【資料】

今までの氏は生活の種々相を様々な方面から多角的に描写して、其処から或るものを浮き上らせようとした点があった。文章するに依って作品の効果を強大にするという長所を示してくれたように思う。見た價（値）の多い、有り價を利用して描写する――其（そ）れ氏の有する大きな味がある。由来氏はライフの一点だけを視つって作をするというような所謂（いわゆる）小説作家の面目を有っていなかった。

それが羽織と時計によると、作者が本当の泣き笑いの悲惨な人生を描こうとしたものか、それとも単に羽織と時計に伴う思い出を中心として、或る一つの興味ある境地を、否、一つのお、物語について書こうとしたのかという点に、一層この小話妹の多彩をも嬉しがる。若し作品から小話妹を取去ったら、即ち羽織と時計とに作者の関心を過ぎなかったら、そして起こまった私の見たW君の生活、W君の病気、それに伴う陰惨な、悲惨な境遇を如実に描こうとなら、一層感銘の深い件になったろうと思われる。羽織と時計に執し過ぎたればこその作品をユーモラスなものにする助けとはなったが、作品の効果を増す力にはなって居ない。私は實（実）な多き生活の再現者としての加能氏に多くの尊敬を払っている。

宮島新三郎「師走文壇の一瞥」（「時事新報」一九一八年一二月七日）

（注）1　描線――あまりず描かりのヘやトリ。
　　　2　由来――元来、もともと。
　　　3　執し過ぎた――「執着し過ぎた」という意味。

(i)　【資料】の二重傍線部に「羽織と時計に執し過ぎたればこその作品をユーモラスなものにする助けとはなったが、作品の効果を増す力にはなって居ない」とあるが、それはどういうことか。評者の意見の説明として最も適当なものを、次の①～④のうちから一つ選べ。解答番号は　20　。

①　多くの挿話からW君の姿を浮かび上らせようとして、W君の描き方に予期せぬぶれが生じている。

②　実際の出来事を忠実に再現しようと意識しすぎた結果、W君の悲痛を思う気持ちが添えている。

③　強い印象を残したと思う出来事の品くの愛着が強かったために、W君の一面だけを取り上げ美化している。

④　挿話の巧みなまとまりにこだわりたがために、W君の生活や境遇の描き方が断片的なものになっている。

(ii)　【資料】の評者が着目する「羽織と時計」は、表題に用いられるほかに「羽織と時計――」という表現として本文中にも用いられている（43行目、53行目）。この繰り返しに注目して、評者とは異なる見解を提示した内容として最も適当なものを、次の①～④のうちから一つ選べ。解答番号は　21　。

①　「羽織と時計――」という表現がそれぞれ異なる状況において自問自答のように繰り返されることで、かけがえのないことはW君を信頼できなくなっていく「私」の動揺が描かれることを重視すべきだ。

②　複雑な人間関係に耐えられず生活の破綻を招いてしまったW君のつらなだが、「羽織と時計――」という余韻を含んだ表現で哀惜の思いにまで回顧されていることを重視すべきだ。

③　「私」の境遇の変化にかかわらず繰り返し用いられる「羽織と時計――」という表現が、好意をもって接していた「私」に必死で応えようとするW君の思うの純粋な姿を想起させることを重視すべきだ。

④　「羽織と時計――」という表現の繰り返しによって、W君の厚意が皮肉にも自分を変えてしまったことになった経緯について、「私」が切ない心中を吐露していることを重視すべきだ。

では次に古文、漢文を見てみよう。まず第3問では素材文について以下の評価がなされた。

> 第3問　平安時代の歴史時代『栄花物語』からの出題。妻に先立たれた藤原長家が、和歌を交えながらその悲しさを表現する場面である。敬語を含め、古文特有の語句も多く用いられており、さらに和歌も数首含まれている。古文を的確に読み取る力、またその内容の豊かさを理解する力を確認する上で適切な素材文であった。

とある。評価・分析報告書の内容を以下に示す（問題は次ページ）。

> 問5　本文と同じ状況で詠まれた別の和歌を『千載和歌集』から引用し、三首それぞれの和歌を適切に解釈する力を問うている。また、本文単体の読み取りに終始せず、他の資料と比較することで多角的に解釈し、読解を深めていく姿勢を求めている。

とあり、訓詁注釈に終始せずに表現の仕方に注意したり、表現に即して心情や情景を読み味わったりしながら、古典を学ぶことの意義を認識させることが古典を扱う授業において重要であることの示唆が得られるだろう。

最後に、漢文の素材文の評価については以下のとおりである。

> 第4問　『欧陽文忠公集』から「有馬示除無黨」という五言古詩、そして『韓非子』の一節からの出題。いずれも馬車を操縦する「御術」について書かれたものである。漢文に用いられる基本的な句法、および総合的な読解力を確認する上で適切な素材文であった。

とある。評価・分析報告書の内容を以下に示す（問題は次ページ）。

> 問6　「御術」について書かれた二つの文章について多角的に解釈し、それぞれの内容を的確に読み取る力を問うている。

とあり、元来中国の文語文である漢文を、国語の文章として読む訓読のきまりを理解した上で内容を的確に読み取るだけではなく、二つの文章の関連性を見出すことが求められる設問であったといえよう。

【令和３年度共通テスト　第３問（１月16日実施）】

問5　次に示す【文章】を読み、その内容を踏まえて、X・Y・Zの三首の和歌についての説明として適当なものを、後の①～⑥のうちから二つ選べ。ただし、解答の順序は問わない。解答番号は 28 ・ 29 。

【文章】
　『栄花物語』の和歌Xと同じ歌は、『千載和歌集』にも記されている。妻を失って悲しむ長家のもとへ届けられたという状況も同じである。しかし、『千載和歌集』では、それに対する長家の返歌は、
　　Z　誰もみな止まるべきにはあらねども後るるほどはなほぞ悲しき
となっており、同じ和歌Xに対する返歌の表現や内容が、『千載和歌集』の和歌Zと『栄花物語』の和歌Yとは異なる。『栄花物語』では、和歌X・Yのやりとりを経て、長家が内省を深めてゆく様子が描かれている。

① 和歌Xは、妻を失った長家の悲しみを深く理解しているが、ありきたりのなぐさめの歌であり、「悲しみをもつ」を「忘れなさい」と反語を言ってしまっている部分に、その誠意のなさが露呈してしまっている。

② 歌Xが、世の中は無常で進むも永遠に生きられるわけではないというのは誰にでもあることに対して、和歌Zはその内容をあえて肯定することで、妻に先立たれてしまった悲しみをなお深めようとしている。

③ 和歌Xが、進むことは必ず死ぬ身なのだからと言って長家を慰めようとしているのに対して、和歌Zはそれに同意を示しつつも、それでも妻を亡くした今は悲しくてならないと訴えている。

④ 和歌Zが、「誰も」「止まるべき」「悲し」と和歌Xと同じ言葉を使用しているが、悲しみをやわらげてくれるような感謝を表現しているのに対して、和歌Yはそれらを用いることで、和歌Xの励ましを拒む感覚を表明している。

⑤ 和歌Yが、長家の励ましをむしろ和歌Xに対して心の心を傷つきやすいのでもてあますことなどに反発した歌であり、長家が他人への手遊をわずらわしく思い、亡き妻との思い出の世界に閉じこもってゆくという文脈につながっている。

⑥ 和歌Yが、世の無常のようなら今を考えられないという詠んだ歌だが、もう詠んだりとかなかりの世の無常を意識してしまった長家が、このことは多くの思える悟りゆくのではないかと恐れ、妻を深い悲嘆させてゆく契機となっている。

【令和３年度共通テスト　第４問（１月16日実施）】

問6　【問題文Ⅰ】と【問題文Ⅱ】を踏まえた「御術」と調者の説明として最も適当なものを、次の①～⑤のうちから一つ選べ。解答番号は 38 。

① 「御術」においては、馬を手厚く養うだけでなく、よき馬車を選ぶことも大切である。王良のように車の手入れを念にすることだけ、馬を快適に走らせるのである調者とはなれない。

② 「御術」においては、馬の心のうちを気にくみとり、馬車を速くうまく走らせることが大切である。王良のように馬の体調を考えながら鍛えなければ、千里の馬を育てる調者とはなれない。

③ 「御術」においては、すぐれた馬を選ぶだけでなく、馬と一体となって走ることも大切である。襄主のように他のことに気をとられていては、馬を自在に走らせる調者とはなれない。

④ 「御術」においては、馬を厳しい育て、巧みな騎りを引き受けることが大切である。王良のように常に勝負を意識しながら馬を育てなければ、競走に勝つ調者とはなれない。

⑤ 「御術」においては、訓練だけでなく、日々体を騎りまわして手網をきる備えることも大切である。襄主のように型通りの稽古をおこなうだけでは、素晴らしい調者とはなれない。

3 │ 入試に「対応する」ための授業の限界

　センター試験から大学入学共通テストに変わり、個々の教室での取組の方向性が変針されるべきなのか。決してそんなことはない。国語科では、多様な思考力・判断力・表現力等の育成に向けて、様々な文章に触れさせたり、適切な言語活動を設定したりすることが求められている。これは現行の学習指導要領はもちろん、新学習指導要領でも同様である。我々国語教師は国語という教科の意義、そして言葉や論理や文学が人間の生き方や価値観に大きな影響を与え得るものであることをはっきりと認識しているはずである。だからこそ国語科という教科の本質に迫る授業、つまりどこまでも「言葉にこだわる授業」を行う必要がある。あらゆる文学がどのような言葉で描かれ、多様な論理はどのような言葉で構築されているのか。そして、自分は目的や課題解決のためにどんな言葉を語り、文章化し、ひいては自己表現していくのかを追究する生徒の姿が教室において顕在化されているかが重要である。目先の大学入試の傾向と対策に終始するだけの授業で子どもたちにこれからの社会で必要な国語の資質・能力は本当に育成されるのだろうか。今までもそして現在も、多くの優れた国語教師は、大学入試があくまでも通過点であり、その先にある豊かな人生を送る生徒の姿を常に見据えながら、卓越した授業を日々実践している。授業において多様な資質・能力を育成すること自体が目指されれば、これが結果的に大学入試でも評価されるのだ。日々の国語の授業は何のためなのか、どんな力が育まれるためのものなのかを自身が指導している生徒に問うたとき、生徒は何と答えるだろうか。改めて、我々は国語という教科が何のために高等学校の教育課程の中に存在しているのかを問い直す必要があるのかもしれない。

　冒頭で示したように、大学入学共通テストは高等学校教育の指導のねらいとする力や大学教育の入口段階で共通に求められる力を踏まえたものとなるよう作問されている。つまり、高等学校での学びと大学での学びを「つなぐ」ものなのだ。そして、それらを有機的に「つなぐ」ことができるのは目の前の生徒に真剣に実直に向き合い、試行錯誤しながら常によりよい授業を届けようと直向に奮闘する教師だけなのだ。　　　　　　　　　　　　　　〔堀内貴臣〕

あとがき

　平成30年刊行の「理論編」、翌31年刊行の「実践編」に続き、本書「評価編」を上梓できることを喜ばしく思う。当初は、ここまでシリーズ化できるとは思いも及ばなかったが、高校国語が様々な意味で大きな話題となったことが幸いしたといえるだろう。先行の2冊は、国語科教師のみならず、人文学関係の研究者やライター、新聞記者など、様々な立場の方にお読みいただいたようである。

　その評価は様々であろうが、話題となったことによる宣伝効果は莫大なもので、特に「論理国語」と「文学国語」は有名となり、生徒や保護者もその内容を大まかには理解できるようになった。このように、教育課程が「社会に開かれる」ことで、高校教育が、「難しくて何をやっているか分からないもの」から、「教育内容を様々な立場の方々と共に考えていくもの」へと少しでも変わっていくことは望ましいことである。

　そうした状況にあって、学習評価は、生徒の立場からすると最も関心が高いものの一つであろう。先生は私の何を見て評価しているのだろう。きちんと私が頑張っている場面を見てくれているだろうか。そもそも先生は私自身を先入観なく見てくれているのだろうか。こうした声なき声に、観点別学習状況の評価を通して教師が適切に応えることによって相互の信頼関係が強まっていくのではないだろうか。

　本書はこうしたことを熟知された執筆者の方々によって刊行を迎えることができた。大変お忙しい中度重なる無理難題に対応いただいたことに心からお礼申し上げる。また、明治書院の三樹蘭様、今岡友紀子様には、怠惰な私を鼓舞し本書完成まで大変きめ細かく丁寧に御対応いただいた。ここに重ねて感謝申し上げる次第である。

令和4年4月24日

大滝　一登

執筆者・執筆箇所一覧 （執筆順・所属は執筆時）

大滝 一登
文部科学省初等中等教育局視学官

まえがき・第1章 第1節・
コラム・あとがき

髙木 展郎
横浜国立大学名誉教授

第1章 第2節

藤森 裕治
文教大学教授

第1章 第3節

野中 潤
都留文科大学教授

第1章 第4節

○ 現代の国語

三好 健介
東京都立大泉高等学校主任教諭

第2章 実践事例〔1〕

髙辻 正明
国立教育政策研究所教育課程研究センター
研究開発部研究開発課指導係
教育課程特別調査員

第2章 実践事例〔2〕

鈴木 康弘
茨城県教育庁学校教育部高校教育課
指導主事

第2章 実践事例〔3〕

○ 言語文化

下西 美穂
東京都立戸山高等学校主任教諭

第2章 実践事例〔4〕

柏谷 浩樹
秋田県教育庁高校教育課管理主事

第2章 実践事例〔5〕

佐藤 治郎
神奈川県教育委員会教育局指導部高校教育課
指導主事

第2章 実践事例〔6〕

○ 論理国語

折居 篤
山梨県教育庁高校教育課　指導担当
主幹・指導主事

第2章　実践事例〔7〕

渡邉 本樹
福井県教育庁高校教育課
参事（授業力向上）

第2章　実践事例〔8〕

○ 文学国語

石原 徳子
神奈川県立多摩高等学校教諭

第2章　実践事例〔9〕

遠藤 祐也
山梨県立甲府東高等学校教諭

第2章　実践事例〔10〕

○ 国語表現

仲野 敏樹
東京都立広尾高等学校主幹教諭

第2章　実践事例〔11〕

上月 さやこ
兵庫県教育委員会事務局高校教育課
指導主事

第2章　実践事例〔12〕

○ 古典探究

沖 奈保子
ドルトン東京学園中等部・高等部教諭

第2章　実践事例〔13〕

堀内 貴臣
独立行政法人大学入試センター
試験問題調査官

第3章

【編著者】

大滝一登（おおたき・かずのり）

文部科学省初等中等教育局視学官。1964年千葉県生まれ。岡山大学大学院教育学研究科国語教育専攻修了。岡山県公立高等学校教諭、岡山県教育庁指導課指導主事、岡山県総合教育センター指導主事、ノートルダム清心女子大学文学部准教授、国立教育政策研究所教育課程研究センター研究開発部教育課程調査官・学力調査官を経て、現職。文部科学省初等中等教育局教育課程課教科調査官（国語）を併任。主な著書に、『新学習指導要領 高校の国語授業はこう変わる』（共編著、三省堂、2018）、『シリーズ国語授業づくり 高等学校国語科 新科目構成とこれからの授業づくり』（共著、東洋館出版社、2018）、『高校国語 新学習指導要領をふまえた授業づくり 理論編』（共編著、明治書院、2018）、『高校国語 新学習指導要領をふまえた授業づくり 実践編 資質・能力を育成する14事例』（共編著、明治書院、2019）などがある。

高校国語 新学習指導要領をふまえた授業づくり
評価編 観点別学習状況の評価をいかす

令和4年6月10日 初版発行

編著者 大滝一登

発行者 株式会社 明治書院 代表者 三樹 蘭
印刷者 精文堂印刷 株式会社 代表者 西村文孝
製本者 精文堂印刷 株式会社 代表者 西村文孝

発行所 株式会社 明治書院
〒169-0072 東京都新宿区大久保1-1-7
TEL 03-5292-0117 FAX 03-5292-6182
振替00130-7-4991